OBS
ITAÚ CULTURAL

ItaúCultural

wmf martinsfontes

LEANDRO VALIATI
organizador e editor

Economia da cultura e indústrias criativas

Tomo 1

—

Fundamentos e evidências

—

Referenciais teóricos

Apresentação

O Observatório Itaú Cultural tem buscado, ao longo dos seus dezesseis anos, compreender o cenário de transformação, nos vários setores da sociedade, que afeta e afetará o dia a dia daqueles que trabalham com cultura. Dessa maneira tem como objetivos, entre outros, atualizar conteúdos e processos de formação para dialogar mais efetivamente com os variados contextos de produção cultural no país; promover um diálogo plural com os mais diversos atores da sociedade; e desenvolver pesquisas que contribuam para analisar a complexidade dos sistemas que impactam a cultura.

Assim, o Observatório tem como linha editorial disseminar informações, análises e ensaios relevantes para a formação dos profissionais, por meio de textos de autores estrangeiros que não foram publicados no Brasil, reedições importantes ou reflexões inéditas. As publicações buscam alinhar o rigor teórico e metodológico das pesquisas à clareza e à objetividade dos meios de comunicação.

O catálogo é formado pela coleção "Os livros do Observatório", que conta com 22 títulos e, agora, com o box *Economia da cultura e indústrias criativas*, composto de três tomos, que lança luz sobre os principais conceitos teóricos da economia da cultura, as políticas e modelos adotados e, por fim, as tendências e conjunturas futuras.

Este primeiro tomo traz **referenciais teóricos de fundamentos e evidências** sobre o tema, oferecendo subsídios aos pesquisadores, gestores e produtores culturais, assim como aos alunos do mestrado profissional em Economia e Política da Cultura e Indústrias Criativas – uma parceria entre o Observatório Itaú Cultural e a Universidade Federal do Rio Grande do Sul (UFRGS) desde 2020 –, proporcionando um sólido embasamento conceitual para a construção de políticas culturais plurais.

Boa leitura!

Observatório Itaú Cultural

LEANDRO VALIATI é professor e pesquisador na área de Economia da Cultura e Indústrias Culturais no Brasil e no Reino Unido. Por intermédio de sua posição acadêmica, teve a oportunidade de desempenhar papel importante na construção e na execução da política para a economia da cultura e indústrias criativas de todas as gestões do Ministério da Cultura entre 2010 e 2018.

Introdução

LEANDRO VALIATI

Eu não vos convido à ilusão! Nem vos convido muito menos à conformista esperança, pois que fui o primeiro a vos substituir o vinho alegre desta cerimônia pela água salgada da realidade. Eu não vos convido siquer à felicidade, pois que da experiência que dela tenho, a felicidade individual me parece mesquinha, desumana, muito inútil. Eu vos quero alterados por um tropical amor do mundo, porque eu vos trago o convite da luta. Permiti-me a incorreção desta vulgaridade; ela porém não será talvez tão vulgar, pois que não vos convido à luta pela vossa vida, nem à caridosa dedicação pela vida enferma ou pobre, mas exatamente a luta por uma realidade mais alta e mais de todos.

MÁRIO DE ANDRADE, "Oração de paraninfo", 1935[1]

DE ONDE PARTIMOS EM ECONOMIA DA CULTURA?

No ano em que a Semana de Arte Moderna de 1922 completa seu centenário, temos o privilégio de apresentar ao sistema cultural brasileiro uma obra precursora. Não se trata de um manual, dado que não ensina técnicas roteirizadas para lidar com problemas específicos. Trata-se, pois, de um *handbook*, livro para estar disponível, acessível, à mão, para estudantes, professores, artistas e formuladores de políticas em cultura, arte, economia, indústrias criativas e desenvolvimento. A intenção desta obra é facilitar um exercício de pensamento crítico que pode contribuir com reflexões importantes para um novo ciclo de políticas públicas e ações privadas na área da Cultura no Brasil.

Este livro que está em suas mãos é inovador ao reunir obras basilares inteiramente traduzidas para o português, contendo importante massa crítica existente no campo da economia política da cultura. Certamente não se trata da totalidade da produção intelectual relevante na área, mas oferece um percurso de qualidade a leitores iniciantes e já experientes no campo, pois apresenta um abrangente conjunto temático extraído de obras de autores que constituíram modernamente esse campo a partir de diferentes escolas de pensamento dentro da economia e da cultura. Essa relação é multifacetada e comporta distintas abordagens e paradigmas.

John Ruskin, em 1857, já indicava isso ao dizer que "temos deturpado a palavra 'economia' [...] em um sentido que não lhe diz absolutamente respeito. Em nosso uso, o termo significa apenas poupar ou acumular [...]. Porém tal uso é inteiramente bárbaro [...] no triplo sentido de ser mau inglês, mau grego e de ser um péssimo juízo. Economia não significa poupar dinheiro, não mais do que significa gastá-lo". Para o autor, "a economia, pública ou privada, significa o sábio gerenciamento do trabalho", com três sentidos básicos, que são: "a *aplicação* racional do trabalho, a *preservação* cuidadosa de seus frutos e a *distribuição* oportuna [desses frutos]".

O conceito-guia de economia da cultura presente neste livro é coerente com o que norteia o *Journal of Cultural Economics*[2] e com o que foi relatado pela Unctad em seu *Creative Economy Report* (2010):

> Economia da cultura é a aplicação da análise econômica a todo o espectro das artes criativas ou performáticas, patrimônio e indústrias culturais, providos de forma pública ou privada. Consiste também na análise dos modelos de organização econômica do setor cultural e na compreensão do comportamento dos produtores, consumidores e governos que interagem nesse setor. O tema pode ser tratado por uma série de abordagens, incluídas as do *mainstream* neoclássico, economia do bem-estar, políticas públicas e economia institucional (p. 11, tradução nossa).

A possibilidade desse tipo de abordagem em seus diversos níveis fortalece, sem dúvida, a presença dos bens culturais como objeto de análise da economia. Contudo, é importante lembrar que nem sempre se trata de um movimento teórico que rompe paradigmas ou tem extrema relevância para a cultura, como observa Bruno Frey:

> Nem todo pensamento econômico aplicado à cultura proporciona resultados interessantes. Existem situações em que isso se limita a aplicar novos rótulos de terminologia econômica a observações conhecidas. Por sorte, acredito que isso não tenha ocorrido ainda em demasia, seguramente porque muitos economistas da cultura são "excêntricos" do ponto de vista da economia tradicional. Pode-se conseguir uma visão de problemas novos e interessantes ultrapassando as fronteiras estabelecidas e se aventurando em um território metodológico novo[3] (p. 18, tradução nossa).

Na medida em que a análise do *mainstream* neoclássico tem sido de fato o *locus* da maior parte dos trabalhos de economia da cultura, há um vasto potencial de temas a serem tratados segundo o arcabouço analítico heterodoxo, uma abordagem histórica e de economia política e institucional e estudos de valor, por exemplo. Esta obra trata-se, então, de uma conversão à leitura desse campo da economia, trilhando um caminho metodológico que inclui – mas também expande – a corrente dominante dos estudos em economia.

Esse campo de estudos, segundo Ruth Towse, em que pese a predominância neoclássica, não se filia a um paradigma dominante e tampouco há um consenso sobre os elementos que a formalizam; é um campo em formação que abarca uma rede de conceitos e inter-relações econômicas, psicológicas, sociológicas, antropológicas e políticas. Para a autora, os enfoques analíticos possíveis – e desejáveis – para esse campo da ciência econômica são:

Quadro 1: Distintos enfoques analíticos da economia da cultura

Enfoque	Descrição
Análise microeconômica (formação de preços)	Teoria neoclássica do preço, elasticidades, comportamento do consumidor, estudos de oferta e demanda, mercado de trabalho. Tudo isso sob o prisma da economia positiva e com o uso recorrente de métodos econométricos.

Economia do bem-estar	Seus derivados, tais como análises de custo-benefício e valoração contingente, são usados em ampla escala. Estudos com foco na justificativa e orientação do investimento público no setor cultural. Desenho de políticas culturais e investimento com base nas opções existentes (relação rendimentos sociais/descontos sociais) via custos de oportunidade. Estudos de impacto econômico.
Teoria macroeconômica (crescimento)	Análises de impactos econômicos, acúmulo de divisas, multiplicadores de emprego e renda. Suporte teórico da "doença de custos de Baumol".
Economia dos direitos de propriedade	Necessidade de tratar aspectos exógenos ao mercado. Estudos de custos de transação. Teorema de Coase. Arranjos eficientes nos direitos de propriedade intelectual.
Teoria da escolha pública (*Public Choice*)	Enfoque econômico na tomada de decisões políticas. Estudo das motivações das decisões dos políticos no campo da cultura e de como os grupos de interesse influenciam essa decisão.
Economia política	Foco em aspectos distributivos do produto cultural. Estudos de modelos de propriedade, formas de subvenção e impactos sociais e políticos.
Economia institucional	Estudo das organizações do setor cultural em sentido estrito e das instituições sociais em sentido amplo (leis, normas, regulamentos, política, hábitos, padrões de comportamento e do próprio mercado como instituição), com foco na compreensão do comportamento e na formação de valor social e econômico nesse campo.

Fonte: Elaboração do autor com base em Towse (2010).

Desse modo, aprofundando a análise das produções em economia política da cultura, é perceptível sua demarcação em duas esferas:

a) A primeira delas, de caráter instrumental, está focada na dimensão das preferências do consumidor e nos impactos econômicos *stricto sensu* da cultura, no contexto do individualismo metodológico. Essa abordagem reúne trabalhos elaborados, em geral, sob duas perspectivas: a da microeconomia tradicional e a dos estudos a partir da *welfare economics*, em especial os que se voltam à justificativa da ação pública. Na perspectiva da microeconomia tradicional, os estudos levam em conta o comportamento racional dos agentes no que toca à sua capacidade de maximização de utilidade[4] tanto quanto de seu lucro, tendo em vista as possibilidades técnicas de produção de bens culturais. São os racionais da microeconomia que fornecem os subsídios teóricos à produção em economia da cultura segundo essa visão, tendo como referência o modelo de concorrência perfeita, particularmente em sua construção de equilíbrio geral competitivo. Disso decorre como explicação para ineficiências a presença de falhas de mercado, tais como as formas de monopólio, informações assimétricas, bens públicos e externalidades. Essa perspectiva ainda contempla estudos sobre a teoria da firma ligados à dimensão de organização da produção. Podemos considerar que a obra de William Baumol (1966) e as teorizações de Gary Becker (1977) sobre a formação do gosto e de Richard Musgrave (1951) sobre os bens de mérito são as contribuições mais tradicionais nesse campo. A essa abordagem se filiam representativos autores de produção mais recente[5].

b) A segunda esfera, de caráter estruturante, diz respeito a investigação, elaboração e proposição de fundamentos teóricos mais abrangentes para compreender o comportamento humano e anteriores à esfera do mercado. Esses estudos em economia da cultura são levados a termo segundo uma abordagem no campo do desenvolvimento econômico e histórico, marcadamente interdisciplinar pelo diálogo com outras ciências sociais. Nessa perspectiva de análise destacam-se as obras de Bruno Frey, David Throsby e Arjo Klamer. Tais autores tratam de temas que auxiliam na composição dos referenciais teóricos dessa tese no que toca às definições de cultura, valor cultural e valor econômico para a economia da cultura. Como são conceitos amplos e de referências colhidas em diversas disciplinas, torna-se importante demarcar suas acepções específicas e instrumentais tradicionalmente consideradas para a economia da cultura.

O QUE ESTE LIVRO TRAZ NO PRESENTE?

Keynes, um dos economistas mais importantes do século XX, no mesmo sentido, acrescenta que "teoria econômica não fornece um elenco de conclusões estabelecidas e imediatamente aplicáveis. Trata-se de um método e não de uma doutrina, de um instrumento do espírito, de uma técnica de pensamento, que ajuda aquele que o possui a tirar conclusões corretas". Com o intuito de fornecer ao leitor um percurso que fomenta técnicas de pensamento sem oferecer caminhos únicos para conclusões derivadas, esta obra se divide em três tomos ao mesmo tempo independentes e conectados. São eles:

a) Tomo 1: Fundamentos e evidências – referenciais teóricos.
b) Tomo 2: Políticas públicas e economia da cultura global.
c) Tomo 3: Novas tendências, transformação e a economia da cultura no século XXI.

Este primeiro tomo está concentrado em grandes temas, tais como: valor cultural e econômico, nas duas direções, da economia para a cultura e da cultura para a economia, como muito bem descrito nos capítulos assinados por Arjo Klamer (Erasmus Universiteit Rotterdam), Geoffrey Crossick (University of London) e Patrycja Kaszynska (King's College London) e David Throsby (Macquarie University), e economia, cultura e desenvolvimento, a partir das obras de Kate Oakley e Jonathan Ward (University of Glasgow), Abigail Gilmore (University of Manchester) e Françoise Benhamou (Université Sorbonne Paris Nord). Além disso, Rosana Icassatti Corazza (Unicamp), Stefano Florissi (UFRGS) e Leandro Valiati (University of Manchester) traçam um quadro teórico geral da economia da cultura clássica e contemporânea.

PARA ONDE PODEMOS IR EM ECONOMIA DA CULTURA?

Como Mário de Andrade propôs, beber da "água salgada da realidade" e se afastar da "conformista esperança" é fundamental para termos uma realidade mais "alta e [...] de todos". Além do centenário da maior revolução libertadora da cultura brasileira, 2022 também marca o primeiro ano do resto de nossas vidas em um novo normal após uma pandemia que transformou a economia e a sociedade globais.

Dizer adeus a um mundo que não existe mais é um desafio. Transformações profundas quase nunca são suaves. O mundo pós-pandemia será profundamente desafiador neste sentido: entender como as mudanças de curto prazo causadas pela crise serão transferidas como alterações estruturais socioeconômicas para a vida, definindo o novo normal. É fato que os atores vencedores das indústrias culturais e criativas que compõem o ambiente da economia da cultura e pertencem aos "velhos normais" resistirão a qualquer mudança. Por consequência, eles tentarão voltar a um mundo que pode deixar de existir, ou mesmo tentar reproduzir o "velho mundo" em novas bases de produção e consumo. Esse é um clássico movimento do capitalismo quando o sistema enfrenta uma crise, uma desarticulação e uma consequente reorganização. Seria este o momento em que as artes e a cultura podem ocupar uma posição central nas estratégias de desenvolvimento de "novos normais"? O caminho para isso parece bastante visível: políticas públicas que reparem o dano causado pela crise, mas também preparem o Brasil e sua cultura para um novo paradigma. Reparem e preparem.

Você, leitor, encontrará um importante elemento comum a todos os artigos presentes neste tomo: a crença de que a cultura e seus valores quantitativos e qualitativos podem ser estratégicos para o desenvolvimento econômico. A transformação de paradigmas de valores e bem-estar que acompanha a reforma do sistema de consumo com foco em experiências abre espaço valioso para a diversidade cultural. Este é um momento histórico para políticas públicas voltadas para a diversidade, inclusão digital e expansão da cultura tradicional-local, visando a uma reforma econômica global.

Para tanto, é fundamental conhecer as nuanças da formação histórica das indústrias como setor econômico organizado; entender tecnicamente sua dimensão e contexto; perceber que valor é diferente de preço e tomar decisões de forma estruturada, eficiente e com escopo técnico. O livro que você lê pretende oferecer ferramentas que ajudem a refletir sobre isso. Que esta obra seja parte (ainda que pequena) de um esforço coletivo e essencial da nação brasileira para se reinventar em sua economia, valores e cultura.

Notas

1 Em: *Aspectos da música brasileira*, 2ª ed., São Paulo: Livraria Martins Editora; Brasília: MEC, 1975, pp. 235–47.

2 Periódico acadêmico publicado de forma cooperativa com a Associação Internacional de Economia da Cultura (Acei).

3 Do original: "*No todo el pensamiento económico aplicado a la cultura proporciona resultados interesantes. Hay veces en que se reduce a aplicar nuevas etiquetas de terminología económica a observaciones conocidas. Por suerte, creo que esto no ha ocurrido aún con demasiada frecuencia, seguramente porque muchos economistas del arte son algo excéntricos desde el punto de vista de la economía tradicional. Se puede conseguir una visión de problemas nuevos e interesantes traspasando las fronteras establecidas y aventurándose en un territorio metodológico nuevo*" (Frey, 2000, p. 18).

4 Na medida em que, como pressuposto, o agente é apto a comparar, ordenar e escolher cestas de consumo com base na confrontação entre sua estrutura de preferências e os dados relativos a preços e disponibilidade orçamentária (no caso do consumidor).

5 Por exemplo, Tyler Cowen (2000), James Heilbrun e Charles M. Gray (2001) e Victor Ginsburgh (2010).

DAVID THROSBY é professor honorário de Economia na Macquarie University, em Sidney, na Austrália. Tem mestrado pela University of Sydney e doutorado pela London School of Economics. É reconhecido internacionalmente por suas pesquisas e escritos sobre economia da cultura e da arte. Seus atuais interesses de pesquisa incluem economia do patrimônio, indústrias criativas, circunstâncias econômicas dos artistas, cultura no desenvolvimento econômico sustentável e as relações entre política econômica e cultural. Escreveu, entre outros livros, *Economics and Culture* (2000), traduzido para oito idiomas, e *The Economics of Cultural Policy* (2010), ambos publicados pela Cambridge University Press.

Teorias do valor[1]

DAVID THROSBY

> *YVAN: Claro que é lógico, você me pede para adivinhar o preço, você sabe muito bem que o preço depende do quanto aquele pintor está na moda.*
> *MARC: Não estou pedindo para você aplicar todo um conjunto de padrões críticos, não estou pedindo uma avaliação profissional, estou perguntando quanto você, Yvan, daria por uma pintura branca enfeitada com algumas listras brancas.*
> *YVAN: Nada.*
>
> YASMINA REZA[2]

INTRODUÇÃO: POR QUE VALOR?

Em um sentido fundamental, a ideia de *valor* é a origem e motivação de todo comportamento econômico. Ao mesmo tempo, mas sob outra perspectiva, as ideias de valor permeiam a esfera da cultura. No domínio econômico, valor tem a ver com utilidade, preço e equivalência que indivíduos ou mercados atribuem às mercadorias. No caso da cultura, o valor subsiste em certas propriedades dos fenômenos culturais, expressas seja em termos específicos, como o valor tonal de uma nota musical ou o valor de uma cor em uma pintura, seja em termos gerais, como a indicação do mérito ou valor de uma obra, de um objeto, de uma experiência ou de alguma outra manifestação cultural. É claro que tanto a economia quanto a cultura, como áreas do pensamento e da ação humana, estão preocupadas com valores no plural – isto é, as crenças e os princípios morais que fornecem a estrutura para nosso pensamento e nosso ser. Mas, embora devamos reconhecer a importância dos valores como uma influência subjacente sobre o comportamento humano em geral e sobre o esforço intelectual nas ciências sociais e humanas em particular, nosso interesse no contexto atual é do valor no singular.

Em ambos os campos de nossa atenção, economia e cultura, a ideia de valor pode ser vista, apesar de suas diferentes origens, como uma expressão de equivalência, não apenas em um sentido estático ou passivo, mas também de forma dinâmica e ativa como um fenômeno negociado ou transacional. É possível, portanto, sugerir que o valor pode ser visto como um ponto de partida em um processo de ligação entre os dois campos, ou seja, como uma pedra fundamental sobre a qual se constrói uma consideração conjunta de economia e cultura. Lançar essa pedra fundamental é a tarefa deste texto. Consideramos separadamente as origens da teoria do valor na economia e (na medida em que podemos identificá-la) na cultura e, em seguida, discutimos como esses conceitos podem ser aplicados à avaliação econômica e cultural de mercadorias culturais. Concluímos com uma aplicação dessas ideias ao caso de um museu de arte.

A TEORIA DO VALOR NA ECONOMIA

Um ponto de partida adequado para considerar as teorias do valor na economia, como ocorre com a maioria das questões na história do pensamento econômico, é o de Adam Smith em *A riqueza das nações* (1776). Smith foi o primeiro a distinguir entre valor de uso de uma mercadoria, como seu poder de satisfazer as necessidades humanas, e valor de troca, como a quantidade de outros bens e serviços de que alguém estaria disposto a abrir mão para adquirir uma unidade de valor da mercadoria. Smith e os economistas políticos que o sucederam no século XIX apresentaram teorias do valor baseadas no custo de produção. Esses autores propunham essencialmente que o valor de um objeto era determinado pelos custos dos insumos utilizados em sua fabricação, como base para sua consideração das leis que regulamentavam a distribuição de renda. Assim, por exemplo, Smith e mais tarde Ricardo e Marx formularam teorias do trabalho nas quais o valor era determinado pela quantidade de labor incorporada em um bem. Para Marx, outras recompensas de fatores (lucros, dividendos, aluguel, juros) eram a mais-valia acima do valor do trabalho. Assim, sua teoria do valor era uma teoria da distribuição moldada pelas relações de classe na sociedade: o valor do trabalho acumulado para a classe operária como salários e o excedente residual para a classe dominante.

Um elemento importante no debate dos séculos XVIII e XIX sobre valor foi a ideia de "valor natural", um conjunto de preços determinados pelas condições de produção e custo que refletiam um centro de gravidade para o qual os preços reais se moveriam, livres de distorções no curto prazo. Hoje nos referiríamos a tais preços como aqueles obtidos no equilíbrio de longo prazo. A ideia de preços naturais originou-se antes de Adam Smith, sendo discernível nos escritos anteriores de John Locke, William Petty e outros[3]. A tendência subjacente era a de considerar o valor natural refletindo as operações de forças "naturais", determinando preços por um processo ordenado semelhante ao que regula os resultados no mundo natural.

Um conceito relacionado era o do valor absoluto ou intrínseco, ou seja, um número ou medida que poderia ser ligado a uma unidade de mercadoria, independentemente de qualquer troca por meio da compra ou venda, e seria invariável no tempo e no espaço. Smith definiu o valor absoluto em relação à sua teoria do trabalho, e Ricardo também[4]. Em seus escritos posteriores, Ricardo foi mais longe ao fazer a distinção entre valores absolutos e relativos. Mas as ideias sobre valor absoluto que ele e outros, como Malthus, apresentaram foram fortemente contestadas na época por Samuel Bailey (1825) e mais tarde por outros autores[5] que ridicularizaram a ideia de que existia qualquer medida natural ou replicável de valor inerente às mercadorias. Da mesma forma, John Ruskin foi um crítico feroz à a teoria clássica do valor, embora por uma perspectiva um pouco diferente. Para Ruskin, seguindo Carlyle, a ideia de que o valor de uma mercadoria pudesse ser determinado por processos de mercado e medido em termos monetários era uma violação dos princípios do valor intrínseco, sobre os quais o valor dos objetos, especialmente objetos de arte, deveria ser avaliado. Em vez disso, ele relacionou o valor ao trabalho de quem produzia a mercadoria, que melhorava de vida; o trabalhador não apenas se satisfazia com seus esforços, mas também oferecia um pouco dessa satisfação ao usuário do produto. Ruskin aplicou essa teoria para explicar por que algumas obras de arte eram mais valiosas do que outras, argumentando que o processo de produção criativa dava valor a uma pintura ou escultura que se tornava incorporado ou intrínseco à própria obra[6].

No final do século XIX, porém, veio a Revolução Marginalista[7], que substituiu as teorias do valor do custo de produção por um modelo de comportamento econômico baseado em utilidades individuais. Jevons, Menger e Walras viam os indivíduos e suas preferências como os "átomos finais" do processo de troca e do comportamento do mercado[8]. Eles explicaram o valor de troca em termos de padrões de preferência dos consumidores em relação a mercadorias capazes de satisfazer desejos individuais. No entanto, a ideia de utilidade que os economistas neoclássicos sedimentaram não era de fato nova. Bentham havia usado o termo "utilidade" inicialmente para descrever as propriedades intrínsecas de uma mercadoria que "produz benefício, vantagem, prazer, bem ou felicidade"[9]; mais tarde, ele deslocou seu significado para a ideia de prazer associado ao ato de consumo da mercadoria, uma interpretação mais elaborada por Jevons (1888) e aceita como base para a teoria marginalista.

Dessas origens surgiu a teoria da utilidade, que fundamenta a teoria do comportamento do consumidor na economia moderna. Supõe-se que os indivíduos têm ordens de preferência bem razoáveis em relação às mercadorias, de modo que eles podem afirmar de forma inequívoca preferir determinada quantidade de um bem a uma quantia específica de outro (ou uma diferença entre os dois). A partir de hipóteses plausíveis da natureza dessas ordenações de preferência, incluindo a suposição de que a utilidade marginal diminui à medida que o consumo de um bem aumenta, deriva-se uma teoria da demanda que é empiricamente testável por si só e pode ser posta ao lado de uma teoria da oferta para fornecer um modelo de determinação de preços em mercados competitivos. Nenhuma pergunta precisa ser feita às pessoas quanto às razões de suas ordens de preferência. As origens do desejo – biológicas, psicológicas, culturais, espirituais ou de qualquer outra natureza – não têm importância; o necessário é que as classificações de preferência possam ser especificadas de maneira ordenada.

Apesar da autossatisfação que muitos economistas sentem por ter chegado a uma teoria do valor que consideram completa em termos de universalidade e elegância, a análise da utilidade marginal tem sido amplamente criticada. Para nossos propósitos, a linha de ataque mais importante consiste em argumentar que o valor é um fenômeno socialmente construído e que sua determinação – e, portanto, a dos preços – não pode ser isolada do contexto social em que esses processos ocorrem[10]. A elaboração de uma teoria social do valor está associada a economistas como Thorstein Veblen, John R. Commons e outros da "velha" escola institucionalista, embora a linhagem se estenda até John Bates Clark, no final do século XIX, e ainda antes. A crítica à teoria do valor da utilidade marginal é dirigida à pedra fundamental sobre a qual ela é construída, ou seja, a proposição de que os consumidores podem formular preferências ordenadas com base apenas em suas necessidades individuais, não influenciadas pelo ambiente institucional e pelas interações e processos sociais que regem e regulam as trocas. Como tal, essa crítica pode ser vista como um componente da crítica mais ampla da economia neoclássica.

A invenção da utilidade marginal pode ter resolvido o chamado "paradoxo do valor"[11], mas quase não eliminou a necessidade de uma teoria do valor. É verdade que a análise marginal neoclássica forneceu uma explicação da formação de preços em mercados competitivos que ainda é aceita hoje, e que dentro desse modelo os preços podem ser vistos como o meio pelo qual as economias de mercado coordenam as múltiplas avaliações dos atores individuais do sistema, impondo um padrão ordenado ao caos de diversos desejos e vontades humanas. Como resultado, uma teoria do preço é, para muitos economistas contemporâneos, uma teoria do valor, e nada mais precisa ser dito. Contudo, pode-se argumentar que os preços de mercado são, na melhor das hipóteses, apenas um indicador imperfeito do valor subjacente. Raramente estão livres de perturbações temporárias que podem ser difíceis de distinguir das tendências de longo prazo, tornando problemático estabelecer onde os preços de equilíbrio de longo prazo podem estar. Mesmo sem essas aberrações transitórias, as distorções de preços podem ocorrer de muitas outras maneiras, como por meio de mercados imperfeitamente competitivos, informações incompletas e assim por diante. Além disso, os preços não refletem o excedente dos consumidores desfrutado pelos compradores de uma mercadoria. Portanto, pode-se sugerir que os preços são, na melhor das hipóteses, um *indicador*, mas não necessariamente uma *medida* direta de valor, e que a teoria do preço elabora uma teoria do valor em economia, mas não é uma substituta para ela.

VALORAÇÃO ECONÔMICA DE BENS E SERVIÇOS CULTURAIS

Passamos agora a considerar como as ideias de valor econômico podem ser aplicadas a bens e serviços culturais. Para fazer isso, temos que distinguir entre mercadorias culturais existentes como bens privados, para os quais, portanto, existe, pelo menos potencialmente, um conjunto de preços de mercado, e aquelas que ocorrem como bens públicos, para os quais não há preços observáveis disponíveis. Devemos ter em mente que muitos bens e serviços culturais são na verdade bens mistos, tendo simultaneamente características de bem público e privado. Uma pintura de Van Gogh, por exemplo, pode ser comprada e vendida como um objeto de arte cujo valor de bem privado reverte-se apenas para quem o possui ou o vê; ao mesmo tempo, a pintura como elemento da história da arte traz amplos benefícios públicos aos historiadores, aos amantes da arte e ao público em geral. Os princípios de avaliação discutidos a seguir serão aplicáveis imediatamente a ambos os aspectos de tais bens.

Consumo individual de bens culturais privados

Falando primeiro sobre os bens culturais privados, podemos medir prontamente aquilo de que os consumidores estão dispostos a abrir mão para adquirir tais bens e podemos também construir funções de demanda para esses bens que se parecem muito com funções de demanda para qualquer outra mercadoria. Quando elas são dispostas ao lado de funções de oferta que refletem os custos marginais incorridos na produção dos bens, pode-se perceber que um mercado privado atinge o equilíbrio. No entanto, como observado na seção anterior, a capacidade do preço de representar um verdadeiro índice de valor é, na melhor das hipóteses, limitada para qualquer mercadoria. Para bens culturais, há qualificações adicionais. Do lado da demanda, o simples consumidor atemporal maximizador de utilidade é substituído nos mercados culturais por um indivíduo cujo gosto é cumulativo e, portanto, dependente do tempo. O consumo cultural pode ser interpretado como um processo que contribui tanto para a satisfação presente quanto para o acúmulo de conhecimento e experiência que leva ao consumo futuro. Assim, a demanda pode influenciar o preço de maneiras que vão além da avaliação imediata do bem em questão.

Ao mesmo tempo, do lado da oferta, as condições-padrão para a formação de preços em mercados competitivos não são necessariamente satisfeitas nos mercados de bens culturais. Mais especificamente, os produtores (em particular os artistas) podem não ser maximizadores de lucro, e o preço esperado pode desempenhar apenas um papel menor – ou, na verdade, nenhum papel – em suas decisões de alocação de recursos. Além disso, é provável que haja externalidades significativas tanto na produção quanto no consumo.

No geral, portanto, podemos concluir que o preço será apenas um indicador limitado do valor econômico das mercadorias culturais privadas nos resultados do mercado, em parte por causa das deficiências do preço como medida de valor para qualquer bem econômico e em parte por causa do custo adicional, que é uma característica peculiar aos bens e serviços culturais. Entretanto, na maioria das situações empíricas em que exigimos uma avaliação do valor econômico de um bem cultural privado, é provável que seu preço de mercado seja o único indicador disponível. Assim, um esforço considerável tem sido direcionado para reunir estimativas do valor de vários bens e serviços culturais nas economias de mercado de todo o mundo. Os preços no mercado de belas-artes, por exemplo, são monitorados continuamente, e o valor agregado das vendas em qualquer período é tomado como indicador do tamanho econômico do mercado. As estatísticas comerciais podem ser usadas como meio de avaliar o valor econômico dos fluxos internacionais de bens culturais, como direitos musicais, filmes, programas de televisão e assim por diante.

O impacto econômico das organizações culturais nas economias locais, regionais e nacionais é avaliado tendo como referência os preços de mercado e os volumes de produção – receitas de bilheteria para companhias de teatro, museus, galerias e assim por diante. Em um nível mais geral, o tamanho do setor cultural e sua contribuição para a economia são medidos, em muitos países, pela inclusão do valor agregado ou do valor bruto da produção envolvendo todos os seus componentes. Em suma, apesar das limitações teóricas que sugerem o exercício de alguma cautela na interpretação dos preços de mercado como indicadores do valor econômico de bens e serviços culturais, o uso de dados derivados diretamente de transações de mercado é difundido e amplamente aceito para tais fins.

Consumo coletivo de bens culturais públicos

No caso de bens culturais públicos, novamente é possível a aplicação dos procedimentos-padrão de medição econômica. Muito progresso metodológico foi feito nos últimos anos na economia relativamente à valorização de fenômenos intangíveis demandados pelos consumidores, como amenidade ambiental, utilizando técnicas como o método de valoração contingente (MVC), por exemplo. O MVC e técnicas correlatas tentam atribuir um valor econômico à externalidade ou bem público avaliando qual seria a função da demanda se de fato ela pudesse ser expressa pelos canais normais de mercado. Essas estimativas podem ser agregadas aos consumidores para chegar a um preço de demanda total a ser comparado com os custos de fornecimento de vários níveis do bem com o objetivo de determinar se tal fornecimento é garantido ou não e, em caso afirmativo, quanto o é.

Essas abordagens tentam imitar um mercado para o fenômeno em questão e, portanto, os "preços" resultantes estão sujeitos aos mesmos tipos de limitações que afetam a interpretação dos preços normais de mercado para bens privados, conforme discutido anteriormente. Além disso, no entanto, alguns problemas adicionais são introduzidos na avaliação da demanda de bens públicos devido a inadequações e vieses nas próprias técnicas de medição. Assim, por exemplo, embora a teoria e as aplicações do MVC tenham avançado muito nos últimos anos, a ponto de, em 1993, esses métodos receberem um selo de aprovação cauteloso por um painel independente liderado por dois céticos ganhadores do Nobel de Economia[12], subsistem dificuldades metodológicas que limitam a extensão na qual as avaliações produzidas podem ser interpretadas como um valor econômico "verdadeiro". Por exemplo, é provável que sempre haja alguma preocupação com a natureza hipotética dos mercados criados, independentemente das evidências experimentais da congruência de comportamento em mercados reais e simulados. Além disso, embora o problema clássico do aproveitador [*free-rider*] possa ser controlado, sua importância fundamental no condicionamento das respostas de disposição a pagar permanece obscura. Mais uma vez, contudo, apesar das dificuldades em interpretar os preços como valor econômico, os economistas que trabalham na avaliação da demanda por bens culturais públicos (ou pelo elemento de bem público dos bens mistos na arena cultural) não tiveram alternativa a não ser aplicar as abordagens-padrão e aceitar as avaliações resultantes como as melhores estimativas disponíveis do valor econômico do bem em questão. Assim, por exemplo, Glenn Withers e eu, em um estudo inicial[13], estimamos a disposição dos consumidores australianos a pagar além da sua tributação pelo componente de bem público das artes. Por causa da gama de suposições nas quais qualquer estimativa poderia se basear, relutamos em identificar um único "preço de demanda", conforme revelado por nosso estudo. No entanto, nos sentimos capazes de concluir com razoável confiança que o valor econômico médio atribuído pelos contribuintes australianos aos benefícios não mercantis que eles acreditavam ter recebido das artes em 1983 excedia o preço do imposto que estavam sendo solicitados a pagar para financiar o apoio do setor público às artes australianas da época. Em um estudo subsequente, William Morrison e Edwin West obtiveram um resultado semelhante no Canadá[14].

Apesar das limitações teóricas e práticas, concluímos que os métodos convencionais de avaliação podem ser usados para valorar os bens culturais públicos e que as estimativas assim obtidas foram aceitas, para melhor ou para pior, como indicadores do valor econômico desses bens.

VALOR CULTURAL

Como observamos no início deste texto, pensar sobre cultura em qualquer um dos sentidos definidos anteriormente é pensar em valor. Steven Connor descreve o valor no discurso cultural como sendo "inescapável", não apenas a ideia de valor em si, mas também os "processos de estimar, atribuir, modificar, afirmar e até negar valor, ou, resumidamente, os processos de *avaliação* [...]. Sempre e em toda parte somos cobrados pela necessidade de valor nesse sentido ativo e transacional"[15]. A agenda do teórico cultural – valor e valoração – é, portanto, surpreendentemente semelhante à do economista.

No entanto, as origens do valor na esfera cultural divergem bastante daquelas na esfera econômica, e os meios para representar o valor em termos culturais são, portanto, provavelmente diferentes daqueles usados na economia. Qual é a natureza do valor atribuído por uma comunidade às tradições que simbolizam sua identidade cultural? O que queremos dizer quando declaramos que as óperas de Monteverdi ou os afrescos de Giotto são valiosos na história da arte? Um apelo à utilidade individual ou ao preço não parece apropriado em nenhum desses casos. As dimensões do valor cultural e os métodos que podem ser usados para avaliá-lo são questões que devem ter origem em um discurso cultural, mesmo que em algum momento seja possível tomar emprestados modos de pensamento econômicos a fim de modelá-los.

Em sua forma mais simples, pode-se dizer que o ponto de partida para uma identificação do valor dentro de um contexto cultural amplo está no princípio irredutível de que ele representa características positivas em vez de negativas, uma orientação para o que é bom em vez de ruim, melhor em vez de pior. Pode ser alinhado com o princípio do prazer na orientação das escolhas humanas. Mas, ao mesmo tempo, uma identificação do valor cultural com o simples hedonismo é, muitas vezes, insuficiente ou mesmo inadequada. Por exemplo, a formação do valor ocorre dentro de um universo moral e social que pode mediar a compreensão e a aceitação do prazer como critério e afetar a interpretação do valor[16], como veremos mais adiante.

Uma longa tradição no pensamento cultural até o modernismo vê o verdadeiro valor de uma obra de arte (por exemplo) como sendo as qualidades intrínsecas do valor estético, artístico ou cultural mais amplo que ela possui. Tal visão humanista desse valor enfatiza características universais, transcendentais, objetivas e incondicionais da cultura e dos objetos culturais. As opiniões serão diferentes entre os indivíduos, é claro, embora possa haver concordância suficiente sobre o valor cultural essencial de certos itens para garantir sua elevação ao "cânone" cultural. O museu e a academia tornam-se os repositórios desse valor cultural "alto" ou "de elite". O ambiente pode mudar com o tempo, de modo que obras antes opostas ao *establishment*, como as pinturas de Picasso, a música de Stravinsky, a prosa de Joyce, o teatro de Brecht ou a poesia de Eliot, sejam aceitas pelo cânone no devido tempo; mas as propriedades eternas do valor cultural absoluto estão sempre lá em algum lugar e eventualmente serão identificadas e receberão o selo de aprovação. Note-se de passagem que a afirmação do valor absoluto inerente aos objetos culturais pode ser vista como congruente com as ideias de valor intrínseco, natural ou absoluto apresentadas, em um contexto diferente, pelos economistas políticos clássicos a que nos referimos antes.

No período pós-moderno das últimas duas ou três décadas, novas metodologias poderosas da sociologia, linguística, psicanálise e outras áreas desafiaram e deslocaram os ideais tradicionais de que harmonia e regularidade estão no centro do valor cultural, reprocessando essas ideias em uma interpretação expandida, variável e heterogênea do valor em que o relativismo substitui o absolutismo, embora se possa sugerir que o pós-modernismo, ao focalizar uma visão expandida do valor, tenha falhado em oferecer uma explicação satisfatória sobre como ele pode ser percebido e avaliado[17]. Devido às incertezas então introduzidas, muitos autores se referem a uma "crise de valor" na teoria cultural atual.

Seria caricato retratar os teóricos culturais contemporâneos tendo que escolher entre o absolutismo politicamente conservador e o relativismo de esquerda em sua busca pela verdade sobre o valor cultural. Mas, como em todas as caricaturas, há um germe de realidade em tal imagem. Se assim for, o observador sem forte predisposição ideológica é capaz de encontrar um caminho? Pode-se sugerir que o progresso é possível se as seguintes propostas forem aceitáveis. Em primeiro lugar, parece desejável aceitar uma distinção entre estética (na falta de um termo mais abrangente) e sociologia da cultura[18]. Em outras palavras, deve-se separar o domínio do julgamento estético puro, autorreferencial e internamente consistente do contexto social ou político mais amplo em que tal julgamento é feito. Mesmo que tais julgamentos sejam condicionados ao contexto, a existência de uma resposta estética individual não pode ser negada. Em segundo lugar, e consequentemente, é possível, com suficiente regularidade nas respostas individuais, encontrar acordos consensuais em casos específicos que sejam interessantes por si sós. Pode ser que as pessoas concordem pelas razões "erradas", sendo irremediavelmente condicionadas por seu ambiente social ou por alguma outra força externa, mas é igualmente plausível que seu consenso surja de algum processo mais fundamental pelo qual o valor é gerado e transmitido. De fato, pode-se dizer que, seja qual for o motivo, o simples fato de concordar sobre o valor cultural em casos específicos é em si interessante. Em terceiro lugar, não deve ser difícil aceitar que o valor cultural é uma coisa múltipla e mutável que não pode ser compreendida dentro de um único domínio. O valor é, dessa forma, tanto diverso quanto variável. Em quarto lugar, é necessário aceitar que a medição pode não ser possível, na medida em que alguns dos fenômenos considerados são incomensuráveis de acordo com qualquer padrão quantitativo ou qualitativo familiar. Terry Smith, por exemplo, sugere que a valoração cultural tende contra a medição, seja por referência a escalas externas, seja pelas geradas internamente, porque "ocorre como fluxos: seus modos são geração, concentração, surgimento de canais, cadeias, às vezes correntes de valoração"[19].

Se essas amplas proposições forem aceitas para fins de argumentação, um possível caminho a seguir é tentar desagregar o conceito de valor cultural em pelo menos alguns de seus elementos constituintes mais importantes. Assim, sem ser exaustivo, é possível descrever uma obra de arte, por exemplo, como fornecedora de uma gama de características do valor cultural, incluindo:

a) *Valor estético*: Sem tentar desconstruir ainda mais a ideia elusiva de qualidade estética, podemos pelo menos olhar para as propriedades de beleza, harmonia, forma e outras características da obra como um componente reconhecido do seu valor cultural. Podem ser acrescentados elementos, na sua leitura estética, influenciados por estilo, moda e bom ou mau gosto.

b) *Valor espiritual*: Esse valor pode ser interpretado em um contexto religioso formal, de modo que a obra tenha um significado cultural específico para membros de uma religião, tribo ou outro grupo cultural, ou pode ser fundado em uma base secular, referindo-se a qualidades internas compartilhadas por todos os seres humanos. Os efeitos benéficos transmitidos pelo valor espiritual incluem entendimento, iluminação e compreensão.

c) *Valor social*: A obra pode transmitir uma sensação de conexão com os outros e contribuir para a compreensão da natureza da sociedade em que vivemos e para um senso de identidade e lugar.

d) *Valor histórico*: Um componente importante do valor cultural de uma obra pode ser suas conexões históricas: como ela reflete as condições de vida na época em que foi criada e como ilumina o presente, proporcionando uma sensação de continuidade com o passado.

e) *Valor simbólico*: Obras de arte e outros objetos culturais existem como repositórios e transmissores de significado. Se a leitura de uma obra por um indivíduo envolve a extração de significado, então seu valor simbólico abrange a natureza do significado transmitido pela obra e seu valor para o consumidor.

f) *Valor de autenticidade*: Esse valor refere-se ao fato de a representação ser a obra de arte real, original e única. Praticamente não há dúvida de que a autenticidade e a integridade de uma obra têm valor identificável *por si sós*, em conjunto com as outras fontes de valor listadas[20].

Essa gama de critérios pode ser proposta sendo as escalas para avaliá-los fixas ou móveis, objetivas ou subjetivas. Portanto, seja o princípio norteador absoluto, seja relativo, parece que algum progresso é feito na identificação do amplo alcance do conceito de valor cultural, dessa forma desagregando-o.

Entretanto, os problemas de análise permanecem quando a tarefa é uma avaliação dentro de qualquer um dos componentes listados anteriormente ou quando a busca é por uma medida geral ou por um indicador do valor cultural em um caso específico. Vários métodos de análise diferentes podem ser usados na avaliação do valor cultural, com base em sistemas específicos utilizados nas ciências sociais e humanas, incluindo os seguintes:

a) *Mapeamento*: Uma primeira etapa pode ser a análise contextual direta do objeto de estudo, envolvendo mapeamento físico, geográfico, social, antropológico, entre outros, para estabelecer uma estrutura geral que fará a avaliação de cada um dos elementos do valor cultural.

b) *Descrição densa*: Refere-se a um meio de descrição interpretativa de um objeto cultural, ambiente ou processo que racionaliza fenômenos de outra forma inexplicáveis, expondo os sistemas culturais subjacentes na obra, e aprofundando a compreensão do contexto e do significado do comportamento observado[21].

c) *Análise atitudinal*: Várias técnicas são incluídas sob esse título, como métodos de pesquisa social, medição psicométrica etc., e uma diversidade de técnicas de provocação pode ser empregada[22]. Tais abordagens provavelmente serão úteis principalmente na avaliação de aspectos sociais e espirituais do valor cultural. Elas podem ser aplicadas no nível individual, para avaliar a resposta de uma única pessoa, ou no nível agregado, para estudar as atitudes de um grupo ou buscar padrões de consenso.

d) *Análise de conteúdo*: Esse grupo de técnicas inclui métodos que visam identificar e codificar o significado. Tais métodos são adequados para medir várias interpretações do valor simbólico da obra ou outro processo em consideração.

e) *Avaliação especializada*: A inserção de expertise em uma variedade de disciplinas é um componente essencial de qualquer avaliação do valor cultural, principalmente ao fornecer opiniões sobre valor estético, histórico e de autenticidade, em que habilidades, treinamento e experiência específicos podem levar a uma avaliação mais abalizada. Alguns testes de tais opiniões confrontados com padrões profissionais aceitos por meio de um processo de revisão por pares provavelmente serão desejáveis em determinados casos, a fim de reduzir a incidência de opiniões precipitadas, mal-informadas, preconceituosas ou excessivamente idealistas.

Esses métodos podem oferecer alguma perspectiva de medição de aspectos do valor cultural em certos casos. Mas, em outros, a avaliação é falível não apenas pela falta de réguas de medição, mas também pela natureza não singular dos próprios fenômenos. Ao considerar uma lista de critérios do valor cultural como a apresentada aqui, Terry Smith aponta para uma "duplicação" de certas características, nas quais tese e antítese estão presentes simultaneamente[23]. Assim, por exemplo, ele vê o valor estético caracterizado em torno de conceitos de beleza e harmonia, mas também, em outra cadeia de valor, de conceitos de sublimidade e incipiência; da mesma forma, sugere que o valor espiritual privilegia o entendimento e a iluminação, mas o faz diante da incompreensão e da alienação.

Para concluir, pode haver uma crise na teoria contemporânea do valor cultural, mas isso não deve nos dissuadir de buscar articular mais claramente o que é esse valor e como ele é formado. A crítica radical certamente desafiou a metodologia e a base ideológica nas quais as posições tradicionais se basearam e forçou uma reavaliação dos modos convencionais de pensamento. Mas isso não implica, como seus mais inflexíveis adeptos parecem sugerir, que a situação é desesperadora.

A reaproximação intelectual é claramente possível sob vários pontos de vista[24]. Uma abordagem aqui sugerida é a de tentar explicar a ideia de valor cultural, desconstruindo-a em seus elementos constitutivos como forma de articular melhor a natureza multidimensional do conceito. Se tal abordagem pelo menos passar uma ideia mais clara do material a partir do qual o valor cultural é constituído, pode oferecer alguma esperança de progresso na operacionalização do conceito de valor cultural de tal forma que sua importância ao lado do valor econômico seja afirmada com mais vigor.

O VALOR ECONÔMICO PODE ABRANGER O VALOR CULTURAL?

Qualquer que seja o veredicto sobre as possibilidades de identificar e mensurar o valor cultural, a discussão nas duas seções anteriores deve ser suficiente para indicar que valor econômico e valor cultural são conceitos distintos que precisam ser separados ao se considerar a valoração de bens e serviços culturais na economia e na sociedade. Tal conclusão pode ser vista em desacordo com a teoria econômica convencional, baseada em preferências individuais. Pode-se argumentar que todos os elementos que identificamos como valor cultural são passíveis de ser adequadamente incluídos em uma teoria econômica da utilidade individual. Uma vez que a teoria econômica neoclássica não faz suposições sobre a origem das preferências de um indivíduo, tais preferências também podem surgir dos processos internos de avaliação cultural da pessoa, influenciados por quaisquer critérios ou normas culturais do ambiente externo considerados importantes e avaliados de acordo com alguma escala consistente de valor cultural de sua própria autoria. O argumento então seria que, se esse indivíduo classificar o objeto *A* de superior em termos estéticos, espirituais ou outros ao objeto *B*, ele estará disposto a pagar mais pelo objeto *A* do que pelo *B*, com os demais aspectos sendo equivalentes. O diferencial nos preços de demanda poderia, assim, ser interpretado como uma medida de diferença no valor cultural. A proposta de que a disposição a pagar pode abranger tudo o que precisa ser explicado no que propusemos como valor cultural, e de que, portanto, um conceito separado de valor cultural é desnecessário na análise econômica, é um conceito importante que merece uma análise mais aprofundada.

Há uma série de motivos pelos quais se pode argumentar que a disposição a pagar é um indicador inadequado ou incorreto de valor. O mais óbvio seria afirmar que o valor cultural é inerente aos objetos ou outros fenômenos culturais, existindo independentemente da resposta do consumidor a eles. Se assim fosse, não seria necessário que um indivíduo experimentasse o valor para que este viesse a existir, e, portanto, se o indivíduo estivesse disposto a renunciar a outros bens e serviços para adquirir o objeto, seria irrelevante para a existência do seu valor cultural. Obviamente, o reconhecimento de um valor cultural inerente por parte de um indivíduo pode induzi-lo a pagar mais pelos objetos que contêm tal valor, mas o valor existe, quer ele pague, quer não.

Não é necessário, porém, postular o valor intrínseco ou absoluto para estabelecer uma existência para o valor cultural independentemente do valor econômico. Deixemos de lado esse argumento absolutista e aceitemos a ideia de valor cultural como algo vivenciado, contribuindo sem dúvida para a utilidade individual, mas com alguns traços distintivos. Existem várias razões pelas quais pode não ser possível identificar o valor cultural com a disposição dos indivíduos a pagar. Primeiro, as pessoas podem não saber o suficiente sobre o objeto ou processo cultural em questão para ser capazes de formar uma opinião confiável a respeito da disposição a pagar por ele. Se tal falha de informação fosse generalizada, poderia pôr em dúvida o uso das preferências dos indivíduos como base para julgar o valor cultural do objeto ou processo. Em segundo lugar, talvez algumas características do valor cultural não sejam expressas em termos de preferências. Algumas qualidades, essenciais para determinado aspecto do valor cultural, podem não ser expressas como melhores ou piores por um indivíduo plenamente informado, mas simplesmente como qualitativamente diferentes – uma pintura que é vermelha em vez de azul, por exemplo, ou uma pintura abstrata comparada a uma obra figurativa. Em terceiro lugar, algumas características do valor cultural só podem ser mensuráveis, se é que o são, de acordo com uma escala incomensurável ou intraduzível para uma métrica monetária. Isso pode ocorrer, por exemplo, porque nenhum benefício ou utilidade do valor em questão advém para o indivíduo e, portanto, não há disposição a pagar. No entanto, o indivíduo pode reconhecer o valor cultural de um fenômeno específico – uma obra de arte, uma apresentação musical, um filme, um patrimônio – e formar uma opinião sobre seu valor cultural de acordo com critérios adequados. Nessas circunstâncias, é possível que um indivíduo classifique os objetos de certa maneira em termos culturais, mas de maneira diferente em termos de disposição a pagar. Finalmente, alguns problemas podem surgir ao usar a disposição individual a pagar como um indicador do valor cultural quando dado fenômeno – uma experiência cultural, por exemplo – surge porque o indivíduo é membro de um grupo. Referimo-nos aqui não tanto aos problemas comuns do aproveitador ao revelar sua disposição a pagar por bens públicos, mas sim aos casos em que os benefícios revertem-se para os indivíduos *só* como membros de um grupo – os supostos benefícios da identidade nacional, por exemplo, ou o senso de conexão, ou sentimento de grupo, que eventualmente se manifesta em uma plateia de teatro. Tais benefícios podem, em última análise, existir em algum sentido coletivo, dependendo da existência do grupo, e também não ser imputados inteiramente aos indivíduos que compõem o grupo; se assim for, a soma das respostas individuais de disposição a pagar pelo benefício envolvido é possivelmente um reflexo inadequado de seu valor cultural.

Discutimos essas características distintivas do conceito de valor cultural do ponto de vista da formação e expressão das preferências individuais. Os pontos levantados ainda são relevantes quando estendemos a ideia de formação de valor para um contexto transacional em que as avaliações do valor cultural são feitas com base em um processo negociado envolvendo intercâmbio e interações entre indivíduos. As pessoas formam opiniões sobre o valor cultural não apenas por introspecção, mas também por um processo de troca com os outros. Resta um ponto a considerar ao lidar com a questão de saber se o valor econômico abrange o valor cultural. Um economista, mesmo disposto a aceitar que um conceito distinto de valor cultural realmente existe, pode argumentar que não é importante para a economia nem relevante para o funcionamento dos sistemas econômicos. Todavia, como sugerimos em outro momento, uma visão da economia que exclui a dimensão cultural das atividades de agentes econômicos individuais e das instituições em que eles estão presentes provavelmente será muito deficiente em explicar ou compreender o comportamento deles. Se as preocupações com o valor cultural têm algum efeito na tomada de decisões no nível micro ou macro, afetando a alocação de recursos de alguma forma, elas não podem ser ignoradas na análise econômica.

Assim, continuamos a manter a necessidade de considerar os valores econômico e cultural como entidades distintas quando definidas para qualquer mercadoria cultural, cada um nos dizendo algo diferente para a compreensão do valor da mercadoria. Se isso for aceito, seria importante perguntar até que ponto os dois tipos de valor estão relacionados. Para simplificar os objetivos da nossa discussão, vamos supor que o valor cultural, como o valor econômico, seja reduzido a uma única estatística independente, talvez identificável com respeito a mercadorias culturais específicas como uma decisão consensual que resume os vários elementos dos quais o valor é composto. Se assim for, é mais do que provável que haja alguma relação entre essa medida do valor cultural de determinada mercadoria e seu valor econômico. Tomemos o exemplo de duas obras de arte. Se uma obra estiver mais bem classificada do que a outra nos vários critérios propostos anteriormente, de modo que alcance uma pontuação mais elevada na escala de valor cultural singular presumido, seria esperado que se cobrasse por ela um preço mais alto no mercado (por meio de maior disposição a pagar) e, portanto, tivesse um valor econômico aparente maior. Estender isso a muitas obras sugeriria alguma correlação, talvez até relevante, entre pontuações em escalas econômicas e culturais, e de fato tais correlações foram demonstradas (usando uma interpretação bastante restrita do valor cultural) em relação à arte contemporânea[25].

Mas, tendo proposto uma correlação tão positiva, importa notar que é improvável que seja perfeita pelas razões, discutidas antes, que fazem do valor cultural o fenômeno distinto que é. Não apenas alguns componentes do valor cultural serão incapazes de interpretação pela divisão, mas também as relações internas entre eles serão inconsistentes. Além disso, haverá casos em que a relação geral entre o valor econômico e o valor cultural resumido será na direção negativa. Em outras palavras, qualquer que seja o critério singular ou múltiplo do valor cultural considerado aplicável, podem-se vislumbrar exemplos opostos, em que alto valor cultural está associado a baixo valor econômico e vice-versa. Por exemplo, se as normas da "alta cultura" fossem adotadas (conservadora, elitista, hegemônica, absolutista), poderia ser sugerido que a música clássica atonal é um exemplo de mercadoria com alto valor cultural, mas baixo valor econômico, e que as novelas de TV são um exemplo de um bem de alto valor econômico/baixo valor cultural. No contexto do patrimônio cultural, muitos exemplos de bens com baixo valor econômico e alto valor cultural são identificáveis; Nathaniel Lichfield sugere, por exemplo, que as "antigas fábricas de algodão têm valor cultural significativo como arqueologia industrial, mas podem não ter valor de mercado como propriedade, uma vez que não são mais úteis na sua função original"[26].

UMA APLICAÇÃO: O CASO DOS MUSEUS DE ARTE

Para exemplificar alguns dos conceitos discutidos neste texto, lançaremos mão de um breve exemplo de sua aplicação a um fenômeno cultural real: o caso dos museus de arte[27]. Ao fazê-lo, observaremos em um contexto pragmático como algumas das teorias descritas anteriormente podem ser operacionalizadas.

Os museus representam inúmeras coisas para muitas pessoas: para o artista são vitrines de seus trabalhos; para o historiador da arte são repositórios essenciais do material de sua profissão; para o museólogo desempenham uma função vital na transmissão de informações sobre arte e cultura à comunidade; para o urbanista são mecas do turismo cultural e recreativo; para o arquiteto são uma esplêndida oportunidade de celebrar tradições passadas ou inventar novas na prestação de determinado serviço cultural; e, por último, mas não menos importante, para o economista são empresas sem fins lucrativos, motivadas por uma função objetiva complexa e multivalorada e sujeitas a uma variedade de restrições econômicas e não econômicas[28]. Levamos em conta as várias maneiras por meio das quais um museu de arte contribui para os valores econômico e cultural e os representa[29]. Consideramos a avaliação econômica e a avaliação cultural separadamente nas seções a seguir.

O valor econômico de um museu de arte

O valor econômico de um museu de arte deriva tanto do valor patrimonial de seus edifícios e conteúdos quanto do fluxo de serviços que esses bens prestam.

Em relação ao primeiro, há pouca dificuldade em conceituar e medir o valor imobiliário das instalações de um museu, embora ele possa ser puramente abstrato quando o próprio museu ocupa, por direito próprio, instalações históricas ou edifícios de importância cultural que provavelmente nunca serão postos à venda. No que diz respeito ao valor econômico ou contábil do conteúdo de um museu, porém, muitos outros problemas de interpretação surgem ante tentativas de aplicar métodos-padrão de avaliação de ativos e procedimentos contábeis a obras de arte, recursos arqueológicos e assim por diante[30]. Mas, quaisquer que sejam as dificuldades práticas de conceito e medição em casos específicos, não é difícil de aceitar a ideia geral de que os acervos de um museu de arte têm um preço de ativo tangível que mede seu valor econômico armazenado. Nessa estrutura, as obras de aquisição e desvinculação são encaradas como geradoras de alterações nos níveis de estoque, com consequentes efeitos no fluxo de caixa e no balanço da instituição.

Voltando ao fluxo de serviços prestados por um museu de arte, podemos dividi-los em termos econômicos em bens privados – que podem ser excluídos –, bens públicos – não excludentes – e externalidades benéficas, e considerar o valor econômico de cada um.

Bens privados

Os museus produzem uma gama de bens e serviços privados que entram no consumo final dos indivíduos ou contribuem de alguma forma para aumentar a produção econômica. O principal deles, em termos de interface do museu com o público, é o valor direto das experiências de consumo de seus visitantes. De acordo com nossa discussão anterior, o valor de uso econômico de um museu para seus visitantes é medido pelo valor total das receitas de entrada (preço médio do ingresso multiplicado pelo número de visitas em um período definido) juntamente com os extras gastos pelos visitantes. Se a entrada no museu é gratuita, o valor de uso direto é medido apenas pelos extras. Os visitantes podem comprar produtos na loja do museu e, nesse caso, o excedente de receita sobre os custos de fornecimento dos bens também representa uma contribuição de valor agregado para o rendimento da instituição.

Além disso, um museu normalmente produz outros serviços que são revertidos para beneficiários privados e fazem parte do valor econômico gerado pela organização. Por exemplo, as atividades de educação formal de um museu – a instrução de grupos escolares etc. – rendem benefícios privados e públicos; se o estoque de capital humano dos indivíduos que recebem tal instrução for aumentado, eles poderão desfrutar de benefícios econômicos privados no futuro na forma de maior produtividade, mais ganhos e outros benefícios do consumo. Por outro lado, os serviços de curadoria e preservação prestados por um museu a outras organizações ou a indivíduos como colecionadores têm um valor econômico que pode ou não ser realizado por meio de pagamentos que aparecem nas contas desse museu. Além disso, ele pode oferecer benefícios diretos a artistas praticantes por meio de sua função como veículo de exibição de seus trabalhos ao público.

Um item final que aparece nesta listagem incompleta de bens e serviços privados fornecidos por um museu de arte são as recompensas, tanto tangíveis quanto intangíveis, que ele pode oferecer diretamente a seus doadores e apoiadores. Embora o altruísmo e o senso de obrigação social ou cultural possam fornecer a força motivacional para a generosidade dessas pessoas, é sua própria utilidade que aumenta como resultado, e isso tem valor real em termos econômicos.

Bens públicos

Entre a gama de benefícios coletivos proporcionados por um museu de arte, o mais óbvio é o benefício comunitário generalizado decorrente da sua presença no mundo. A "comunidade" pode ser definida no nível local, regional, nacional ou internacional, dependendo do tamanho e importância do museu em questão, desde uma galeria de arte em uma cidade pequena valorizada apenas por moradores locais até o Prado, o Louvre, a Uffizi e os vários Guggenheims, que são valorizados igualmente por moradores e não moradores. Os benefícios proporcionados por um museu de arte que podem ser incluídos neste segmento incluem, sem ordem específica:

- a contribuição do museu para o debate público sobre arte, cultura e sociedade;
- o papel que o museu desempenha na definição da identidade cultural, seja em termos específicos, seja mais geralmente na sua representação da condição humana;
- o estímulo que o museu proporciona à produção de obras de artistas – profissionais e amadores;
- o valor de manter para os indivíduos a opção de visitar o museu, uma opção que eles podem desejar efetivar em algum momento no futuro, em seu próprio nome ou em nome de terceiros;
- a percepção das pessoas de que o museu e seus conteúdos funcionam como um legado para as gerações futuras;
- os diversos benefícios dos serviços educacionais à comunidade, tanto formais quanto informais, fornecidos pelo museu;
- a conexão com outras culturas que o museu oferece tanto a cidadãos dentro de sua própria jurisdição, que olham para fora, quanto àqueles de fora que desejam aprender mais sobre a cultura que estão visitando; e

• o benefício que as pessoas obtêm da mera existência de uma instituição como um museu de arte, ou seja, a satisfação em saber que ele está ali como um elemento na paisagem cultural, mesmo que o indivíduo usufruindo de tal benefício não o visite.

O valor econômico de todos esses benefícios de bens públicos é mensurável, em separado ou (mais prontamente) em conjunto, como a disposição a pagar expressa pelos beneficiários, avaliada por métodos como o MVC, conforme já discutido. As estimativas resultantes do valor econômico da produção de bens públicos de um museu podem ser atribuídas exclusivamente à instituição se forem derivadas da comparação "com" e "sem", ou seja, como o valor da produção incremental de bens públicos causada pela presença do museu.

Outro tipo de bem público não excludente pode ser produzido por um museu de arte se ele se dedicar à pesquisa. Se o resultado de sua pesquisa em teoria da arte, história da arte, conservação, curadoria etc. contribui para o domínio público, informa outros acadêmicos e profissionais e agrega conhecimento, ele tem valor econômico. Entretanto, a avaliação dos benefícios da pesquisa para o bem público é notoriamente difícil; em princípio, os efeitos podem ser identificáveis e um preço atribuído, mas na prática esses benefícios são com frequência medidos, se é que o são, simplesmente como os custos dos insumos usados para produzi-los.

Externalidades

Por fim, os museus de arte podem dar origem a externalidades, efeitos colaterais não intencionais ou transbordamentos que, no entanto, são benéficos (ou custosos) para quem os experimenta. Por exemplo, a presença de um museu em uma área urbana pode gerar emprego e renda e ter outros impactos econômicos nas empresas e residências vizinhas. Tais efeitos podem ser importantes em uma avaliação econômica da economia local ou regional e são frequentemente usados pelos diretores de museus como justificativa para o aumento do apoio financeiro das fontes relevantes de financiamento público. Contudo, embora a avaliação líquida dos efeitos externos seja, em princípio, um componente válido do valor econômico total de uma instalação como um museu de arte, existem dificuldades conceituais de medição que têm a ver precisamente com a identificação de quão "líquidos" os valores medidos de fato são. Assim, por exemplo, os chamados impactos "multiplicadores" ou "de segunda rodada" de um projeto de investimento público envolvendo um museu podem ser devidamente desconsiderados em uma avaliação de custo-benefício porque se acumulariam em qualquer outro projeto similar ao qual o capital de investimento pode ser dedicado.

O valor cultural de um museu de arte

De acordo com um conceito multidimensional de valor cultural, podemos perceber, no caso de um museu de arte, esse valor como proveniente de várias fontes diferentes. Para o propósito desta análise, os elementos do valor cultural serão categorizados em dois títulos, a saber: aqueles contidos nas (ou decorrentes das) obras de arte mantidas e/ou exibidas pelo museu e aqueles que surgem mais genericamente do ambiente institucional, ou seja, do museu como museu. Vamos analisar, na sequência, essas duas fontes dos vários constituintes do valor cultural.

Obras de arte

As obras de arte que compõem o acervo de um museu podem ser vistas como concentrações do valor cultural de vários tipos. Aqueles que aceitam a ideia de valor intrínseco ou inerente acreditam que o valor cultural é de alguma forma armazenado em uma obra de arte como o vinho em uma garrafa; pode ser bebido de vez em quando, mas também de alguma maneira é constantemente reabastecido, de modo que sua quantidade pode até aumentar com o tempo. Na ausência de um conceito tão literal de obras de arte como reservas de valor, pode-se pelo menos admitir que seu valor cultural seja de alguma forma onipresente, embora a valorização atribuída a elas como artefatos culturais varie marcadamente entre os indivíduos e ao longo das épocas. Seja qual for o ponto de vista, porém, pode-se dizer que a função de um museu na conservação, restauração e preservação das obras de arte sob sua guarda indica uma preocupação com a natureza das obras como estoques do valor cultural, e que esse valor potencialmente contém qualquer um ou todos os vários elementos – estéticos, espirituais, históricos etc. – mencionados antes.

Além disso, a exposição de obras, seja do acervo, seja de mostras itinerantes, fornece ao museu um meio de perceber o valor cultural das obras como um processo contínuo ao longo do tempo pelo qual mensagens e informações são transmitidas, significados são construídos e conhecimentos e iluminação são obtidos. Os critérios para avaliar o valor cultural originado dessa forma, tanto julgado no nível do espectador individual quanto mais geralmente em nome da sociedade, derivam-se de vários discursos, correspondendo de modo amplo às fontes ou aos elementos componentes do valor cultural discutido anteriormente. Assim, por exemplo, poderíamos identificar o fato de que um museu contribui, por meio da exibição de obras de arte, para a formação do valor cultural avaliado por critérios estéticos (a análise crítica e a reação às próprias obras de acordo com os preceitos da erudição estética), históricos (o lugar das obras na história da arte) e sociais (a relação das obras com a sociedade e as mensagens que elas transmitem sobre organização social, relações de poder, estruturas e processos políticos etc.), entre outros.

O ambiente institucional

Ao mesmo tempo que as obras expostas criam valor cultural simplesmente como obras individuais, ou como obras agrupadas que ganham destaque quando em associação umas com as outras, um museu de arte também cria valor cultural graças a sua existência e funcionamento como uma instituição. Pode fazê-lo, inicialmente, pelo ambiente criado, dentro do qual a arte é apreciada. Isso é mais do que apenas uma questão de instalações físicas que ele oferece, embora ambientes confortáveis, convenientes, inclusivos e seguros ajudem. É muito mais uma questão de como um museu pode transmitir um sentido do propósito e significado da arte e da cultura decorrentes do seu lugar na experiência individual e social. Por exemplo, em seu impacto na resposta individual, um museu pode promover um senso de valores compartilhados, de uma abordagem igualitária distinta de uma abordagem elitista da arte[31]. Em seu contexto social mais amplo, um museu pode afetar a formação do valor cultural (e dos valores em geral) na comunidade por meio de sua contribuição para o debate sobre arte, sociedade, cultura, política ou o que for. Pode fazê-lo mediante uma posição identificável como conservadora ou radical, direita ou esquerda, burguesa ou proletária, tradicional ou inovadora, ou mesmo lutar por algum tipo de neutralidade. Qualquer que seja sua postura, não se pode negar o funcionamento de um museu de arte como local potencial de formação e provisão do valor cultural, no sentido mais amplo do termo "cultura" a que nos referimos.

Os museus de arte como instituições culturais também podem contribuir para o valor cultural de uma forma bastante diferente, nomeadamente por meio da sua função arquitetônica, em especial como veículos para os arquitetos contemporâneos desempenharem seu trabalho. O número de museus de arte construídos nos tempos modernos como "obras-primas" da arquitetura cresce a cada hora. O desafio específico de criar um espaço que cumpra a função de mostrar obras de arte, mas ao mesmo tempo tenha características esculturais ou espaciais que tornem o próprio edifício uma obra de arte, é claramente apreciado pelos arquitetos modernos, e ao qual o público responde. Os visitantes de alguns museus construídos recentemente parecem ser motivados tanto pelo desejo de sentir a experiência dos próprios edifícios quanto de ver as obras que eles abrigam. Assim, alguns museus de arte contribuem para criar e transmitir valor cultural de maneira independente de seus propósitos mais específicos[32].

O caminho a seguir

O caso dos museus de arte ilustra em um cenário prático que tanto o valor econômico quanto o cultural são fenômenos multifacetados que devem ser desconstruídos em seus elementos constitutivos para ser compreendidos. No caso do valor econômico, os vários componentes podem, em última análise, ser combinados graças à existência de uma base comum a partir da qual são avaliados. Para o valor cultural, no entanto, tal métrica não existe, e problemas difíceis, sem soluções pontuais ou agregadas, permanecem. Resta também mostrar como o valor econômico e o cultural, uma vez identificados separadamente, entram nos processos de decisão dos agentes que fazem escolhas com ramificações tanto econômicas quanto culturais.

CONCLUSÃO

Argumentamos que as questões de valor são fundamentais para entender as relações entre economia e cultura, devendo os valores econômicos e culturais ser separados como conceitos distintos em qualquer construção teórica sobre valor no discurso econômico e cultural. Pode ser que ideias fundamentais a respeito de preferências e escolhas, que ocorrem tanto na teoria econômica quanto na cultural, de fato forneçam uma base comum a partir da qual a construção do valor prossiga. Mas é na elaboração de ideias de valor e na sua transformação em preço econômico ou em alguma avaliação de seu valor cultural que os dois campos divergem. Os economistas estão se iludindo quando afirmam que a economia pode abranger o valor cultural inteiramente em seu âmbito e que os métodos de avaliação econômica são capazes de capturar todos os aspectos relevantes do valor cultural em sua rede. No debate multifacetado sobre a cultura nos cenários econômicos contemporâneos, deve-se resistir à tendência de uma interpretação econômica do mundo dominante, derivada da onipresença e do poder do paradigma econômico moderno, para que elementos importantes do valor cultural não sejam esquecidos. Se levarmos a sério a busca pela completude teórica e, eventualmente, pela validade operacional na tomada de decisões, é essencial que o valor cultural seja admitido ao lado do valor econômico na consideração do valor geral dos bens e serviços culturais.

Notas

1 Capítulo extraído de *Economics and Culture* (Cambridge University Press, 2000). [N. do org.]
2 *Art*, 1994, p. 8.
3 Ver mais em Aspromourgos (1996) e Dolfsma (1997).
4 Para uma explicação do conceito de valor absoluto nas teorias do valor-trabalho de Smith, Ricardo e Marx, ver Gordon (1968).
5 Por exemplo, William Thornton (1869).
6 Esses argumentos são apresentados no prefácio de *Munera pulveris* (1872), em que Ruskin despreza os "economistas maçantes" da escola "vulgar" de economia política; ver também em Sherburne (1972, cap. 6) e Grampp (1973).
7 Se a "descoberta" da utilidade marginal, de forma independente e simultânea, por Jevons, Menger e Walras, trabalhando respectivamente em Manchester, Viena e Lausanne, compreende o material da revolução é uma questão de debate entre os historiadores do pensamento econômico; ver Blaug (1973) e outros artigos no mesmo volume (Collison Black *et al.*, 1973).
8 Dobb (1973, p. 33).
9 Ver Bentham (1843, 1, pp. 1–2); essa passagem é retirada de sua obra *Uma introdução aos princípios da moral e legislação*, publicada pela primeira vez em 1789, cujo primeiro capítulo se intitula "Sobre o princípio da utilidade".
10 Ver, por exemplo, Heilbroner (1988), Mirowski (1990) e Clark (1995a).
11 O paradoxo do valor pergunta por que um diamante, que é um luxo inútil, tem um preço muito alto, ao passo que um galão de água, essencial à vida, não custa praticamente nada. A resposta está no fato de que é a utilidade marginal, e não a total, que determina o preço.
12 O painel, copresidido pelos ganhadores do Prêmio Nobel Kenneth Arrow e Robert Solow, e incluindo Edward Leamer, Roy Radner, Paul Portney e Howard Schuman, concluiu que "estudos de MVC produzem estimativas confiáveis o suficiente para serem o ponto de partida de um processo judicial de avaliação de danos, incluindo valores de uso passivo perdidos" e que os estudos fornecem uma "referência confiável" (Arrow *et al.*, 1993, pp. 4610–11), desde que sejam executados com cuidado, com a devida atenção aos vieses e outros problemas que afetam a técnica; ver mais em Portney *et al.* (1994).
13 Ver Thompson, Throsby e Withers (1983) e Throsby e Withers (1983, 1984, 1986).
14 Ver Morrison e West (1986).
15 Connor (1992b, p. 8, grifo no original).
16 Para uma discussão sobre a avaliação da cultura em termos moralistas e hedonistas, ver Connor (1992a).
17 Ver, por exemplo, Regan (1992a) e Connor (1992b, p. 14).
18 Ver Etlin (1996, pp. 7 ss.).
19 Smith (1999).
20 A questão das cópias de obras de arte que desafiam o conceito de autenticidade tem sido um assunto de interesse; ver, por exemplo, De Marchi e Van Miegroet (1996). Para uma discussão sobre a relação entre valor estético e valor de autenticidade, ver Meiland (1983).
21 A ideia de "descrição densa" é geralmente atribuída a Clifford Geertz (1973, cap. 1, pp. 3–30), embora o antropólogo reconheça sua dívida para com Gilbert Ryle (1971); para discussões desse tipo de abordagem no método etnográfico, ver os ensaios de Richard Shweder e Howard Becker em Jessor *et al.* (1996).
22 Por exemplo, contextualização usando métodos narrativos; ver Satterfield *et al.* (2000).
23 Ver mais em Smith (1999).
24 Assim, por exemplo, Steven Connor expõe em seu livro *Teoria e valor cultural*, para dar uma explicação do valor que contemple "absolutismo e relativismo juntos, em vez de separados e antagônicos"; ver Connor (1992b, p. 1).
25 Frey e Pommerehne (1989, cap. 6) mostram uma relação entre os preços de leilão de obras de arte e a posição do artista de acordo com as opiniões consensuais dos críticos de arte, com os demais aspectos sendo equivalentes.
26 Lichfield (1988, p. 169).
27 Eu uso o termo "museu de arte" aqui como algo distinto de "galeria de arte" para identificar a diferenciação (às vezes confusa) entre um empreendimento público e um comercial. Grande parte dessa discussão também se aplica, *mutatis mutandis*, aos museus de ciência, embora eu detenha minha atenção essencialmente às artes.

Para um relato esclarecedor da ascensão dos museus de arte no século XIX e início do século XX, período que deu origem a muitas das grandes instituições que conhecemos hoje, ver Lorente (1998).

28 Para visões gerais da economia de museus e galerias de arte e para compilações de artigos sobre o assunto, ver Frey e Pommerehne (1989, cap. 5), Feldstein (1991), Heilbrun e Gray (1993, cap. 10), O'Hagan (1998, cap. 7), Johnson e Thomas (1998) e o número especial do *Journal of Cultural Economics*, 22 (1998, pp. 2–3). Sobre o confronto entre análise econômica e valores curatoriais, ver Grampp (1996) e Cannon-Brookes (1996); para uma resposta firme a esta última, ver Peacock (1998a).

29 Para uma ilustração de avaliação econômica de um museu específico, ver Martin (1994), que estima o valor econômico do Musée de la Civilisation, em Quebec, no Canadá.

30 Ver Carnegie e Wolnizer (1995), Carman (1996) e Carman *et al.* (1999).

31 É claro que nem todos os museus buscam essa característica, e alguns podem conseguir exatamente o contrário.

32 Ver mais em Davis (1990) e especialmente em Newhouse (1998).

Referências bibliográficas

Adorno, T. W. *The Culture Industry: Selected Essays on Mass Culture* (editado por J. M. Bernstein), Londres: Routledge, 1991.

Adorno, T. W.; Horkheimer, M. *Dialektik der Aufklärung: Philosophische Fragmente*, Amsterdã: Querido, 1947. Tradução inglesa por John Cumming, *Dialectic of Enlightenment*, Londres: Verso, 1979.

Amariglio, J. L. "The Body, Economic Discourse, and Power: an Economist's Introduction to Foucault", em: *History of Political Economy*, n. 20, 1988, pp. 583–613.

Appadurai, A. *Modernity at Large: Cultural Dimensions of Globalization*, Minneapolis: University of Minnesota Press, 1996.

Armour, L. "Economics and Social Reality: Professor O'Neil and the Problem of Culture", em: *International Journal of Social Economics*, n. 22, 1996, pp. 79–87.

Arrow, Kenneth J. et al. "Report of the NOAA Panel on Contingent Valuation", *Federal Register* 58: 4602–14, 1993.

Aspromourgos, T. On the Origins of Classical Economics: *Distribuition and Value from William Petty to Adam Smith*. Londres: Routledge, 1996.

Baudrillard, J. Simulacra and Simulation, Ann Arbor: University of Michigan Press, 1994.

Becker, H. S. "Art as Collective Action", em: *American Sociological Review*, n. 39, 1974, pp. 767–76.

Benhamou, F. *L'économie de la culture*, 2ª ed., Paris: Éditions la Découverte, 2000.

Bentham, J. Works, ed. John Bowring, Edinburgh: William Tait Berger, Peter L., 1993. "An East Asian development model?", in Berger and Hsiao (eds.) (1993), pp. 3–11.

Best, S.; Kellner, D. *Postmodern Theory: Critical Interrogations*, Nova York: Guilford Press, 1991.

Blackmore, R. D. *Lorna Doone*, Londres: Sampson Low, Marston & Co., 1869.

Blaug, M. (ed.) The Economics of the Arts: Selected Readings, Londres: Martin Robertson, 1976.

Blaug, M. "Was there a marginal revolution?", in Collison Black *et al.* (eds.) (1973), pp. 3–14.

Blaug, M. "Where Are We Now in Cultural Economics?", em: *Proceedings of International Symposium on Cultural Economics*, Association for Cultural Economics International e Japan Association for Cultural Economics, Tóquio, 28–30 de maio de 1999, pp. 6–18.

Borofsky, R. "Cultural Possibilities", em: *Unesco World Culture Report*, 1998, pp. 64–75.

Byron, L. *The Complete Poetical Works* (Editor: Jerome J. McGann), Oxford: Clarendon Press, 1986.

Cannon-Brookes, P. "Cultural–economic analyses of art museums: a British curator's viewpoint", in Ginsburgh and Menger (eds.) (1996), pp. 255–74.

Carman, J. *Valuing Ancient Things: Archaeology and Law*. Londres: Leicester University Press, 1996.

Carman, J., Carnegie, G. D. e Wolnizer, P. W. "Is archaeological valuation an accounting matter?", *Antiquity* 73: 143–8, 1999.

Carnegie, G. D. e Wolnizer, P. W. "The financial valuation of cultural, heritage and scientific collections: an accounting fiction", *Australian Accounting Review* 5: 31–47, 1995.

Caves, R. E. Creative Industries: *Contracts between Art and Commerce*, Cambridge: Harvard University Press, 2000.

Clark, C. M. A. "From natural value to social value", in Clark (ed.) *Institutional Economics and the Theory of Social Value: Essays in Honor of Marc R. Tool*. Boston: Kluwer Academic Publishers, 1995.

Connor, S. "Aesthetics, pleasure and value", in Regan (ed.) (1992b), pp. 203–20.

Connor, S. *Postmodernist Culture: an Introduction to Theories of the Contemporary*, 2ª ed., Oxford: Blackwell, 1997.

Connor, S. T*heory and Cultural Value*. Oxford: Blackwell, 1992.

Cooper, C. R.; Denner, J. "Theories Linking Culture and Psychology: Universal and Community-Specific Processes", em: *Annual Review of Psychology*, n. 49, 1998, pp. 559–84.

Cowen, T. *In Praise of Commercial Culture*, Cambridge: Harvard University Press, 1998.

Cozzi, G. "Culture as a Bubble", em: *Journal of Political Economy*, n. 106, 1998, pp. 376–94.
Davis, D. *The Museum Transformed: Design and Cultuue in the Post-Pompidou Age*. Nova York: Abbeville Press, 1990.
De Marchi, N. e Van Miegroet, H. J. "Pricing invention: 'originals', 'copies" and their relative value in seventeenth century Netherlandish art markets", in Ginsburgh and Menger (eds.) (1996), pp. 27–70.
DiMaggio, P. "Culture and Economy", em: Smelser, Neil J. e Swedberg, Richard (eds.), *The Handbook of Economic Sociology*, Princeton: Princeton University Press, 1994, pp. 27–57.
Dobb, M. *Theories of Value and Distribution since Adam Smith: Ideology and Economic Theory*. Cambridge University Press, 1973.
Dolfsma, W. "The Consumption of Music and the Expression of Values: a Social Economic Explanation for the Advent of Pop Music", em: *The American Journal of Economics and Sociology*, n. 58, 1999, pp. 1019–46.
Dolfsma, W. "The social construction of value: value theories and John Locke´s framework of qualities", in *European Journal of the History of Economic Thought* 4: 400-16, 1997.
Escobar, Arturo. *Encountering Development: the Making and Unmaking of the Third World*, Princeton: Princeton University Press, 1995.
Etlin, R. A. In defense of Humanism: Value in the Arts and Letters. Cambridge University Press, 1996.
Farchy, J.; Sagot-Duvauroux, D. *Economie des politiques culturelles*, Paris: Presses Universitaires de France, 1994.
Feld, A. L.; O'Hare, M.; Schuster, J. M. D. *Patrons Despite Themselves: Taxpayers and Arts Policy*, Nova York: New York University Press, 1983.
Feldstein, M. (ed.) *The Economics of Art Museums*, Chicago: University of Chicago Press, 1991.
Frey, B. S. *Arts and Economics*, Heidelberg: Springer, 2000.
Frey, B. S.; Pommerehne, Werner W. *Muses and Markets: Explorations in the Economics of the Arts*, Oxford: Basil Blackwell, 1989.
Galbraith, J. K. *The Liberal Hour*, Londres: Hamish Hamilton, 1960.
Ginsburgh, V. A.; Menger, P. (eds.) *Economics of the Arts: Selected Essays*, Amsterdã: North Holland, 1996.
Gordon, D. F. "Labour theory of value", in Sills, David L. (ed.), *International Encyclopedia of the Social Sciences* 16, Nova York: Macmillan, 1968, pp. 279–83.
Grampp, W. D. "Classical economics and its moral critics", *History of Political Economy* 5: 359–74, 1973.
Grampp, W. D. *Pricing the Priceless: Art, Artists and Economics*, Nova York: Basic Books, 1989.
Geertz, C. *The Interpretation of Cultures*. Nova York: Basic Books, 1973.
Harris, M. C*ultural Materialism: the Struggle for a Science of Culture*, Nova York: Random House, 1979.
Heilbroner, R. L. *Behind the Veil of Economics: Essays in the Wouldly Philosophy*. Nova York: W.W. Norton, 1988.
Heilbrun, J.; Gray, C. M. *The Economics of Art and Culture: an American Perspective*, Cambridge: Cambridge University Press, 1993.
Hendon, W. S.; Shanahan, J. L. (eds.) *Economics of Cultural Decisions*, Cambridge: Abt Books, 1983.
Hendon, W. S.; Shanahan, J. L.; MacDonald, A. J. (eds.) *Economic Policy for the Arts*, Cambridge: Abt Books, 1980.
Hutter, M. "The Impact of Cultural Economics on Economic Theory", em: *Journal of Cultural Economics*, n. 20, 1996, pp. 263–68.
Hutter, M.; Rizzo, I. (eds.) *Economic Perspectives on Cultural Heritage*, Londres: Macmillan, 1997.
Infantino, L. *Individualism in Modern Thought: from Adam Smith to Hayek*, Londres: Routledge, 1998.
Jackson, W. A. "Cultural Materialism and Institutional Economics", em: *Review of Social Economy*, n. 54, 1996, pp. 221–44.
Jessor, R., Colby, A. e Shweder, Richard A. (eds.). *Ethnography and Human Development: Context and Meaning in Social Inquiry*. Chicago: University of Chicago Press, 1996.
Johnson, P. e Thomas, B. "The economics of museums: a research perspective", *Journal of Cultural Economics* 22: 75–85, 1998.

Klamer, A. "Economics as Discourse", em: De Marchi, Neil (ed.), *The Popperian Legacy in Economics*, Cambridge: Cambridge University Press, 1988, pp. 259–78.
Klamer, A. (ed.) *The Value of Culture: on the Relationship between Economics and Arts*, Amsterdã: Amsterdam University Press, 1996.
Kurabayashi, Y.; Matsuda, Y. *Economic and Social Aspects of the Performing Arts in Japan: Symphony Orchestras and Opera*, Tóquio: Kinokuniya Company, 1988.
Landes, D. S. *The Unbound Prometheus: Technological Change and Industrial Development in Western Europe from 1750 to the Present*, Londres: Cambridge University Press, 1969.
Lichfield, N. *Economics in Urban Conservation*. Cambridge University Press, 1988.
Lorente, J. P. *Cathedrals of Urban Modernity: The First Museums of Contemporary Art l800–l930*. Aldershot: Ashgate, 1998.
Marcus, G. E.; Fischer, M. M. J. *Anthropology as Cultural Critique: an Experimental Moment in the Human Sciences*, Chicago: University of Chicago Press, 1986.
Martin, F. "Determining the size of museum subsidies", *Journal of Cultural Economics* 18: 255–70, 1994.
Mayhew, A. "Culture", em: Hodgson, Geoffrey M. et al. (eds.), *The Elgar Companion to Institutional and Evolutionary Economics*, vol. I, Aldershot: Edward Elgar, 1994, pp. 115–19.
Meiland, J. W. 'Originals, copies and aesthetic value', in Dutton, Denis (ed.), *The Fouger's Art: Forgeuy and the Philosophy of Art*. Berkeley: University of California Press, 1983, pp. 115–30.
McCloskey, D. N. *Knowledge and Persuasion in Economics*, Cambridge: Cambridge University Press, 1994.
McCloskey, D. N. *The Rhetoric of Economics*, Madison: University of Wisconsin Press, 1985.
Mirowski, P. "Learning the meaning of a dollar: conservation principles and the social theory of value in economic theory", *Social Research* 57: 689–717, 1990.
Morrison, W. G. e West, E. G. "Subsidies for the performing arts: evidence on voter preference", *Jouunal of Behavioual Economics* 15: 57–72, 1986.
Mossetto, G. *Aesthetics and Economics*, Dordrecht: Kluwer Academic Publishers, 1993.
Moulin, R. *L'artiste, l'institution et le marché*, Paris: Flammarion, 1992.
Netzer, D. *The Subsidized Muse: Public Support for the Arts in the United States*, Cambridge: Cambridge University Press, 1978.
Newhouse, V. *Towards a New Museum*. Nova York: Monacelli Press, 1998.
North, D. C. *Institutions, Institutional Change and Economic Performance*, Cambridge: Cambridge University Press, 1990.
O'Hagan, J. W. *The State and the Arts: an Analysis of Key Economic Policy Issues in Europe and the United States*, Cheltenham: Edward Elgar, 1998.
O'Neil, D. J. "Culture Confronts Marx", em: *International Journal of Social Economics*, n. 22 (9–11), 1995, pp. 43–54.
Peacock, A. *Paying the Piper: Culture, Music and Money*, Edimburgo: Edinburgh University Press, 1993.
Peacock, A. (ed.). *Does the Past Have a Future? The Political Economy of Heritage*. Londres: Institute of Economic Affairs, 1998.
Peacock, A.; Rizzo, I. (eds.) *Cultural Economics and Cultural Policies*, Dordrecht: Kluwer Academic Publishers, 1994.
Peacock, A.; Weir, R. *The Composer in the Market Place*: an *Economic History*, Londres: Faber, 1975.
Peterson, R. A. (ed.) *The Production of Culture*, Beverly Hills: Sage, 1976, pp. 7–22.
Portney, P. R. et al. "Contributions to a Symposium on 'Contingent Valuation", *Journal of Economic Perspectives*, 8 (4): 3–64, 1994.
Regan, S. "Introduction: the return of the aesthetic", in Regan (ed.) (1992b), pp. 1–15, 1992a.
Regan, S. (ed.). *The Politics of Pleasuue: Aesthetics and Cultural Theory*. Buckingham: Open University Press,1992b.
Rushton, M. "Methodological Individualism and Cultural Economics", em: *Journal of Cultural Economics*, n. 23, 1999, pp. 137–47.
Ruttan, V. "Cultural Endowments and Economic Development: what Can We Learn from Anthropology?", em: *Economic Development and Cultural Change*, n. 36 (suplemento), 1988, pp. 247–71.

Ryle, G. *Collected Papers*. Londres: Hutchinson, 1971, pp. 465–96.

Satterfield, T., Slovic, P.; Gregory, R. "Narrative valuation in a policy judgment context", *Ecological Economics*, 34: 315–31, 2000.

Seaman, B. A. "Economic Analysis of Arts Labor Markets: Lessons from Sports?", em: *Proceedings of International Symposium on Cultural Economics, Association for Cultural Economics International e Japan Association for Cultural Economics*, Tóquio, 28–30 de maio de 1999, pp. 134–44.

Smith, T. "Value and form: formations of value in economics, art and architecture", *The Market and the Visual Arts*, Duke University, 1999.

Stanfield, J. R. *Economics, Power and Culture: Essays in the Development of Radical Institutionalism*, Londres: Macmillan, 1995.

Storey, J. *An Introductory Guide to Cultural Theory and Popular Culture*, Hemel Hempstead: Harvester Wheatsheaf, 1993.

Temin, P. "Is it Kosher to Talk about Culture?", em: *The Journal of Economic History*, n. 57, 1997, pp. 267–87.

Thompson, B. J., Throsby, C. D. e Withers, G. A. *Measuring Community Benefits from the Arts*, Research Paper 261. Sydney: Macquarie University, School of Economic and Financial Studies, 1983.

Thornton, W. *on Labour: its Wrongful Claims and Rightful Dues, its Actual Present and Possible Future*. Londres: Macmillan, 1869.

Throsby, D. "The Production and Consumption of the Arts: a View of Cultural Economics", em: Journal of Economic Literature, n. 32, 1994b, pp. 1–29; reimpresso em Towse (ed.), vol. I, 1997a, pp. 51–79.

Throsby, D.; Withers, G. The Economics of the Performing Arts, Londres: Edward Arnold, 1979.

Throsby, D.; Withers, G. "Measuring the demand for the arts as a public good: theory and empirical results", in Hendon and Shanahan (eds.) (1983), pp. 177–91.

Throsby, D.; Withers, Glenn. What Price Culture? Sydney: Australia Council, 1984.

Throsby, D.; Withers, Glenn. "Strategic bias and demand for public goods", *Journal of Public Economics* 31: 307–27, 1986.

Towse, R. *Singers in the Marketplace: the Economics of the Singing Profession*, Oxford: Clarendon Press, 1993.

Towse, R. (ed.) *Cultural Economics: the Arts, the Heritage and the Media Industries*, 2 vols., Cheltenham: Edward Elgar, 1997a.

Towse, R.; Khakee, A. (eds.) *Cultural Economics, Heidelberg: Springer*, 1992.

Trimarchi, M. Economia e Cultura: *Organizzazione e Finanziamento delle Istituzione Culturali*, Milão: Franco Angeli, 1993.

Weber, M. *The Protestant Ethic and the Spirit of Capitalism*, Londres: George Allen & Unwin, 1930.

Williams, R. *Culture and Society: 1780–1950*, Londres: Chatto & Windus, 1958.

Williams, R. *Keywords: a Vocabulary of Culture and Society*, Londres: Fontana, 1976.

World Commission on Culture and Development. *Our Creative Diversity*, Paris: Unesco, 1995.

Wright, S. "The Politicization of 'Culture'", em: *Anthropology Today*, n. 14, 1998, pp. 7–15.

GEOFFREY CROSSICK é historiador social. Foi diretor do Cultural Value Project, do Arts and Humanities Research Council (AHRC), cujo relatório *Entendendo o valor da arte e da cultura* foi publicado em 2016. Ocupou cargos acadêmicos nas universidades de Cambridge, Hull e Essex. Atualmente, é professor honorário de Humanas na Escola de Estudos Avançados da University of London. Anteriormente, foi vice-reitor da University of London e diretor da Goldsmiths, após ser presidente do AHRC. Atua na governança de organizações nos setores cultural e de ensino superior, incluindo a Escola Guildhall de Música e Teatro e a Escola Nacional de Cinema e Televisão, sendo, até recentemente, presidente do Conselho de Artesanato do Reino Unido. É membro do Conselho Consultivo Científico do Departamento de Cultura, Mídia e Esporte. Dá palestras sobre ensino superior, estratégia de pesquisa, artes e humanidades e setores criativos e culturais. Publicou sete livros como escritor ou organizador e redigiu mais de quarenta artigos em periódicos eruditos e outras obras.

PATRYCJA KASZYNSKA é pesquisadora sênior do Social Design Institute (UAL), pesquisadora associada em Cultura na King's College London e afiliada de pesquisa no New College of the Humanities, da Northeastern University. Entre seus interesses, estão valor, valorização e avaliação, em particular em relação a arte, cultura e design e à tomada de decisões políticas. Foi pesquisadora de projetos do Cultural Value Project, do AHRC (2012–16), gerente de projetos do Cultural Value Scoping Project (2016–17) e pesquisadora principal do Scoping Culture and Heritage Capital (2021–22) – um projeto de pesquisa disciplinar com o objetivo de construir um sistema de tomada de decisão para a valorização do capital cultural e patrimonial no contexto da alocação de recursos governamentais.

Entendendo o valor da arte e da cultura: o indivíduo reflexivo[1]

GEOFFREY CROSSICK E PATRYCJA KASZYNSKA

A Companhia de Teatro Geese trabalha com infratores encarcerados e depois de soltos. Em uma apresentação específica da companhia na prisão, homens condenados por violência doméstica assistiram a uma peça de teatro planejada para programas de tratamento de agressores. O público, de cerca de dez homens, sentou-se metade de um lado do palco e metade do outro. Dessa forma, eles podiam se ver tão bem quanto viam a apresentação. Eles assistiram a versões de si mesmos como agressores, além de representações de vítimas e crianças, e vivenciaram isso sob o prisma proporcionado pela distância estética. A arte em si teve um forte impacto, bem como poder ver seus companheiros de prisão assistindo ao espetáculo, captar suas respostas emocionais e sentir que isso legitimava a maneira como eles próprios estavam respondendo emocionalmente (Gamman, *Relatório CVP da Oficina de Especialistas*, p. 15).

Esse é um exemplo claro de como a arte é capaz de proporcionar o distanciamento e o engajamento que, juntos, provocam a reflexão, demonstrando o que, para este texto, é um componente-chave do valor cultural: a capacidade da arte e da experiência cultural de ajudarem a formar indivíduos reflexivos. As experiências ampliadas, associadas ao engajamento cultural, podem ser desdobradas de várias maneiras: uma melhor compreensão de si mesmo; uma capacidade de refletir sobre diferentes aspectos de sua própria vida; um sentido aprimorado de empatia, que não significa necessariamente simpatia pelos outros, mas uma apreciação empática de suas diferenças; e um senso da diversidade da experiência humana e das expressões culturais. Além dessas questões pessoais – ainda que socialmente importantes –, há aquelas conectadas a um senso revigorado de engajamento cívico e civil, e eventualmente a um sentido mais agudo da esfera pública e da justiça social. Abordaremos aqui as afirmações de que as experiências culturais alteram a forma como nos percebemos, relacionamo-nos com os outros e damos sentido ao nosso lugar no mundo – o que pode ser visto como uma resposta à observação de Brecht, em 1964, de que "[toda] arte autêntica contribui para a maior de todas as artes, a arte de viver".

A pesquisa qualitativa costuma ser a maneira mais eficaz de captar o que muitas vezes são experiências complexas e cheias de nuances. Os estudos de caso sobre a arte no sistema de justiça criminal e o apoio aos cuidadores na área da saúde oferecem exemplos concretos de processos bastante amplos. Eles reforçam o argumento de que a distinção entre intrínseco e instrumental em relação ao valor cultural é analiticamente inútil porque os dois se entrelaçam de forma muito clara. Obviamente, ter o foco em como os indivíduos são afetados não é tudo, e pode não ser suficiente, na medida em que "as maneiras como a arte contribui para construir comunidades e ligá-las umas às outras" (Stern e Seifert, 2013, p. 196) envolvem uma dimensão crítica diferente. Não obstante, comecemos com o indivíduo.

ENGAJAMENTO CULTURAL E O EU

As maneiras por meio das quais o engajamento cultural leva a uma maior reflexão e compreensão sobre si mesmo como um agente cognitivo e afetivo são fundamentais para esse autoentendimento. Isso vale para todos os tipos de experiência cultural – uma peça, um filme, um show, uma exposição de arte, um videogame, um romance –, influenciando a forma como pensamos sobre questões tais quais crescimento, doença e envelhecimento; provocando reflexão e desafio àqueles que trabalham com pensamento disciplinado, como médicos e cientistas; e, em nosso estudo de caso analisado adiante, oferecendo um meio pelo qual os infratores podem refletir sobre si mesmos na prisão. Isso inevitavelmente influencia o modo como pensamos sobre os outros, que é o tema da próxima seção deste texto. Subjacente a tudo isso temos um ponto adicional, levantado por Rumbold e colegas, decorrente do seu Prêmio CVP de Desenvolvimento de Pesquisa sobre "Os usos da poesia". Ao notar que a poesia é vivenciada em muitos contextos cotidianos – na escola, em um casamento, no rádio, em uma fala que se decorou e mais tarde é relembrada, bem como pela leitura –, eles observaram que a criação de sentido é intrinsecamente social e cultural e que criamos significados pessoais usando os recursos socioculturais à nossa disposição. Eles pensaram um poema como um artefato mediador entre o indivíduo e a comunidade, se perguntaram em que ele difere de outros artefatos e nos convidaram a considerar algo que raramente é testado: se distintas manifestações artísticas e culturais funcionam de maneira diferente em relação ao seu impacto sobre os indivíduos.

Uma série de prêmios do Cultural Value Project abordou os temas do crescimento, doença e envelhecimento e também como cada pessoa responde a eles. O Prêmio CVP de Desenvolvimento de Pesquisa de Manchester sobre "Diversões adolescentes: explorando o valor cultural do ponto de vista do jovem", em colaboração com organizações culturais e artísticas em diferentes partes de Bristol, perguntou aos jovens sobre suas vidas culturais e participação cotidiana. Chegou-se à conclusão, segundo dados de grupos de discussão, de que "jovens das faixas etárias, gêneros e classes pesquisados veem claramente as práticas em torno da arte e da cultura tradicionais como uma oportunidade de refletir sobre suas vidas e identidades". Os jovens falaram em grande parte sobre ouvir e compor música e ver filmes. "Filmes", comentou um deles, "podem mudar e alterar o seu humor, ajudá-lo a descobrir coisas." A música era a expressão cultural favorita para outro jovem, "porque me permite dizer coisas que não podem ser ditas em voz alta, permite que eu me expresse". Não importa o ambiente, concluiu-se que fazer e consumir arte era valorizado por jovens de origens muito diferentes como meios de autoexpressão. Pesquisas sobre o envolvimento dos adolescentes com a literatura mostram que ela os leva a refletir sobre os motivos e sentimentos dos personagens – que eles compararam a si mesmos –, concluindo que é esse processo híbrido de identificação e avaliação que ajuda a moldar a autocompreensão (Hancock, 1993).

O Prêmio CVP de Desenvolvimento de Pesquisa de Lambert sobre "O valor da arte ao vivo: experiência, política e afeto" usou métodos etnográficos e presenciais para trazer à luz a questão de como o engajamento criativo provoca reflexão sobre os problemas enfrentados por jovens com câncer e seus cuidadores e também nas pessoas que viram a exposição resultante. No projeto Fun with Cancer Patients [Diversão com Pacientes de Câncer], um artista e fotógrafo trabalhou com adolescentes em tratamento contra o câncer para explorar como a arte pode ser um recurso por meio do qual "todos podem se envolver fazendo/desfazendo os roteiros segundo os quais darão sentido às suas próprias vidas". Um dos resultados foi um "toque de celular *bingbong*", criado pelos jovens pacientes como uma versão divertida do ruído de alerta que os deixava loucos sempre que a bomba de infusão que administrava seus medicamentos apresentava problemas. Tanto para os próprios pacientes quanto para os visitantes da exposição, o toque de celular mostrou de forma memorável como uma intervenção artística pode subverter as expectativas e permitir que uma história mais complexa seja pensada.

Assuntos desafiadores

Essa capacidade da arte para ajudar no engajamento com assuntos desafiadores surgiu também do trabalho relativo ao Prêmio CVP de Desenvolvimento de Pesquisa de Reinelt e colegas sobre "Massa crítica: o espectador de teatro e a atribuição de valor". O público foi entrevistado antes, imediatamente depois e dois meses após as apresentações das peças a que assistiram no Young Vic, na Royal Shakespeare Company ou no Plymouth Drum. O que as pessoas disseram sobre o valor da experiência mudou ao longo do tempo, lembrando-nos como raramente a dimensão longitudinal do engajamento cultural recebe a atenção que merece. Houve um contraste entre "afetivo", quando as pessoas foram questionadas imediatamente após a peça e valorizaram aspectos sensoriais, como a produção e a apresentação em si; e "cognitivo", dois meses depois, quando os entrevistados refletiam principalmente sobre os temas e ideias do espetáculo. Os pesquisadores concluíram que a plateia associa as ideias e sentimentos gerados pela peça com outros aspectos de suas vidas e fases; os espectadores processam seus pensamentos e sentimentos sobre a experiência e com o tempo mudam a inflexão – senão os elementos de seus julgamentos, pelo menos quando compartilham suas experiências com a família e amigos. Na pesquisa de Walmsley (2013), em que ele entrevista frequentadores de teatro em Melbourne e Leeds, o público disse que gostou de ter seu sistema de valores desafiado por uma peça e refletiu sobre sua própria visão de mundo em um ambiente social compartilhado ao vivo e apreciado. Reinelt e colegas não têm muito mais a dizer sobre o conteúdo da reflexão além das conexões entre a experiência pessoal do indivíduo e o mundo mais amplo, incluindo questões como doença e mortalidade. Outra dimensão da apresentação como caminho para a reflexão pode ser vista na obra de Roger Kneebone, professor de Educação Cirúrgica da Imperial College London, ao permitir que os acontecimentos em um centro cirúrgico fossem registrados artisticamente e interpretados em termos de performatividade e coreografia, com a ideia de ajudar aqueles que trabalham nesses ambientes a pensar de maneira diferente sobre o que fazem e por que o fazem[2].

As maneiras como o engajamento cultural fornece o ambiente no qual a ruptura com as formas estabelecidas de pensamento ocorre com segurança são cada vez mais identificadas pela medicina e pela ciência. Consideraremos posteriormente o uso da arte e da cultura para desenvolver empatia nos profissionais da saúde durante seu treinamento, mas elas também são empregadas para ajudar os médicos a refletir sobre suas próprias suposições e práticas. Kirklin contou como uma passagem de *O bandolim de Corelli*, de Louis de Bernières, sobre a resposta de um médico a uma menina que encontrou uma marta presa em arame farpado, levou um grupo de médicos a discutir suas próprias práticas, expectativas e opiniões sobre as expectativas dos pacientes em relação a eles. "Sair de sua própria função por uma hora", ela escreve, "deu espaço para [...] começarem a explorar a riqueza e as frustrações da vocação dos médicos"[3]. Ela também usou a parábola de Oscar Wilde "O fazedor do bem", em que uma figura caminha por uma bela cidade encontrando os resultados ambivalentes de suas boas ações anteriores, para estimular os clínicos gerais a discutir suas atitudes com relação ao consentimento, ao dever de cuidado e à autonomia de uma forma que não teria sido tão cuidadosa nem tão aberta se eles tivessem sido abordados diretamente. Seu entendimento de que desejar fazer o bem nem sempre é o mesmo que fazê-lo levou à discussão sobre o caso da remoção dos órgãos das crianças no hospital infantil Alder Hey (Kirklin, 2001).

Reunindo artistas e cientistas

Programas de artes e ciências agora são comuns, permitindo que processos científicos e descobertas inspirem artistas em novos trabalhos e ideias ou usem a arte para comunicar o trabalho científico como parte de uma agenda de engajamento público. A arte tem a capacidade de construir um espaço em que a expertise da ciência é capaz de envolver um público leigo em questões éticas, políticas e ambientais. Reunir artistas e cientistas pode também abrir espaços criativos para ambos e, o que é de particular interesse para nós, impactar formas de pensamento inseridas em campos específicos da prática científica. Conforme Michael Doser, um físico experimental do Conselho Cultural para as Artes da Organização Europeia para a Pesquisa Nuclear (Cern), observou: "O que acho maravilhoso em trabalhar com artistas é que eles são tão fascinados por rotas secundárias e desvios quanto pela direção para a qual estão indo. É isso que torna o trabalho artístico realmente diferente do trabalho científico" (Koek, 2011).

Duas oficinas organizadas pelo Cultural Value Project com parceiros[3] abordaram esse tema explorando colaborações entre artistas e cientistas. Será que tais encontros poderiam desafiar tanto o cientista quanto o artista, obrigando cada um deles a refletir sobre suas práticas e suposições estabelecidas? Duas colaborações apresentadas nessas oficinas foram exemplos de como isso poderia ocorrer. Josef Parvizi, um neurologista especializado em epilepsia, ficou pasmo ao ouvir em um concerto uma composição de Terry Reilly que usou os dados de sonicação da missão da *Voyager*, da Nasa, tocada pelo Kronos Quartet. Ele se perguntou se seria possível sonicar[4] o que acontece no cérebro no momento de um evento epiléptico, quando o único sintoma visível é a falta de resposta. Seria possível ouvir a música do cérebro e evitar a espera de quatro horas para sair o resultado de um eletroencefalograma (EEG)? Ao trabalhar com Chris Chafe, um compositor e colega em Stanford, eles desenvolveram um "estetoscópio cerebral" que permite a ausculta da sonicação da atividade do cérebro e dentro de segundos, a partir do padrão musical, reconhece se a atividade era anormal. Esse grande avanço conceitual do neurologista veio de uma experiência artística que sugeriu modos de diagnóstico completamente diferentes daqueles dentro do paradigma do EEG.

Dados transformados em som aparentam ser bem diferentes na parceria entre o astrofísico Bill Chaplin e a compositora Caroline Devine, em que sonicaram os dados heliossismológicos[5] da rede Bison e da sonda *Kepler*, da Nasa, acumulados durante os quatro anos anteriores[6]. A música de Devine, além de suas próprias qualidades estéticas, serviu como um ponto de partida para entender melhor as ressonâncias naturais que transmitem informações sobre a estrutura e a evolução das estrelas. Ademais, Chaplin notou que ter trabalhado com Devine alterou a natureza e a variedade de suas perguntas científicas, incluindo novas questões sobre biomarcadores. E, quando Devine sugeriu que os padrões podem ser pensados em termos de arpejos, Chaplin questionou se isso não afastaria tanto ele quanto seus colegas de uma abordagem tradicional da ciência, encontrando formas diferentes de extrair dos dados disponíveis um entendimento de como as estrelas giram. Se a ciência teórica em particular transforma a matemática e as equações com as quais trabalha em metáforas para articulá-las (como *quarks*, matéria escura etc.), o pensamento crítico ocasionado pela arte pode sondar e perturbar essas metáforas.

As oficinas levantaram questões significativas sobre a capacidade da arte de provocar reflexão e sobre como as estruturas disciplinares de teoria e prática podem se unir não para reforçar as diferenças existentes, mas sim para construir espaços terceiros em que novos conhecimentos e formas de pensar venham a surgir. A avaliação do programa Wellcome Trust's Sciart reportou que alguns cientistas disseram correr mais riscos e ser mais especulativos ao trabalhar com artistas, por meio de processos em que as colaborações alteram formas de pensar ainda subexploradas. Os participantes tendem a recorrer às narrativas convencionais, estejam as disciplinas separadas ou reunidas. A metodologia de matriz visual, que encontramos no Prêmio CVP de Desenvolvimento de Pesquisa de Froggett e colegas sobre arte pública, foi usada de forma interessante para descobrir o que acontece no espaço intermediário (Muller *et al.*, 2015). As oficinas viram o processo de fechar essas lacunas como um desafio, com a necessidade de pontos de referência convergentes e uma linguagem comum em vez de um uso cauteloso das linguagens disciplinares existentes, para chegar a uma interação disruptiva e inteligível. Nossas tentativas de focalizar o processo, e não o resultado da colaboração, acabaram sendo um caminho produtivo a ser seguido.

A dimensão afetiva

Este texto pode parecer privilegiar o cognitivo e desconsiderar as dimensões afetivas das experiências artísticas e culturais, mas na verdade, para um real entendimento do fenômeno, é preciso compreender a interação entre os dois. O Prêmio CVP de Desenvolvimento de Pesquisa de Garrod, "Investigando o papel dos Eisteddfodau[7] na criação e transmissão do valor cultural em Gales e além", por exemplo, estabeleceu a importância da dimensão emocional no papel dos Eisteddfodau no aprimoramento do autoconhecimento e da autocompreensão dos envolvidos, bem como da percepção do lugar em que eles se encaixam culturalmente: os processos foram tanto afetivos como cognitivos.

O Prêmio CVP de Desenvolvimento de Pesquisa de Winter sobre "A etnografia somática do grupo de dança de idosos Grand Gestures", por sua vez, explorou essas questões por meio de um estudo etnográfico do grupo em Gateshead, no nordeste da Inglaterra. Formado por cerca de catorze dançarinos com idades entre sessenta e noventa anos, o grupo desenvolve dança improvisada e depois a exibe em casas de repouso para idosos e espaços públicos. Winter concluiu que a experiência afetiva da dança tem um impacto formativo e reconfigurativo na autoidentidade dos participantes. A dança, ela argumentou, pode ser caracterizada como um "estado de consciência sensorial somática intensificada" entendida como um modo de reflexão sobre si mesmo. "Pode estar ligada à ideia de 'presença', um sentido reflexivo e potencialmente empoderador de habitar o aqui e agora [...]. Também pode levar a reflexões sobre a identidade." A dança provoca os participantes a pensar sobre suas atitudes no dia a dia. Como um deles observou ao discorrer sobre sua identidade, "há mais coisas para mim do que vestir um casaco e ir para a Fenwicks"[8].

O trabalho de Winter nos lembra quão pouca pesquisa foi feita para explicar – em vez de apenas estabelecer – conexões desse tipo entre arte e ciência. Como o envolvimento com a arte pode gerar não apenas reflexos sobre a própria vida, mas também a capacidade de, em certo sentido, ver o mundo de maneira diferente? Kasser baseou-se em uma extensa pesquisa empírica em psicologia para argumentar que a arte pode reforçar mais valores e comportamentos altruístas do que aqueles fundados no sucesso pessoal, indo além da retórica ou da teoria e em direção ao teste empírico de suas proposições (Kasser, 2013). A arte pode servir para provocar reflexão e reforçar certos valores, mas é incerto que ela aponte necessariamente em apenas uma direção, como propõe Kasser. A arte e a cultura servem para engendrar outros valores além dos altruístas; em alguns momentos, são usadas por regimes repressivos e para aumentar as tensões entre as comunidades.

Novos conhecimentos, novos entendimentos?

O que pesquisas desse tipo devem explicar? Será que o próprio engajamento cultural oferece novos conhecimentos? Tooby e Cosmides (2001), argumentam que a contribuição do engajamento cultural para o desenvolvimento humano

> consiste principalmente no que poderia ser chamado, na falta de uma palavra melhor, de habilidades: habilidades de compreender e de valorar, habilidades de sentir e de perceber, habilidades de saber e de movimentar.

Isso está em consonância com o argumento de John de que o engajamento cultural pode nos oferecer situações do tipo "ensaio", em que podemos praticar nossas respostas morais (John, 2001). Se o engajamento cultural oferece um cenário no qual podemos refletir sobre as atitudes morais de alguém, isso se aplica a outras respostas emocionais relevantes para a autocompreensão, criando um ambiente seguro em que é possível explorar assuntos difíceis ou desafiadores? É uma questão que voltaremos a encontrar, por exemplo, na forma como a arte e a cultura são utilizadas nas prisões ou em situações de pós-conflito.

O Prêmio CVP de Desenvolvimento de Pesquisa de Davis – "Avaliando o valor intrínseco do programa Shared Reading [Leitura Compartilhada], da The Reader Organisation" – examinou a maneira como o engajamento cultural fornece a base para diferentes tipos de compreensão, conectando-se assim com o *Relatório CVP* de Rumbold, que também destacou a forma como o processo cognitivo é potencializado pela experiência emocional. O Shared Reading baseia-se em uma ampla organização com mais de 360 grupos em ambientes de saúde e cuidados em todo o Reino Unido e inclui centros comunitários, abrigos, hospitais, prisões, clínicas de reabilitação de drogas e lares de idosos. Pequenos grupos participativos leem em voz alta e discutem contos, romances e poesia. Uma equipe interdisciplinar de linguistas, psicólogos e especialistas em literatura analisou sessões grupais e entrevistas individuais, cada uma das quais foi gravada em áudio e transcrita. Sua análise forneceu uma rica visão sobre a maneira como a literatura experimentada por meio da leitura em grupo gera lições e entendimentos que diferem daqueles aprendidos de forma linear, constatando que ela faz "pensar para trás (ou para trás e para a frente), em vez de retomar diretamente algo da densidade do significado da literatura". Eles concluíram

> que a literatura amplia e enriquece o modelo humano, aceitando e permitindo traumas, angústias, inadequações e outras experiências geralmente classificadas como negativas ou mesmo patológicas. É um processo de recuperação – em um sentido mais profundo de recuperação espontânea – a fim de utilizar as experiências e qualidades que foram perdidas, lamentadas ou redundantes (*Relatório CVP* de Davis, p. 48).

Quem esteve no lançamento do relatório do projeto viu gravações em vídeo de sessões em que indivíduos, muitas vezes prejudicados ou inseguros em suas vidas e com pouca experiência anterior de leitura de literatura criativa, compartilharam pensamentos sobre si mesmos que surgiram da discussão de textos literários específicos e sua linguagem. A maneira como pontos precisos em um texto levavam os indivíduos para direções diferentes, tanto dentro do texto quanto em suas próprias experiências pessoais, destacou-se. Uma participante que sofria de deficiência neurológica falou sobre sua dificuldade em explicar aos médicos como ela se sentia:

> [...] a menos que você encontre as palavras certas, eles não entendem o que você está falando. E às vezes, quando lê um poema ou uma história ou o que quer que seja, você [...] pensa que aquele escritor acertou na mosca. E aí você já sabe, eu sei exatamente do que ele está falando (*Relatório CVP* de Davis, p. 19).

Davis conclui:

> Nas transcrições, uma locução muito repetida inconscientemente adotada por participantes de diferentes origens sociais e experiências educacionais são as frases "É como se", "É quase como se", "É quase como" ou "Sinto como se". É comumente o prelúdio ou ponte para um avanço ousado e interessante no pensamento (comparado à opinião tonal de, digamos, "Eu apenas/ainda acho"). Surgindo de uma incerteza ou hesitação que, entretanto, está longe de ser incapacitante, é uma ferramenta que permite tempo, espaço e permissão para um pensamento experimental e imaginativo, próximo ao espírito intrínseco do próprio pensamento literário (*Relatório CVP* de Davis, p. 20).

Essa experiência de leitura compartilhada, ao trabalhar com participantes para os quais a reflexão, articulação e autocompreensão são problemáticas com frequência, torna um estudo de caso da arte no sistema de justiça criminal particularmente pertinente.

ESTUDO DE CASO: ARTE, CULTURA E O SISTEMA DE JUSTIÇA CRIMINAL

Existem muitas iniciativas para usar a arte e a cultura com presos, ex-infratores e pessoas em liberdade condicional. A companhia de teatro Clean Break trabalha com mulheres que cometeram ou estão em risco de cometer crimes; o Fine Cell Work treina as presas e, em seguida, as contrata para bordarem enquanto estão trancadas em suas celas; a Dance United organiza um programa intensivo de dança chamado The Academy para jovens que cometeram ou estavam em via de cometer crimes; o Safe Ground usa o teatro para ajudar infratores a reavaliar o relacionamento com suas famílias; a Pimlico Opera encena apresentações de óperas com presos; o Koestler Trust oferece uma oportunidade para os presos envolvidos com a prática da arte e da escrita criativa enviarem seus trabalhos para exposições e prêmios; e a Companhia de Teatro Geese leva o teatro às prisões, como vimos no início deste texto. Apesar da abundância de iniciativas, o debate continua sobre se e de que forma elas fazem a diferença. Não é apenas a qualidade das avaliações que está em pauta, mas também saber que a diferença se encontra sob investigação. A Oficina de Especialistas do CVP "Explorando e avaliando o valor cultural da arte e da criatividade no sistema de justiça criminal", de Gamman e Plant, permitiu que profissionais e pesquisadores explorassem essas questões, e o relatório resultante, juntamente com algumas das principais pesquisas bibliográficas, alimentou esse estudo de caso.

A utilização da arte e da cultura no sistema de justiça criminal destaca a distinção entre benefícios instrumentais e pessoais e a maneira como eles são frequentemente separados de modo muito simplista. Se analisarmos o impacto direto nas taxas de reincidência, ele não é tão consistente nem tão convincente quanto alguns afirmam, mas muitos no sistema de justiça criminal apoiam as iniciativas artísticas por saber que tais atividades beneficiam cada participante, transformando seus contextos individuais, mesmo que as evidências de que isso reduz a reincidência não sejam bem claras – o que não é surpreendente, dada a complexidade das forças que determinam a probabilidade de um indivíduo voltar a infringir. É relevante perguntar se a mudança pessoal proporciona os benefícios instrumentais que se intenciona alcançar, mas essa pergunta não deve desviar nossa atenção do significado da mudança pessoal em si. É por isso que o sistema de justiça criminal proporciona um bom estudo de caso da relação entre engajamento cultural e reflexividade pessoal.

A jornada para a desistência

A análise criminológica de como os infratores se afastam da atividade criminosa se concentra agora no conceito de "desistência" (Maruna, 2001), o que ajuda a explicar por que as transformações dos infratores como indivíduos tornaram-se mais proeminentes do que as taxas de reincidência na análise da arte nas prisões. Desistência é "o processo de crescimento pessoal por meio do qual os infratores se tornam não infratores" (Arts Alliance, 2013, p. 2). Se a desistência não for um evento, mas um processo, é improvável que ela seja testada adequadamente sabendo-se que um infrator reincidiu dentro de determinado período, em vez de testá-la avaliando uma jornada de mudança capaz de ser efetivamente rastreada apenas por meio de passos intermediários que podem, no seu devido tempo, levar à desistência do crime. Giordano e colegas propõem um processo de quatro estágios: criar abertura para mudar, expor-se a "incentivos" para a mudança, imaginar (e acreditar em) um eu diferente e mudar a maneira como os atos criminosos são vistos. Embora o primeiro deles possa ser incentivado pela participação em um projeto artístico, argumenta-se que ela tem mais impacto em relação ao terceiro, o de imaginar um eu diferente (Giordano *et al.*, 2002). O processo de desistência tem uma série de indicadores, incluindo confiança, motivação, autoestima e capacidade de aceitar a ambiguidade e construir relacionamentos mais abertos e positivos e uma identidade como alguém que vislumbra opções e está disposto a passar pelo processo de aprendizagem para alcançar um futuro alternativo.

Poucos diriam que os projetos de arte podem por si sós levar à desistência. Conforme Cheliotis e Jordanoska (2016) insistiram, é difícil isolar os efeitos das atividades na prisão da evolução da vida dos prisioneiros após sua libertação. Diante de grandes desafios, como moradia e emprego, é duvidoso acreditar que os efeitos dos programas na prisão podem ser sustentados sem apoio e sem programas na comunidade. O capital social em particular – os vínculos proporcionados pelo lar, pela família, pelo local de trabalho e pela comunidade – é importante, ao lado do capital humano de habilidades e reflexão desenvolvidos na prisão. Uma avaliação sistemática do esquema de tutoria do Koestler Trust para ex-presos realizada pela mesma equipe reforçou essa conclusão. Eles usaram uma abordagem de métodos mistos, que incluiu entrevistas, observação, relatórios e um projeto quase experimental baseado em pesquisa com grupos de controle. Concluiu-se que o esquema deve ser julgado pelo que se poderia razoavelmente esperar alcançar e que os programas baseados na arte em ambientes de custódia e pós-custódia não levam, por si sós, à desistência do crime, embora a orientação pós-prisão e a prática artística continuada tenham feito uma diferença significativa comparadas aos grupos de controle. Esse foi o caso mesmo seis a nove meses após o término do esquema, apesar dos desafios da vida pós-soltura (Cheliotis, 2014).

No cerne da desistência está a capacidade de pensar sobre si mesmo e sobre os outros, de fazer escolhas e ter opções genuínas, de imaginar outras circunstâncias de vida e outros futuros possíveis. O engajamento com a arte oferece uma contribuição séria para esse processo. A literatura pesquisada em *Mudança inspiradora*, uma avaliação de um extenso programa escocês envolvendo sete organizações culturais nacionais que trabalharam em cinco prisões, encontrou melhores relacionamentos com funcionários da prisão e com a família, bem como com outros presos, melhor autoestima e habilidades comunicativas e sociais, melhor capacidade de trabalhar em grupo e presos se reconhecendo como alunos competentes (Anderson *et al.*, 2011). O relatório *Reimaginando futuros*, referente à Inglaterra, apresentou resultados semelhantes nos projetos pesquisados, os quais permitiram que os indivíduos começassem a se redefinir, produziram um efeito positivo em sua capacidade de trabalhar com outras pessoas – o que se correlacionou com maior autocontrole – e ofereceram espaços seguros para os infratores assumirem riscos e começarem a fazer escolhas individuais (Arts Alliance, 2013). O Safe Ground [Campo Seguro] recebeu esse nome pelos presos com os quais a organização trabalhava, que se disseram "seguros" nas oficinas de teatro de que participaram (Conroy, 2011). Muitos presos entrevistados pelo relatório inglês falaram sobre como eles cresceram pessoalmente em um ambiente como aquele, passando do estágio de querer que lhes dissessem o que fazer com relação à prática artística para o de pensar sobre a arte a que tiveram acesso e, em seguida, se esforçando para aprimorar técnicas e formas de expressão (Arts Alliance, 2013).

Qualquer intervenção intensiva em que os presos trabalhem juntos e recebam atenção individual é capaz de gerar resultados benéficos, mas argumentou-se que muitos desses projetos mostram os efeitos peculiares da arte. Ela normalmente produz ambiguidades e silêncios, permitindo que os indivíduos criem suas próprias respostas e opiniões, ajudados pelo estilo aberto e colaborativo dos que a praticam. Em um mundo de justiça criminal, onde há pouco espaço para incertezas, isso pode ser muito poderoso. O quadro fornecido por essas intervenções artísticas "ajuda os presos a 'imaginar' diferentes futuros possíveis, relações sociais, identidades e estilos de vida" (Anderson *et al.*, 2011, p. 10).

Existe algo característico sobre a forma de arte em si? O teatro depende de assumir outra identidade, e o uso de máscaras nas apresentações da companhia Geese pode intensificar a sensação dos presos de terem múltiplas perspectivas. Um estudo etnográfico da dança mostrou que seu caráter é substancial para os resultados com jovens infratores: foco, confiança incorporada, interações de aprendizagem cooperativa e não verbal, trabalho em equipe e identificação de grupo – um campo emocionalmente carregado, com inspiração e aspiração. Para aqueles com baixa competência verbal, a intensidade do comportamento físico e expressivo exigido pela dança, um meio não verbal, proporcionou um importante caminho para a confiança (Miles e Strauss, 2008).

No caso da literatura, Colvin se perguntou por que os detentos da prisão de Tegel, em Berlim, se engajaram de forma tão comprometida com a dramaturgia desenvolvida pela companhia de teatro prisional aufBruch a partir de um texto que fazia parte do cânone clássico. Ela concluiu que o caráter multiperspectivo das narrativas literárias fornecia um espaço importante de "significados complexos, paradoxais ou plurais", contrastando não apenas com as estruturas monolíticas de autoridade da vida na prisão, mas também com "narrativas de redenção" simples em que os infratores se viam tornando-se bons quando em certo momento eles eram maus. A literatura, para Colvin, mergulha o infrator de volta na complexidade de suas próprias experiências e narrativas; emergir da simplicidade das identidades e histórias existentes é essencial para a mudança pessoal (Colvin, 2015). Isso pode ajudar a explicar os índices de reincidência notavelmente mais baixos dos infratores em liberdade condicional nos Estados Unidos que participaram de um seminário sobre a literatura americana moderna, em uma comparação em grande escala com aqueles que seguiram um programa de liberdade condicional comum (Schutt *et al.*, 2004)[9].

Existe uma diferença entre atividades em grupo e individuais? Os presos que se dedicam ao Fine Cell Work fazem predominantemente seus trabalhos têxteis em suas celas e destacam os benefícios da calma e da distração de outros aspectos de suas vidas. As avaliações mostram benefícios de resiliência e bem-estar e o uso da renda para se reconectar com as responsabilidades familiares, mas pensar sobre si mesmos, sua identidade e seu envolvimento com os outros, benefícios que prevalecem nas formas de arte em grupo, não são proeminentes (Browne e Rhodes, 2011).

Muitos projetos culminam em uma performance ou apresentação pública mostrando, à família e a outras pessoas, a jornada pessoal e as conquistas como uma parte fundamental do processo de desistência (Cheliotis e Jordanoska, 2016; Anderson *et al.*, 2011), oferecendo aos participantes outra forma de se reencontrarem com a família e amigos que não seja como presidiários. O programa Fathers Inside [Pais do Lado de Dentro], do Safe Ground, usou o teatro para melhorar o modo como os presos se relacionavam com seus cônjuges e filhos (Boswell *et al.*, 2011).

Evidência do impacto

Anteriormente, fizemos uma distinção entre definir o impacto sobre os índices de reincidência dos presos por um lado e, por outro, examinar o processo de mudança pessoal na jornada de desistência até se tornarem não infratores. A qualidade desigual das avaliações dessas dimensões de mudança pessoal deve, no entanto, ser reconhecida. Muitas delas fornecem uma explicação insuficiente sobre questões metodológicas, trabalham com amostras excessivamente pequenas e sofrem de viés de seleção. Captar efeitos de longo prazo também se mostra problemático: uma vez que os infratores saiam da prisão, é raro manter contato com a pesquisa, e a multiplicidade de desafios que eles enfrentam torna difícil isolar uma intervenção artística anterior como uma variável. Os efeitos dos programas artísticos fora da prisão, voltados para infratores e ex-infratores, são, por essas razões, mais fáceis de avaliar. Uma tentativa de estimar o benefício econômico da arte no sistema de justiça criminal concluiu que, para instituições de caridade que trabalham dentro das prisões e em várias etapas sem influenciar diretamente a reincidência, a análise econômica provavelmente não seria adequada (Johnson *et al.*, 2011).

O National Offender Management Service (NOMS) encomendou recentemente uma avaliação rápida das evidências dos resultados intermediários dos projetos artísticos na Inglaterra e no País de Gales, confirmando avaliações anteriores ao não encontrar evidências sólidas de que os projetos artísticos foram capazes de ter um impacto direto na reincidência (Burrowes *et al.*, 2013; Hughes, 2005). Argumentando que a ausência de um impacto demonstrável não significava que os projetos eram ineficazes, a avaliação recomendou estabelecer uma gama de resultados intermediários que poderiam ser associados a diminuições na reincidência, e o NOMS contratou os autores para desenvolverem um conjunto de ferramentas que permitiria avaliá-los. Esse foco em resultados intermediários constrói uma ponte entre a abordagem que se concentra nos índices de desistência e aquela que se concentra nos de reincidência, especialmente porque sabemos que esses resultados, como representação pessoal, inclusão, motivação, confiança interpessoal, esperança e resiliência, coadunam-se com aqueles identificados por estudos de desistência (Burrowes *et al.*, 2013).

Esse trabalho realizado para o NOMS se afasta de ver o impacto das intervenções artísticas como um elo causal mensurável entre elas e reincidência em situações do mundo real, onde é difícil separar as diferentes variáveis, acima de tudo depois que um infrator saiu da prisão. Se a teoria da desistência privilegia a mudança e a reflexividade individuais na jornada para se tornar um não infrator, então esse estudo de caso, apesar da irregularidade de algumas das evidências, sugere que os resultados intermediários oferecem uma base para pesquisas futuras, especialmente aquelas em que o trabalho etnográfico fizer parte de uma abordagem de métodos mistos.

ENGAJAMENTO CULTURAL E O OUTRO

As reflexões sobre si mesmo e sobre os outros estão necessariamente interligadas, mas é útil focalizar separadamente a pesquisa que investigou como o engajamento cultural pode gerar uma compreensão sobre os outros. Esta seção reúne trabalhos que tratam da relação entre empatia e atividade cultural, bem como do uso da interação cultural internacional para promover o diálogo e a confiança. Inclui também uma exploração mais aprofundada da empatia por meio de um estudo de caso sobre pessoas com responsabilidades profissionais e familiares.

Em seu Prêmio CVP de Desenvolvimento de Pesquisa sobre "Música, empatia e compreensão cultural", Clarke e colegas observaram que

> a empatia recentemente pareceu ganhar considerável atenção/atualidade na musicologia, psicologia da música, sociologia da música e etnomusicologia como uma forma de conceituar toda uma gama de afiliação e capacidades de formação de identidade e autoformação em relação à música.

Eles identificaram duas visões diferentes de como ela deve ser entendida, distinguindo a "empatia como uma habilidade ou conquista social – adquirida, educável e, de certa forma, fundamentalmente coletiva – da empatia como uma característica – relativamente fixa, individual e com um componente genético" (Clarke, *Relatório CVP*, pp. 4 e 6; ver pp. 5-15 para uma análise útil das diferentes abordagens disciplinares da empatia).

Clarke e colegas basearam-se no trabalho de Laurence (2008), que encontrou na *Teoria dos sentimentos morais*, de Adam Smith (1759), uma distinção fundamental entre identificar como alguém se sente, por um lado, e imaginar como nós nos sentiríamos na mesma situação, por outro. Enquanto o primeiro pode ser alcançado apenas por contágio, o segundo localiza o que Smith chama de "simpatia" no domínio da razão imaginativa. É por essa resposta ser evocada e aprendida por meio da razão imaginativa que o engajamento cultural tem sido visto como um caminho para alcançá-la. Laurence descreve a empatia como um processo pelo qual mantemos nosso firme autoconhecimento como uma consciência distinta, que, no entanto, é capaz de "entrar [...] ativa e imaginativamente nos estados internos dos outros para entender como eles vivenciam seu mundo e como se sentem, alcançando o que percebemos como semelhante enquanto aceitamos a diferença" (Laurence, 2008, p. 24).

Literatura, música e empatia

A teoria da mente oferece outra dimensão do assunto, descrevendo nossa capacidade de compreender que as outras pessoas têm estados mentais, crenças, respostas e emoções que não são idênticas às nossas. Ela tem sido muito utilizada recentemente no estudo da literatura, buscando explicar a experiência da leitura em relação ao ato de assumir perspectivas por meio das quais as pessoas tentam entender o que os outros estão passando, não por sentir as experiências deles como se fossem suas, mas por fazê-lo sem ignorar sua própria identidade (Zunshine, 2006; Keen, 2010; Pagan, 2014).

O estudo experimental de psicologia de Kidd e Castano sobre a relação entre a ficção literária e a teoria da mente testou essas afirmações por meio de uma série de cinco experimentos, dos quais eles concluíram que a leitura desse tipo de ficção levou a um melhor desempenho em testes afetivos e cognitivos da teoria da mente em comparação com a leitura de não ficção e ficção popular ou com nenhuma leitura (Kidd e Castano, 2013). Eles se perguntaram o que na ficção literária desenvolve a teoria da mente e sugeriram que é porque os sentimentos, pensamentos e experiências dos personagens devem ser inferidos e questionados pelo leitor em vez de serem descobertos por meio de narrativas explícitas. "Assim como na realidade", eles observaram, "os mundos da ficção literária estão repletos de indivíduos complicados cujas vidas interiores raramente são facilmente discernidas, mas justificam sua exploração" (*ibid.*, p. 378). Isso, argumentaram, pode ser o motivo do sucesso da literatura em programas para a promoção de empatia entre os médicos e de habilidades para as relações sociais na prisão.

Achados semelhantes são relatados por Mar e colegas, com boa correlação entre a exposição à ficção e o desempenho em medidas de empatia/perspicácia social (Mar *et al.*, 2006). Em um estudo posterior liderado por Mar, diferentes formas de mídia narrativa, como livros infantis e filmes, mostraram influenciar o desenvolvimento da teoria da mente em crianças (Mar *et al.*, 2010). Kidd e Castano reconheceram que seus experimentos não fizeram mais do que demonstrar os efeitos de curto prazo da leitura de ficção literária: os testes-padrão afetivos e cognitivos da teoria da mente foram realizados logo após a leitura. Sabemos pouco sobre como eles persistem sem complementação regular, embora a iniciativa com a equipe dos hospitais da Administração de Veteranos dos Estados Unidos (VA) relatada mais tarde observe benefícios da literatura no longo prazo para o nível de empatia dos cuidadores.

Clarke e colegas resumiram as maneiras como a música tem demonstrado, em pesquisas de diversas disciplinas, contribuir não apenas para a identidade individual, mas também para a identificação com os sentimentos, experiências e comunidades de outras pessoas. O conhecido caso dos neurônios-espelho, descobertos pela neurociência, foi diretamente relacionado à empatia. Outros são mais amplamente relacionados à construção de afiliação ou senso de comunidade por meio da experiência psicológica ou sociológica da música.

Um bom exemplo é a evidência de que a sincronicidade da música induz um comportamento mais cooperativo e empático por parte daqueles que dividem as experiências. Um pequeno experimento de Clarke e colegas testou a proposição de que, se ouvir música é capaz de evocar empatia e afiliação, "ouvir música de uma cultura específica também pode reduzir o preconceito e aumentar a afiliação em relação aos membros dessa cultura de forma mais geral". Eles queriam checar os resultados de pesquisas anteriores em um ambiente individual, e não participativo, e usaram um modelo quase experimental para testar se ouvir música de uma cultura específica – no caso, da Índia e da África Ocidental – influenciaria o modo como os indivíduos viam os membros dessa cultura de forma geral. Os resultados revelaram que indivíduos com pontuações preexistentes de predisposição à empatia mais elevada apresentam uma preferência inconsciente por pessoas de determinado grupo cultural após ouvir música pertencente a ele. Os pesquisadores, entretanto, são cautelosos quanto a esse resultado positivo: o experimento não nos diz nada sobre a duração dos efeitos e deve ser lido ao lado de evidências claras de que a música também pode causar divisão, reforçando identidades conflitantes.

Empatia e outras formas culturais

Formas de arte como teatro, literatura, cinema e fotografia, em que o outro é representado na própria obra, podem ser candidatas mais óbvias do que a música para provocar empatia. Porém, literatura à parte, sabemos muito menos sobre as outras artes do que sobre música, no que diz respeito ao tema. Muitas iniciativas buscaram humanizar o outro diante de estereótipos culturais e políticos. A impressionante exposição e o livro do British Council com as fotos da vida cotidiana de Nick Danziger na Coreia do Norte são um exemplo disso. Fotos como as de mulheres em um salão de cabeleireiro ou de moças compartilhando sua emoção com um anel que uma delas está usando alcançam o estereótipo dos habitantes da Coreia do Norte como vítimas unidimensionais da repressão (British Council, 2014a). Contudo, sem uma avaliação das respostas a essas fotos, temos apenas comentários anedóticos. As exposições do British Museum sobre o Iraque e o Afeganistão foram uma tentativa explícita de ir além dos estereótipos criados pelas guerras recentes e mostraram a riqueza da história, cultura e povo de cada país[10]. As exposições vinculadas ao Horniman Museum sobre fotografias de romenos vivendo em Londres e a história do seu vestuário buscaram uma reumanização semelhante das pessoas, reduzida pelo discurso político britânico da época[11]. As ambições são claras, mas sem avaliações formais das respostas dos visitantes não podemos saber até que ponto tiveram êxito.

As avaliações formais foram, no entanto, parte do projeto Repensando a Representação da Deficiência em Museus e Galerias, que viu nove museus parceiros desenvolverem novas abordagens para a apresentação e interpretação da vida das pessoas com deficiência. As abordagens incluíram exposições, mostras e programas educacionais que priorizaram as vozes desse público. Alguns envolveram repensar exibições voltadas somente à deficiência, como a de Joseph Merrick (também conhecido como o Homem Elefante) nos Arquivos do Royal London Hospital Museum, e de Daniel Lambert, até então conhecido apenas por seu tamanho extraordinariamente grande, no Stamford Museum. A avaliação de métodos mistos do programa, que incluiu entrevistas, grupos de discussão e observação etnográfica, concluiu que as exibições mudaram tanto a compreensão quanto as atitudes com relação às pessoas com deficiência. A diversidade e a complexidade das respostas dos visitantes foram, porém, impressionantes, por um lado envolvendo o modelo social da deficiência e os códigos dos direitos e da igualdade, mas, por outro, usando muitas vezes uma linguagem de tragédia pessoal e sobrevivência heroica que perturbou o *think tank* do projeto de ativistas e artistas com deficiência. O poder do museu de influenciar as percepções do outro desafiou os estereótipos, mas por meio do reposicionamento, sem os remover totalmente (Dodd *et al.*, 2008).

ESTUDO DE CASO: CUIDADORES PROFISSIONAIS E INFORMAIS

A capacidade de refletir sobre si mesmo e sobre os outros é uma base importante para a empatia. Isso tem sido amplamente reconhecido em relação à saúde, na qual a capacidade reflexiva é parte integrante das competências definidas pelo General Medical Council (2009). Em ambientes médicos e assistenciais, a medicamentação para os primeiros e a rotina diária para os últimos podem criar distanciamento entre os atendidos e os responsáveis por seus cuidados. O *Relatório Francis* identificou o "déficit de compaixão" como um dos maiores problemas enfrentados pelo Serviço Nacional de Saúde do Reino Unido (Francis, 2013).

O engajamento artístico surgiu não como uma alternativa aos sistemas formais de treinamento dos cuidadores, mas como algo capaz de desempenhar um papel significativo dentro desse treinamento e no ambiente de cuidado mais fluido. A evidência deriva de diferentes tipos de estudo, especialmente quando cuidadores familiares são incluídos, bem como profissionais da saúde e de lares de idosos – o que constitui um estudo de caso esclarecedor para ajudar a compreender o tema mais abrangente deste texto.

Reunindo os cuidadores e quem recebe cuidados

Iniciativas artísticas explicitamente planejadas para reunir cuidadores profissionais e quem é atendido por eles, ou atividades em que a profundidade do envolvimento dos cuidadores as transforma em uma ação colaborativa, são as mais relevantes aqui. Conforme Bungay e colegas observaram em seu *Relatório CVP de revisão crítica* sobre "O valor da arte nas intervenções terapêuticas e clínicas", "os cuidadores e seus valores culturais são frequentemente o elemento decisivo na relação entre os artistas que organizam as atividades e os 'pacientes' ou 'usuários do serviço'" (Bungay, *Relatório CVP*, p. 8). O desafio trazido por esse status de "elemento decisivo" é particularmente visível no Prêmio CVP de Desenvolvimento de Pesquisa de Pajaczkowska sobre "Empatia por meio do desenho". Moradores de um abrigo para pessoas com demência colaboraram em oficinas semanais para conceber ladrilhos feitos de materiais têxteis que depois eram usados para decorar a casa. Embora os resultados positivos para os residentes e alguns funcionários tenham sido consideráveis, o projeto relatou que muitos funcionários pareciam se sentir ameaçados pela "profundidade da experiência de individuação pessoal" que os participantes das oficinas vivenciaram. Mesmo estando comprometidos em deixar os residentes felizes, os funcionários se sentiam mais seguros quando aqueles eram vistos como pacientes, recebedores de cuidados e atividades, em vez de parceiros nesses cuidados e atividades. O que Pajaczkowska descreveu como "disfunção emocional na relação entre residentes e funcionários" tornou-se visível pelas oficinas de artes e respostas dos residentes: o envolvimento criativo, as risadas e brincadeiras e o foco em conversas com os visitantes familiares. O engajamento cultural em ambientes de assistência pode testar a relação entre os cuidadores e as pessoas cuidadas, bem como ter o potencial de melhorá-la.

A noção de Crawford de "recuperação mútua" na saúde mental vê tal recuperação como um processo que une cuidadores, profissionais e pacientes, independentemente de seus níveis de especialização e de o cuidado ser profissional ou informal. Crawford e colegas argumentaram que o engajamento cultural pode oferecer a plataforma necessária para construir comunidades assistenciais, desenvolvendo reciprocidade e resiliência por meio da prática colaborativa. Eles basearam-se em um considerável volume de trabalho existente para argumentar:

> A pesquisa demonstra a importância da arte para "serviços de saúde mental orientados à recuperação", como ela oferece maneiras de romper barreiras sociais, de expressar e compreender experiências e emoções e de ajudar a reconstruir identidades e comunidades (Crawford *et al.*, 2013, p. 55).
>
> Ela pode ajudar a criar uma espécie de espaços "compassivos" [...] caracterizados por reciprocidade, confiança, compreensão compartilhada e reconhecimento [...] tão necessários para a recuperação da saúde mental (*ibid.*, p. 59).

Embora isso seja importante para aqueles que carecem de saúde mental, também aborda as necessidades negligenciadas de profissionais da saúde e cuidadores informais.

Iniciativas artísticas que reúnem cuidadores e aqueles cuidados por eles reforçam como o reconhecimento da individualidade da pessoa cuidada constitui um passo fundamental para a empatia. O Projeto Storybox, em Manchester, envolveu intervenções teatrais em ambientes residenciais, clínicas e abrigos diurnos em que artistas, pessoas com demência e cuidadores profissionais trabalharam juntos. Na avaliação, os cuidadores profissionais relataram que as atividades participativas afetaram a forma como eles viam os pacientes, explicando que, por meio da atividade criativa compartilhada, eles ressurgiram como indivíduos reais e distintos (Harries, 2013). No *Relatório CVP de revisão crítica* "Apontamentos: uma revisão crítica do valor da arte e da cultura para pessoas com demência", Zeilig e colegas citaram uma série de pesquisas que mostram como narrativas reflexivas têm sido usadas para ajudar a equipe de enfermagem de pacientes com demência a pensar neles em sua totalidade, ao passo que a ficção é utilizada na educação de profissionais da saúde para ajudar a compreender as experiências vividas na demência e desenvolver empatia imaginativa.

Empatia e compreensão na prática clínica

Muitos programas de educação médica e de cuidados que usam a arte para aprimorar as habilidades clínicas têm como objetivo desenvolver a capacidade de reflexão por meio da qual o paciente surge como um indivíduo. Em um editorial recente sobre médicos e literatura, a revista *The Lancet* insistiu que eles precisavam ser capazes de abraçar a ambiguidade e a incerteza, argumentando que:

> os livros oferecem a oportunidade de ver o mundo por uma perspectiva diferente, por meio de experiências vicárias de outras pessoas, lugares e tempos [...] a leitura atenta ajuda a desenvolver a observação, a análise e a reflexão, que são fundamentais para prestar um bom atendimento (*The Lancet*, 2015).

A evidência desse apoio vem de um estudo de caso do uso de um módulo de teatro intensivo de duas semanas para estudantes de medicina na University of Dundee que teve como texto principal *O zelador*, de Harold Pinter. A peça visava ilustrar temas centrais dos cuidados no fim da vida: silêncio, poder, atenção, incerteza e comunicação. A avaliação do programa concluiu que a peça possibilitou a discussão de questões clínicas e de cuidado com os alunos mais imaginativos e reflexivos do que se tivessem sido abordados de antemão (Jeffrey *et al.*, 2012).

Em um estudo australiano, oficinas para estudantes de medicina do último ano em torno do tema "Médico, conheça a si mesmo" usaram arte, poesia e literatura contemporânea e clássica para evocar questões relevantes para encontros clínicos. A avaliação, baseada na resposta dos alunos, enfatizou a importância de compartilhar as histórias de alguém em um ambiente seguro como sendo "a base para recuperar a empatia" em um currículo em que ela foi marginalizada. Os pesquisadores notaram, entretanto, a necessidade de acompanhamento longitudinal para avaliar o impacto na prática clínica subsequente (Kearsley e Lobb, 2014).

Um estudo mais sistemático da Cleveland Clinic, nos Estados Unidos, sobre como a escrita reflexiva pode aumentar a empatia dos médicos atuantes mostrou aumentos significativos de pontuação na Escala Jefferson de Empatia Médica para o grupo de intervenção em comparação com dois grupos de controle. Os pesquisadores argumentaram que a empatia era uma habilidade de nível superior que exige o processamento das interações médico-paciente e que a compreensão dos médicos em relação às reações dos pacientes nos níveis cognitivos e afetivos era essencial – e para isso era necessário ter a capacidade de canalizá-las nos comportamentos dos pacientes sem prejudicar a objetividade do médico. Eles concluíram que as habilidades de reflexão e narrativa desenvolveram a ressonância emocional e a autoconsciência necessárias (Misra-Hebert *et al.*, 2012).

Treinamento de cuidadores

Museus e atividades artísticas são cada vez mais usados para treinar profissionais em lares de idosos. O projeto House of Memories, realizado pelo National Museums Liverpool e depois mais amplamente difundido, demonstra esse potencial, assim como a iniciativa Creative Carers [Cuidadores Criativos], em Suffolk, mas precisamos de evidências mais sustentadas e sistemáticas antes de chegar a conclusões claras. O House of Memories realizou eventos de treinamento de um dia para cuidadores profissionais de pessoas com demência. Um grupo de teatro apresentou informações e desenvolveu a compreensão de como é viver com demência, e os responsáveis pelo acervo dos museus ajudaram os cuidadores a se integrar usando lembretes em seu trabalho. Essas oficinas de treinamento foram de apenas um dia para profissionais da saúde e sua avaliação teve como foco a "experiência subjetiva do treinamento". Os participantes descreveram dar um salto imaginativo ao entrar no mundo das pessoas com demência. O ponto de partida para a comunicação com elas era a compreensão do mundo do indivíduo, e não sua própria percepção como cuidador (National Museums Liverpool, 2012). Isso foi confirmado por pesquisas realizadas algum tempo depois de o programa ter sido implementado em Midlands (National Museums Liverpool, 2014). Sem um acompanhamento de longo prazo, os resultados, ao contrário do potencial, permanecem menos claros.

O programa Creative Carers foi um projeto mais substancial que pretendeu desenvolver as habilidades criativas de cuidadores de idosos em abrigos residenciais. Segundo as avaliações, relação entre cuidador e pessoa cuidada foi alterada e humanizada pelo trabalho conjunto em atividades artísticas e os cuidadores se sentiram fortalecidos e mais confiantes. O principal objetivo do treinamento foi o de ajudar os cuidadores, por meio do desenvolvimento de sua própria prática criativa, a "imaginar-se no lugar dos residentes" (Wright, 2008; Barnett, 2013).

O estudo mais sistematicamente estruturado sobre a prática artística para treinar cuidadores testou o impacto do programa TimeSlips, que usa alertas de fotos e palavras para incentivar pessoas com demência a se juntar à narrativa (Fritsch *et al.*, 2009). O estudo, feito nos Estados Unidos, comparou dez lares de idosos envolvidos na intervenção com outros dez lares com características semelhantes, mas não incluídos na intervenção. Embora o foco principal fossem os residentes, a observação atenta dos lares duas semanas após o término das intervenções revelou que os funcionários participantes do programa não apenas relataram opiniões mais positivas sobre os residentes com demência e os desvalorizaram menos do que os do grupo de controle em lares, mas também mostraram níveis muito mais altos de interações sociais (em vez de, meramente, cuidados) com os residentes com base no respeito bem como na responsabilidade. Colaborar com os residentes em programas de artes e vê-los mais ativamente envolvidos foi a chave para essa mudança.

Um projeto desenvolvido pelo Maine Humanities Council, nos Estados Unidos, demonstrou o potencial da leitura para oferecer não só suporte para o alívio do estresse para cuidadores profissionais, como também para aumentar sua empatia. O programa envolveu equipes de enfermagem, de assistência social e médica em hospitais de catorze estados, bem como em hospitais da VA, cuja equipe trabalhou com pacientes mais jovens traumatizados pelas guerras do Iraque e do Afeganistão. Os funcionários se reuniam regularmente para facilitar a leitura e discussão de ficção, poesia, teatro e não ficção. Os programas foram avaliados formalmente em cinco domínios de resultados (empatia, consciência cultural, relações interpessoais, comunicação e satisfação no trabalho), sendo cada um medido por cinco a oito questões. Todos eles mostraram um aumento significativo como resultado da participação no programa, mas o mais substancial foi para a empatia: 79% (na pesquisa nacional, de 2008) e 82% (na pesquisa da VA, de 2011) dos participantes apresentaram um aumento grande ou médio: "O impacto que o programa teve na empatia com os pacientes e outros cuidadores é notável". Isso foi confirmado pelas respostas abertas da equipe, dominadas por observações sobre empatia (Clary, 2008 e 2012).

Iniciativas artísticas e cuidadores informais

Cuidadores informais, principalmente familiares, apresentam grandes desafios em muitas sociedades ocidentais, com uma estimativa de 5,4 milhões de cuidadores informais não remunerados na Inglaterra em 2011 (Controladoria e Auditoria Geral, 2014). Diferentemente do que ocorre com os profissionais, a relação entre cuidador e pessoa cuidada, nesse caso, em geral é anterior à necessidade de cuidado. As exigências desse novo relacionamento podem, no entanto, minar os benefícios proporcionados por um passado compartilhado, ao passo que cuidados fora de um ambiente profissional estruturado podem aumentar significativamente o estresse. A empatia corre o risco de ficar sob tensão quando o papel do cônjuge ou filho é reconfigurado como o de cuidador. A forma como as iniciativas artísticas ajudam nesse cenário está começando a ser explorada.

Tal como acontece com os cuidadores profissionais, os benefícios para os cuidadores informais muitas vezes surgem como um subproduto dos programas para aqueles de quem eles tratam. "Encontre-me no MoMA" oferece visitas estruturadas que envolvem ver e discutir trabalhos de arte individuais a pessoas com demência em estágio inicial. Uma avaliação do Centro de Excelência em Envelhecimento do Cérebro e Demência, da Universidade de Nova York (NYU), detectou uma melhora significativa nas medições de bem-estar pessoal dos cuidadores como resultado do acompanhamento de um membro da família. Eles também perceberam uma mudança nesse relacionamento que veio do fato de compartilhar a experiência artística com seus familiares, bem como de vê-los tratados com respeito por outros conforme reagiam à arte (Mittelman e Epstein, 2009).

O tema da arte foi explicitamente direcionado aos cuidadores a fim de manter sua saúde mental. Os organizadores da terapia artística para cuidadores de pessoas com problemas de saúde mental em Avon e Wiltshire ficaram surpresos com o fato de que, quando cuidadores e pessoas cuidadas compareciam juntos, os dias eram os mais bem-sucedidos: os cuidadores familiares não buscavam descanso, mas sim as atividades compartilhadas (Brandling *et al.*, 2011). Mais embasado foi um curso de treinamento intensivo em curadoria de artes de dois meses em Plymouth para meninas de nove a catorze anos que cuidavam de pais ou irmãos, concluído com a curadoria de uma exposição de trabalhos de artistas sobre o medo e o desconhecido. Nas palavras de uma cuidadora de catorze anos: "Espero que [a exposição] passe uma sensação de medo. Como jovem cuidadora, você sente muitas emoções, e uma das maiores é o medo". Apesar de relatórios impressionantes como esse, a avaliação das iniciativas artísticas para cuidadores informais e seus familiares está em um estágio muito precoce para que conclusões sejam tiradas. Há mais substância nas avaliações de programas para profissionais da área médica e de assistência, e aqui o papel do engajamento artístico oferece um valioso estudo de caso do papel da arte no desenvolvimento da reflexividade e da empatia.

CULTURA E INFLUÊNCIA INTERNACIONAL

Em seu Prêmio CVP de Desenvolvimento de Pesquisa sobre "A história de Lidice e Stoke-on-Trent: em direção a uma compreensão mais profunda do papel da arte e da cultura", Reynolds e colegas mostraram como artistas e profissionais da cultura veem a geração de "empatia" em seu público como um objetivo central. Em 1942, a população em Stoke-on-Trent reagiu à destruição da vila de mineração tcheca de Lidice pelo nazismo prometendo recursos para sua reconstrução, e esse vínculo foi reativado nos últimos anos por meio de eventos culturais. O projeto de pesquisa teve como foco o potencial da arte para atuar como uma "catalisadora" da empatia e da compreensão por meio das divisões nacionais. Ele enfatizou o valor de contar histórias ao "fazer conexões e permitir que as pessoas se relacionem com o indivíduo, desafiando assim sua visão do estereótipo do 'outro'"[12].

Cultura e influência política e econômica

O engajamento cultural pode, assim, servir como uma plataforma para o que Hannah Arendt chamou de "visita", treinando a imaginação de alguém para ver o mundo pela perspectiva dos outros (Arendt, 1982). Uma manifestação disso é o uso do diálogo intercultural pelos governos, desde a década de 1930, para obter influência política e econômica. O British Council, o Goethe-Institute, a Russkiy Mir Foundation e o Confucius Institute estão entre as muitas organizações nacionais que buscam assegurar influência internacional alcançando diretamente as pessoas por meio de atividades educacionais e culturais. O termo "diplomacia cultural" deu lugar a "poder brando", introduzido pelo cientista político Joseph S. Nye para descrever as maneiras como a cultura, os valores e as ideias são usados para a persuasão como uma alternativa ao "poder duro", que opera por ameaças militares ou coerção (Nye, 2004). A diplomacia cultural e o poder brando são agora vistos como conceitos problemáticos, seja como uma descrição do real funcionamento das relações internacionais, seja como uma articulação deficiente da natureza do engajamento cultural, reduzindo-o a "mensagens diretas".

O Prêmio CVP de Desenvolvimento de Pesquisa "Compreendendo o valor cultural da BBC World Service e do British Council", de Gillespie e colegas, explora essas questões. As organizações têm origem no início da década de 1930 e fazem parte dos esforços do governo britânico para garantir influência política ou benefícios comerciais, por um lado, e combater a ameaça do fascismo aos valores britânicos, por outro. Gillespie e colegas afirmam que

> [...] a capacidade da arte, ciência, treinamento, educação e radiodifusão para cruzar fronteiras culturais, psicológicas e geográficas garantiu o financiamento do governo para o BC e a WS. Por sua vez, representar o "interesse nacional" britânico tem sido o *quid pro quo* implícito (e, às vezes, desconfortavelmente explícito) de seu apoio fiscal.

Todavia, eles concluem,

> [...] é sua relativa autonomia da direção do governo, especialmente na condução das atividades do dia a dia, que é tão importante para sua credibilidade cultural e, como consequência, sua capacidade de atuar como uma força mediadora no cenário internacional. (Gillespie *et al.*, *Relatório CVP*, p. 9)

O Fundo de Emergência do Presidente para Assuntos Internacionais foi estabelecido pelo presidente norte-americano Dwight Eisenhower em 1954 com base em um entendimento semelhante, com a apresentação de produtos artísticos dos Estados Unidos no exterior decidida em painéis analíticos por profissionais isolados da pressão política. As inovações artísticas que estavam sob ataque político doméstico, como o expressionismo abstrato ou as coreografias de Martha Graham, foram mostradas ao público em todo o mundo como um reflexo da vitalidade da cultura americana (Prevots, 1998).

Da diplomacia cultural ao intercâmbio de culturas

A diplomacia cultural clássica, cuja abordagem unilateral parecia menos relevante em um ambiente geopolítico e de comunicação em mudança, nos últimos anos deu lugar, pelo menos no discurso, a uma ênfase no intercâmbio cultural, que é caracterizado por parcerias e reciprocidade (Schneider e Nelson, 2008). O recente relatório de Holden para o British Council argumentou que as relações culturais dirigidas pelo Estado são cada vez mais difíceis de manter, com muito mais Estados envolvidos e com o contato cultural par a par permitindo uma infinidade de interações. Estas surgem de forças como o turismo global, o aumento da atividade de ONGs e do terceiro setor, novas redes culturais ligando diferentes unidades territoriais, a internet como fonte de informação e comunidades interativas on-line de nicho (Holden, 2014). Uma conferência sobre diplomacia cultural organizada pela Ditchley Foundation em 2012 teve dificuldades para definir sua esfera de ação em vista do crescimento maciço das interações culturais pessoais e não governamentais, considerando igualmente difícil propor métodos para avaliar o impacto desse crescimento, ou mesmo atividades governamentais mais precisas (Ditchley Foundation, 2012). A nova abordagem moldou o relatório do Brookings Institute sobre o papel da arte e da cultura na reconfiguração das relações entre os Estados Unidos e o "mundo muçulmano". O relatório insistiu que a arte permite contatos entre povos, e não entre governos, podendo influenciar, nos Estados Unidos, um entendimento sobre o que é o mundo muçulmano, bem como um afastamento dos estereótipos. Os estudos de caso do relatório sobre esse engajamento são, entretanto, breves e anedóticos, com pouca atenção às diferenças que as iniciativas usadas como exemplos causaram (Schneider e Nelson, 2008).

O British Council reconheceu esse ambiente em mudança e priorizou o engajamento com base em parcerias, reunindo artistas e organizações em diferentes países[13]. Os exemplos incluem Behind the Scenes [Por Trás das Cenas], uma iniciativa de dança e teatro que trabalhou com parceiros locais de treze países por meio de oficinas que abordaram o desenvolvimento do público, produção, programação e design de iluminação. Sua avaliação concluiu que reunir praticantes da Grã-Bretanha e de outros países foi um sucesso, com colaboração, aprendizado informal e ausência de didatismo particularmente apreciados. Em sociedades onde esses elementos são menos comuns, o estilo de engajamento pode ser tão influente quanto o conteúdo. A construção da capacidade local é o foco de muitos programas, como o piloto de Cámara Chica, de 2013, que treinou educadores em Cuba para ensinar técnicas de produção de filmes digitais a crianças. O programa do British Council para apoiar artistas sírios refugiados fazia parte do auxílio de longo prazo para a transição a uma recuperação inicial em situações de crise. O objetivo era promover "refúgios ou paraísos para a liberdade de expressão, criatividade e construção cultural", com os praticantes culturais do Reino Unido se envolvendo com artistas sírios em muitas formas de arte. O British Council está construindo sua capacidade de avaliação, mas os resultados de tais iniciativas serão necessariamente de longo prazo e difíceis de apreender, especialmente naquelas com atuação fora do Reino Unido. Na Pesquisa Anual de Impacto de 2012 sobre seus programas de artes, no entanto, 76% dos entrevistados em todo o mundo disseram que seu envolvimento teve impacto em sua prática profissional, ao passo que 66% desenvolveram relacionamentos novos ou existentes com contatos no Reino Unido[14].

Evidência de benefícios

Essa ênfase na reciprocidade e no envolvimento não é inesperada, dado o contexto em que as relações culturais internacionais agora ocorrem, mas é difícil saber se a nova abordagem atinge o objetivo de melhorar as percepções sobre um país com mais eficácia do que as práticas anteriores, embutidas então em abordagens de poder brando. O relatório *Influência e atração*, do British Council, revela quantos países acreditam firmemente que as relações culturais internacionais são essenciais para seu sucesso político e econômico, mas também mostra como são limitadas as evidências em que essa crença se baseia. O British Council procurou resolver isso em outro relatório, *A confiança se paga*, que concluiu, apoiado em pesquisas de atitude, que a participação em atividades de relações culturais teve um efeito positivo na confiança no Reino Unido e, com isso, aumentou o interesse em fazer negócios, turismo ou estudar no país. A evidência é, porém, puramente atitudinal e segue sobretudo conexões educacionais ou de intercâmbio. Apenas um dos dezessete tipos de atividade é sobre arte e cultura (British Council, 2013, 2013a e 2014a).

A Copenhagen Economics buscou uma abordagem mais sistemática dos benefícios econômicos que um país obtém com esse tipo de confiança, relacionando as atividades de diplomacia pública do Swedish Institute e do British Council ao crescimento econômico por meio de "uma cadeia lógica". Eles concluíram que "as atividades de diplomacia pública podem ter um impacto positivo e mensurável no crescimento econômico no país de origem" se forem de "escala e qualidade suficientes para que seja possível argumentar que têm um impacto mensurável na confiança entre os dois países". Eles identificaram, como consequências para as exportações e investimentos, a entrada de talentos, uma melhor imagem e o aumento da confiança mútua. Quantificar para a diplomacia pública (da qual o engajamento cultural é só um elemento) o impacto econômico (que é apenas um dos benefícios resultantes a que se alude) é uma tentativa valiosa de definir pelo menos parte do impacto. No entanto, como o próprio relatório reconheceu, uma série de suposições sustenta a cadeia lógica, principalmente a forma como as atividades de diplomacia pública são capazes de aumentar a confiança e como isso pode ser ampliado e apresentado como responsável por benefícios econômicos. O relatório traduziu o aumento da confiança mútua em aumento do comércio e do investimento, utilizando uma fórmula baseada nas conclusões do Eurobarômetro sobre a confiança entre os países. Este alegou que um aumento de 1% na confiança mútua é responsável por um crescimento de 0,61% nas exportações, um multiplicador derivado da média da União Europeia. O fato de que isso é baseado em correlação e não em um elo causal não é necessariamente um problema, mas se torna um quando apresentado como uma cadeia lógica clara (Thelle e Bergman, 2012, p. 4).

O Prêmio CVP de Desenvolvimento de Pesquisa de Gillespie e colegas explorou a história, a recepção e as mudanças no equilíbrio das atividades tanto do British Council quanto da BBC World Service como pano de fundo para desenvolver "um novo modelo de avaliação que mudaria o foco dos indicadores-chave de desempenho [...] e avaliações de impacto, para uma compreensão mais rica do valor e seus componentes" (Gillespie, *Relatório CVP*, p. 3). Por meio de um processo iterativo com três grupos – financiadores, funcionários e usuários –, a equipe buscou chegar a um acordo sobre quais componentes do valor foram articulados por meio de iniciativas específicas da BBC World Service e do British Council, apresentando-os em um diagrama de constelação que permitiu a obtenção de resultados integrados tanto quantitativos como qualitativos, representados de forma visualmente atrativa. A capacidade das duas organizações de usar as redes sociais de modo eficaz para alcançar e avaliar o valor cultural de seu trabalho é um fator importante, dado o caráter das atuais interações culturais internacionais. O relatório (que analisou estudos de caso como a série jornalística *100 Women*, da BBC World Service, e o projeto South Asia, do British Council) considerou a primeira mais avessa ao risco do que o British Council, que se esforçava para abraçar o conteúdo gerado pelo usuário e renunciar ao controle sobre a mensagem em suas plataformas de mídia. Aqueles que buscam aumentar a confiança e obter outros benefícios internacionalmente por meio da interação cultural estão mudando para um ambiente muito diferente no qual pode ser ainda mais difícil monitorar os resultados gerais das intervenções.

PONTOS-CHAVE

• Um componente fundamental do valor cultural é a capacidade da arte e da experiência cultural de ajudar a formar indivíduos reflexivos. Isso inclui oferecer uma melhor compreensão de si mesmo e da própria vida, um maior senso de empatia com os outros e uma apreciação da diversidade das experiências e culturas humanas.

• Este texto examina exemplos de como o engajamento cultural é capaz de influenciar a maneira como pensamos sobre várias questões pessoais e sociais, tais quais crescimento, doença e envelhecimento, e como isso pode provocar a reflexão e desafios aqueles que trabalham com pensamento disciplinado, caso de médicos e cientistas. O foco da interação entre o cognitivo e as dimensões afetivas das experiências artísticas e culturais pode ser um aspecto fundamental de como alcançar esses efeitos.

• No cerne da desistência de infringir está a capacidade de pensar sobre si mesmo e sobre os outros, de fazer escolhas e ter opções genuínas, de imaginar outras circunstâncias de vida e outros futuros possíveis. Demonstrou-se que o engajamento artístico nas prisões dá uma contribuição séria a esses processos, mesmo que sempre seja difícil isolar os efeitos desse engajamento de todos os outros fatores envolvidos na reincidência.

• Também examinamos as maneiras como a arte tem sido usada para desenvolver a reflexão e a empatia entre aqueles com responsabilidades de cuidados, incluindo projetos com médicos durante sua formação e prática subsequente, além de iniciativas artísticas para cuidadores em abrigos e ambientes familiares, ajudando-os a refletir sobre suas respostas e reconhecer a individualidade das pessoas de quem cuidam.

• O engajamento cultural tem sido usado por governos e suas agências com o objetivo de construir influência política e econômica. Comumente chamado, nesse âmbito, de diplomacia cultural e poder brando, ultimamente sua ênfase está em conceitos de reciprocidade e troca. Contudo, tem se mostrado difícil comprovar sua eficácia, e as complexidades de avaliar percepções e práticas devem ser superadas se quisermos avaliar plenamente os efeitos do engajamento cultural nesse território.

Notas

1 Este capítulo foi retirado do relatório final do Projeto Valor Cultural (Cultural Value Project – CVP), estabelecido pelo Arts and Humanities Research Council (AHRC), do Reino Unido, em 2012, com o professor Geoffrey Crossick como diretor e a dra. Patrycja Kaszynska como pesquisadora do projeto. Eles são os autores de seu relatório em formato de livro, *Understanding the Value of Arts and Culture* [Entendendo o valor da arte e da cultura] (Swindon: AHRC, 2016). O texto publicado aqui é o capítulo 3, "The Reflective Individual" ["O indivíduo reflexivo"] (pp. 42–57). [N. do org.]

2 Em: www.theguardian.com/science/blog/2013/nov/06/secret-language-surgery.

3 O Tema de Ciência na Cultura do AHRC foi um parceiro em ambas as oficinas, a Arts@CERN foi a primeira; a do Instituto de Estudos Avançados da University of Birmingham, a segunda. A discussão a seguir pontua suas apresentações e debates realizados em "Conversando: arte e ciência", na University of London em 9/10/2014, e "Colaborando: arte e ciência", na University of Birmingham em 15/01/2015.

4 Por "sonicar" podemos entender: banhar em líquido (geralmente água) junto a um ultrassom. O processo pode aceitar aquecimento. [N. do org.]

5 Por "heliossismológico" podemos entender: ramo da astronomia que estuda a estrutura interna do Sol a partir da observação e análise de oscilações nos espectros de frequências detectadas na superfície. [N. do org.]

6 Em: poeticsofouterspace.wordpress.com/2014/06/23/leverhulme-residency.

7 Eisteddfodau, forma plural de "Eisteddfod" ("sentados juntos" em galês), são festivais envolvendo competições de música, poesia, teatro e artes plásticas realizados anualmente no País de Gales. [N. do org.]

8 Fenwicks é uma cadeia independente de lojas de departamento no Reino Unido. Foi fundada em 1882 por John James Fenwick em Newcastle upon Tyne. [N. do org.]

9 Havia 673 na iniciativa Changing Lives through Literature [Mudando Vidas por meio da Literatura] e 1.574 no grupo de controle.

10 "Babilônia, mito e realidade" (2008–09) e "Afeganistão: Encruzilhadas da Antiguidade" (2011).

11 "Revisitando a Romênia: retratos de Londres" (2014–15) e "Revisitando a Romênia: roupagem e identidade" (2014–15).

12 Três curtas-metragens fazem parte do resultado do projeto: blogs.staffs.ac.uk/culturalvalue.

13 Isso impulsionou a nova estratégia proposta em um relatório não publicado para o British Council, de Jenkinson, P. e Wright, S., *Cuidado com o vão: Uma história de mudança radical em cultura e desenvolvimento para o British Council*, 2014.

14 Ward, V. *et al.*, *Por trás das cenas: Relatório de avaliação*, British Council, 2014; *Desenvolvimentos digitais em Cuba: destaques do piloto de Cámara Chica*, British Council, 2013, nota não publicada; para a Síria, *Cuidado com o vão*, pp. 18–9; *Pesquisa Anual de Impacto do British Council*, 2012.

Referências bibliográficas

Os relatórios do CVP mencionados no texto estão listados no fim destas referências.

Anderson, K. *et al. Inspiring Change: Final Project Report of the Evaluation Team*, Glasgow: University of Glasgow, University of Strathclyde e University of Edinburgh, 2011. Disponível em: www.artsevidence.org.uk/media/uploads/evaluation-downloads/mc-inspiring-change-april-2011.pdf.

Arendt, H. *Lectures on Kant's Political Philosophy*, Brighton: Harvester, 1982.

Arts Alliance. *Re-imagining Futures: Exploring Arts Interventions and the Process of Desistance*, Londres: Arts Alliance, 2013. Disponível em: www.artsincriminaljustice.org.uk/sites/default/files/Re-imagining_Futures_Research_Report_Final.pdf.

Barnett, M. *Make my Day: the Impact of Creative Caring in Older People's Care Homes*, Suffolk: Artlink, 2013.

Boswell, G. *et al. The "Family Man" Impact Study: An Evaluation of the Longer-term Effectiveness of Safe Ground's Family Relationships Programme on Prisoner Graduates and Their Families*, Noruega: Boswell Research Fellows e University of East Anglia, 2011.

Brandling, J. *et al. Taster Days Evaluation: Arts Therapies for Carers and Families*, Community Arts Therapies Project, 2011.

Brecht, B. *Brecht on Theatre: the Development of an Aesthetic*, Nova York: Methuen, 1964.

British Council. *Above the Line: People and Places in the DPRK (North Korea)*, Londres: British Council, 2014. Disponível em: visualarts.britishcouncil.org/programmes/exhibition/above-the-line-people-and-places--in-the-dprk-north-korea-photographs-by--nick-danziger-2014.

British Council. *As Others See Us: Culture, Attraction and Soft Power*, Londres: British Council, 2014a. Disponível em: www.britishcouncil.org/sites/default/files/as--others-see-us-report-v3.pdf.

British Council. *Culture Means Business: How International Cultural Relationships Contribute to Increased Trade and Competitiveness for the UK*, Londres: British Council, 2013a. Disponível em: www.britishcouncil.org/sites/default/files/culture-means-business--report-v2.pdf.

British Council. *Trust Pays: How International Cultural Relationships Build Trust in the UK and Underpin the Success of the UK Economy*, Londres: British Council, 2013. Disponível em: www.britishcouncil.org/sites/default/files/trust-pays-report-v2.pdf.

Browne A.; Rhodes, P. *A Qualitative Evaluation for Fine Cell Work*, Nova York: Qa Research, 2011. Disponível em: www.finecellwork.co.uk/assets/0000/2418/Fine_Cell_Work_evaluation_Short_version.pdf.

Burrowes, N. *et al. Intermediate Outcomes of Arts Projects: a Rapid Evidence Assessment*, NOMS, 2013. Disponível em: www.gov.uk/government/uploads/system/uploads/attachment_data/file/254450/Intermediate--outcomes-of-arts-projects.pdf.

Cheliotis, L. "Decorative Justice: Deconstructing the Relationship between the Arts and Imprisonment", em: *International Journal for Crime, Justice and Social Democracy*, n. 3 (1), 2014, pp. 16–34.

Cheliotis, L. K.; Jordanoska, A. "The Arts of Desistance: Assessing the Role of Arts--based Programmes in Reducing Reoffending", em: *The Howard Journal of Criminal Justice*, n. 55, 2016, pp. 25–41.

Clary, B. B. *Program Evaluation, Literature and Medicine Program* (Healthcare Facilities, United States Department of Veterans Affairs), Maine Humanities Council, 2012. Disponível em: mainehumanities.org/wp--content/uploads/2014/09/Lit-MEd-Eval--Report-2011-VA.pdf.

Clary, B. B. *Program Evaluation, Literature and Medicine Program* (relatório final), Maine Humanities Council, 2008. Disponível em: www.okhumanities.org/Websites/ohc/images/Programs/Literature_and_Medicine/Lit_Med_Program_Evaluation.pdf.

Colvin, S. "Why Should Criminology Care about Literary Fiction? Literature, Life Narratives and Telling Untellable Stories", em: *Punishment & Society*, n. 17 (2), 2015, pp. 211–29.

Comptroller and Auditor General. *Adult Social Care in England: Overview*, NEO, 2014. Disponível em: www.nao.org.uk/wp-content/uploads/2015/03/Adult-social-care-in-England-overview-summary.pdf.

Conroy, H. "Common Ground" (avaliação do projeto), em: *Safe Ground*, 2011. Disponível em: www.safeground.org.uk/wp-content/uploads/2014/07/Common-Ground-Evaluation1.pdf.

Crawford, P. *et al.* "Creative Practice as Mutual Recovery in Mental Health", em: *Mental Health Review Journal*, n. 18 (2), 2013, pp. 55–64.

Ditchley Foundation. *Cultural Diplomacy: Does It Work?* (relatório sobre a conferência do diretor), 2012. Disponível em: www.ditchley.co.uk/conferences/past-programme/2010-2019/2012/cultural-diplomacy.

Dodd, J. *et al. Rethinking Disability: Representation in Museums and Galleries*, RCMG: University of Leicester, 2008. Disponível em: www2.le.ac.uk/departments/museumstudies/rcmg/projects/rethinking-disability-representation-1/rdrsmallest.pdf.

Francis, R. *Report of the Mid-Staffordshire NHS Foundation Trust Public Inquiry*, Londres: The Stationery Office, 2013. Disponível em: www.gov.uk/government/uploads/system/uploads/attachment_data/file/279124/0947.pdf.

Fritsch, T. *et al.* "Impact of TimeSlips, a Creative Expression Intervention Program, on Nursing Home Residents with Dementia and Their Caregivers, em: *The Gerontologist,* n. 49 (1), 2009, pp. 117–27.

General Medical Council. "Tomorrow's Doctors", em: *GMC*, 2009. Disponível em: www.gmc-uk.org/Tomorrow_s_Doctors_1214.pdf_48905759.pdf.

Giordano, P. C. *et al.* "Gender, Crime, and Desistance: toward a Theory of Cognitive Transformation", em: *American Journal of Sociology*, n. 107 (4), 2002, pp. 990–1064.

Hancock, M. R. "Character Journals: Initiating Involvement and Identification through Literature", em: *Journal of Reading*, n. 37 (1), 1993, pp. 42–50.

Harries, B. *The Storybox Project: Examining the Role of a Theatre and Arts-based Intervention for People with Dementia*, Manchester: Manchester Interdisciplinary Collaboration for Research on Ageing, 2013. Disponível em: www.humanities.manchester.ac.uk/medialibrary/micra/events/2013/The_Storybox_Story.pdf.

Holden, J. *Influence and Attraction: Culture and the Race for Soft Power in the 21st Century*, Londres: British Council, 2014. Disponível em: www.britishcouncil.org/sites/default/files/influence-and-attraction-report.pdf.

Hughes, J. *Doing the Arts Justice: a Review of Research Literature, Practice and Theory*, Londres: Arts Council England, 2005. Disponível em: www.artscouncil.org.uk/publication_archive/doing-the-arts-justice-a-review-of-research-literature-practice-and-theory.

Jeffrey, E. J. *et al.* "Performance and Palliative Care: a Drama Module for Medical Students', em: *Medical Humanities*, n. 38, 2012, pp. 110–14.

Johnson, H. *et al. Unlocking Value: The Economic Benefit of the Arts in Criminal Justice*, Londres: New Philanthropy Capital, 2011. Disponível em: www.artsincriminaljustice.org.uk/sites/default/files/UnlockingValue_0.pdf.

Kasser, T. "The Potential of Engagement in Arts and Culture to Encourage Values that Support Well-being, Social Justice and Ecological Sustainability", em: *The Art of Life: Understanding how Participation in Arts and Culture Can Affect our Values*, Londres: Mission Models Money, 2013, pp. 8–12. Disponível em: valuesandframes.org/download/reports/The%20Art%20Of%20Life%20-%20MMM%20and%20Common%20Cause.pdf.

Kearsley, J. H.; Lobb, E. A. "'Workshops in Healing' for Senior Medical Students: a 5-Year Overview and Appraisal", em: *Medical Humanities*, n. 40, 2014, pp. 73–79.

Keen, S. *Empathy and the Novel*, Oxford: Oxford University Press, 2010.

Kidd, D. C.; Castano, E. "Reading Literary Fiction Improves Theory of Mind", em *Science*, n. 342, 2013, pp. 377–80.

Kirklin, D. "Creating Space to Reflect and Connect", em: Kirklin, D.; Richardson, R. (eds.), *Medical Humanities: a Practical Introduction*, Londres: Royal College of Physicians, 2001, pp. 7–14.

Koek, A. *Cern: Where Art and Science Collide*, 2001. Disponível em: davydwhaley.blogspot.co.uk/2011/10/art-and-science.html.

Laurence, F. "Music and Empathy", em: Urbain, O. (ed.), *Music and Conflict Transformation: Harmonies and Dissonances in Geopolitics*, Londres: IB Tauris, 2008, pp. 13–26.

Mar, R. A. *et al.* "Bookworms versus Nerds: Exposure to Fiction versus Non-fiction, Divergent Associations with Social Ability, and the Simulation of Fictional Social Worlds", em: *Journal of Research in Personality*, n. 40, 2006, pp. 694–712.

Mar, R. A. *et al.* "Exposure to Media and Theory-of-Mind Development in Pre-schoolers", em: *Cognitive Development,* n. 25, 2010, pp. 69–78.

Maruna, S. *Making Good: how Ex-convicts Reform and Rebuild Their Lives*, Washington: American Psychological Association, 2001.

Miles, A.; Strauss, P. *The Academy: A Report on Outcomes for Participants (June 2006-June 2008)*, Manchester: CRESC, 2008. Disponível em: www.cresc.ac.uk/sites/default/files/The%20Academy%20a%20Report%20on%20Outcomes%20for%20Participants.pdf.

Misra-Hebert, A. D. *et al.* "Improving Empathy of Physicians through Guided Reflective Writing, em: *International Journal of Medical Education*, n. 3, 2012, pp. 71–7.

Muller, L. *et al. Understanding Third Space: Evaluating Art-science Collaboration*, apresentado no XXI Simpósio Internacional de Arte Eletrônica, em Vancouver, no Canadá, 2015. Disponível em: isea2015.org/proceeding/submissions/ISEA2015_submission_332.pdf.

Mittelman, M.; Epstein, C. "Research Results", em: Rosenberg, F. *et al.* (eds.), *The MoMA Alzheimer's Project: Making Art Accessible to People with Dementia*, Nova York: MoMA, 2009. Disponível em: www.moma.org/docs/meetme/MeetMe_FULL.pdf.

National Museums Liverpool. *An Evaluation of House of Memories Dementia Training Programme: Midlands Model*, 2014. Disponível em: www.liverpoolmuseums.org.uk/learning/documents/house-of-memories-midlands-evaluation-2014.pdf.

National Museums Liverpool. *An Evaluation of National Museums Liverpool: Dementia Training Programme*, 2012. Disponível em: www.liverpoolmuseums.org.uk/learning/documents/house-of-memories-evaluation-report.pdf.

Nye, J. S. *Soft Power: the Means to Success in World Politics*, Cambridge: Perseus Publishing, 2004.

Pagan, N. O. *Theory of Mind and Science Fiction*, Basingstoke: Palgrave, 2014.

Prevots, N. *Dance for Export: Cultural Diplomacy and the Cold War*, Middletown: Wesleyan University Press, 1998.

Schneider, C. P.; Nelson, K. *Mightier than the Sword: Arts and Culture in the US-Muslim World Relationship*, Washington: Brookings Institute, 2008. Disponível em: www.brookings.edu/~/media/research/files/papers/2008/6/islamic%20world%20schneider/06_islamic_world_schneider.pdf.

Schutt, R. K. *et al. Changing Lives through Literature: Bibliotheraphy and Recidivism amongst Probationers*, Boston: University of Massachusetts, 2004. Disponível em: papers.ssrn.com/sol3/papers.cfm?abstract_id=1884659.

Stern, M.; Seifert, S. "Creative Capabilities and Community Capacity", em: Otto, H.; Ziegler, H. (eds.), *Enhancing Capabilities: The Role of Social Institutions*, Opladen: Barbara Budrich Publishers, 2013, pp. 179–96.

The Lancet. "Literature and Medicine: why Do We Care?", em: *The Lancet* (editorial), n. 385 (9963), 2015, p. 90.

Thelle, M. H.; Bergman, E. *Hard Facts on Soft Power*, Copenhague: Copenhagen Economics, 2012.

Tooby, J.; Cosmides, L. "Does Beauty Build Adapted Minds? Toward an Evolutionary Theory of Aesthetics, Fiction, and the Arts", em: *SubStance*, n. 30 (94/95), 2001, pp. 6–27.

Walmsley, B. "'A Big Part of My Life': a Qualitative Study of the Impact of Theatre", em: *Arts Marketing: an International Journal*, n. 3, 2013, pp. 73–87.

Wright, C. *Creative Carers: a Reflective Study of the Creative Carers Programme*, Suffolk: Artlink, 2008. Disponível em: www.suffolkartlink.org.uk/wp-content/uploads/2014/10/CARERS_REPORT.pdf.

Zunshine, L. *Why We Read Fictio:. Theory of Mind and the Novel*, Columbus: Ohio State University Press, 2006.

Relatórios do CVP (2014–16)

Bungay, H. "Caregivers' Perceptions of the Value of That Arts in Clinical and Therapeutic Interventions", em: *CVP Research Development Award Report*. Disponível em: arro.anglia.ac.uk/id/eprint/582341/1/The%20Value%20of%20the%20Arts_WEB.pdf.

Clarke, E. "Music, Empathy and Cultural Understanding", em: *CVP Research Development Award Report*. Disponível em: www.music.ox.ac.uk/assets/Cultural-Value--Music-Empathy-Final-Report.pdf.

Davis, P. "Assessing the Intrinsic Value, and Health and Well-being Benefits, for Individual and Community, of The Reader Organisation's Volunteer Reader Scheme", em: *CVP Research Development Award Report*. Disponível em: www.liverpool.ac.uk/media/livacuk/iphs/researchgroups/AHRC_Cultural_Value_final,report1.pdf.

Gamman, L.; Plant J. "Arts and the Criminal Justice System", em: *CVP Expert Workshop Report*. Disponível em: ahrc.ukri.org/research/fundedthemesandprogrammes/culturalvalueproject/research-activities.

Garrod, B. "Investigating the Role of Eisteddfodau in Creating and Transmitting Cultural Value in Wales and beyond", em: *CVP Research Development Award Report* (sem link disponível).

Gillespie, M. "Understanding the Changing Cultural Value of the BBC World Service and British Council", em: *CVP Research Development Award Report*. Disponível em: oro.open.ac.uk/42254/1/Gillespie.

Lambert, C. "The Value of Live Art: Experience, Politics and Affect", em: *CVP Research Development Award Report*. Disponível em: warwick.ac.uk/fac/soc/sociology/staff/clambert/ahrc_cultural_value_template_cl.pdf.

Manchester, H. "Teenage Kicks: Exploring Cultural Value from a Youth Perspective", em: *CVP Research Development Award Report*. Disponível em: bridge.realideas.org/wp-content/uploads/2015/03/TeenageKicksNew.pdf.

Pajaczkowska, C. "Compassion by Design", em: *CVP Research Development Award Report*. Disponível em: www.academia.edu/12247924/Empathy_By_Design.

Reinelt J. "Theatre Spectatorship and Value Attribution", em: *CVP Research Development Award Report*. Disponível em: britishtheatreconference.co.uk/wp-content/uploads/2014/05/Critical-Mass-10.7.pdf.

Reynolds, J. "The Story of Lidice and Stoke-on--Trent: towards Deeper Understandings of the Role of Arts and Culture", em: *CVP Research Development Award Report*. Disponível em: eprints.staffs.ac.uk/5444/1/Cultural-Value-Final-Full-Report.pdf.

Rumbold, K. "The Uses of Poetry: Measuring the Value of Engaging with Poetry in Lifelong Learning and Development", em: *CVP Research Development Award Report*. Disponível em: usesofpoetry.files.wordpress.com/2015/12/ahrc_cultural_value_rda--uses-of-poetry-rumbold.pdf.

Winter, P. "A Somatic Ethnography of Grand Gestures Elders Dance Group", em: *CVP Research Development Award Report*. Disponível em: sure.sunderland.ac.uk/id/eprint/5820/1/Winter_T_Somatic_Ethnography.pdf

Zeilig, H. "The Arts in Dementia Care: a Critical Review of Cultural and Arts Practices in Dementia Care in the UK", em: *CVP Critical Review Report*. Disponível em: usesofpoetry.files.wordpress.com/2015/12/ahrc_cultural_value_rda-uses-of-poetry-rumbold.pdf.

ARJO KLAMER foi professor de economia da cultura na Erasmus Universiteit Rotterdam, após lecionar em várias universidades americanas. Seu trabalho inicial versou sobre retórica econômica (ver *Speaking of Economics*, 2007). Em Roterdã, desenvolveu a abordagem econômica baseada no valor (ver *The Value of Culture*, 1996, e *Doing the Right Thing*, 2017) e iniciou programas de pesquisa sobre arte e avaliação de qualidades. Atualmente, desenvolve uma economia humana como professor convidado na Vrije Universiteit Amsterdam.

O valor da cultura[1]

ARJO KLAMER

Após dezessete anos em universidades americanas, muitas conversas com economistas e pesquisas sobre a retórica da economia, mudei-me para a Erasmus Universiteit, na Holanda, para ocupar a nova cátedra de Economia da Arte e da Cultura, a única desse tipo no mundo. Além do desafio de entrar em um novo campo de pesquisa, tive que lidar com uma cultura da qual havia me distanciado um tanto. Isso me levou ao tema do valor da cultura. Mas como fazer a conexão entre os sentidos artístico e antropológico de cultura? No texto a seguir, que usei como palestra inaugural da cátedra, tento lidar com esse e outros problemas relacionados.

O tópico do valor da cultura é estranho para um economista, uma vez que a cultura como conceito foi praticamente banida da economia acadêmica. Sempre me senti desconfortável com esse veredicto. A cultura de um grupo de pessoas, como geralmente é entendida, representa os valores e crenças que elas compartilham. Assim, ao banir a cultura de nossas conversas, nós, economistas, privamo-nos de qualquer percepção do papel que seus valores desempenham na economia. Isso não pode estar certo.

Quando queremos entender a força da economia da Holanda, por exemplo, precisamos levar em consideração tanto os valores que informam sobre o comportamento dos holandeses como o valor da solidariedade, além do valor manifesto na expressão tipicamente holandesa: "Se você age de forma normal, já é louco o suficiente". Esses valores criam uma sociedade muito diferente da americana, com sua veneração pela ambição e autorrealização expressa em *slogans* como "Seja tudo o que puder ser", usada por eles com eficácia, e o "Vai!, vai!, vai!" com que os treinadores e gerentes inspiram suas tropas. Esse contraste de valores tem consequências econômicas importantes, como descobri por mim mesmo. Se você quer um favor dos holandeses, como um emprego ou dinheiro, faça-os se sentir solidários, faça-os se sentir mal exagerando nas adversidades, e eles vão querer resolver o seu problema apenas para se livrar desses sentimentos ruins. Mas não faça isso nos Estados Unidos. Lá você ganha seu dinheiro fazendo-se parecer melhor, mais impressionante e desejável do que realmente é.

Um modelo analítico substancial no papel econômico dos valores clama pela restauração de uma rica tradição dentro da economia a partir de Aristóteles, incluindo Adam Smith, em particular sua *Teoria dos sentimentos morais*, com uma continuação moderna na obra de Max Weber, Karl Polanyi, E. P. Thompson e, mais recentemente, Deirdre McCloskey e seus tratados sobre as virtudes burguesas. Essa tradição define a economia como uma ciência moral e, em última análise, diz respeito às condições e características de uma vida boa e significativa. Tal preocupação é considerada na discussão subsequente sobre cultura no seu significado mais restrito: como arte.

A ECONOMIA DA ARTE

Analisemos, da perspectiva dos economistas, uma obra famosa. *Retrato do Dr. Gachet*[2], de Van Gogh, é a pintura mais cara de todos os tempos. Em maio de 1990, foi vendida por 75 milhões de dólares em um leilão na Christie's, em Nova York, a Ryoei Saito (um empresário japonês do ramo do papel), que teve que pagar um adicional de 7,5 milhões de dólares de ágio como comprador. Van Gogh não conseguiu vender o quadro sozinho. Devemos concluir que seus contemporâneos estavam cegos para o valor dessa pintura ou que o sr. Saito era louco?

Não funciona dessa maneira, responde o economista em mim. Há uma razão para tudo, inclusive para pagar valores exorbitantes por uma pintura. Um dos motivos é que as obras de Van Gogh estão em alta e são muito procuradas, mas sua oferta é fixa. Quando a quantidade demandada excede a quantidade ofertada, o preço sobe; quando a diferença é muito grande, o preço dispara. Muitos teriam desejado essa pintura. Os diretores dos museus Van Gogh e Kröller-Müller seriam capazes de matar alguém para obtê-la, mas não podiam pagar por ela. Uma pintura como essa é um investimento. O sr. Saito pode até ter gostado da obra, mas a única justificativa para gastar tanto dinheiro em tinta sobre tela é que ela é um ativo que vai manter aproximadamente o seu valor, para que ele possa vendê-la de novo.

É elementar – economia elementar, quero dizer. (Acontece que o sr. Saito queria de fato ser cremado com esse Van Gogh. Felizmente, embora ele tenha morrido, a pintura ainda está viva.)

A economia elementar nos diz para ver pinturas, entre outras coisas, como mercadorias cuja produção é cara e cujo valor é determinado pela interação entre a demanda e a oferta no mercado. Os economistas presumem que as pessoas são suficientemente razoáveis, que nunca pagariam mais por uma obra de arte do que acham que ela vale. As pessoas não pagam nada por arte que não valorizam, tampouco quantias infinitas por arte de valor inestimável. O economista William Grampp conclui disso que o preço é o melhor indicador do valor estético. É uma perspectiva chocante, na verdade, sobre o valor da arte[3]. Mas tente provar que ele está errado.

Outra questão que um economista da cultura e da arte tem que enfrentar é a importância econômica do setor cultural – um tema popular hoje em dia. Os argumentos econômicos estão na moda, e os defensores dos subsídios à arte gostariam de poder alegar que sua arte tem contribuições econômicas consideráveis. Se um subsídio a um museu ou festival se traduz em empregos e renda para a economia local, eles teriam mais uma boa razão para concedê-lo. Os economistas são os beneficiários imediatos desse raciocínio, pois são eles que fazem os cálculos.

Famoso é um estudo da Fundação para Pesquisa Econômica da University of Amsterdam[4] que calculou que o setor cultural em Amsterdã contribui com mais de um bilhão de florins holandeses para a economia da cidade. Parece muito; esse número é usado amplamente no mundo da arte. Infelizmente, a perspectiva econômica, que se busca com seriedade, é imprecisa. Nesse estudo, o problema é que as vendas totais foram somadas e não foi considerado o valor agregado, de modo que há uma grave contagem em dobro. Em outros estudos, os pesquisadores conseguiram produzir números ainda maiores usando o chamado método multiplicador. Tornado famoso nos modelos macroeconômicos keynesianos, ele se resume à ideia de que um florim gasto com um artista não apenas gerará um a mais de gastos por esse artista, mas também gastos adicionais por quem recebe aquele florim e assim por diante. Parece uma ótima ideia, não é?

Concordemos que todos os leitores me entreguem cem florins. Prometo a você que gastarei bem o dinheiro para que ele gere muitos gastos adicionais, com um grande efeito multiplicador. Posso até prometer que vou subsidiar arte. Ótimo, você dirá, a economia holandesa receberá uma grande injeção de dinheiro. Mas tem um pequeno problema: todos vocês terão cem florins a menos para gastar. Ocorre o mesmo com cada florim injetado no setor artístico; deve ser retirado primeiro, por meio de uma transferência voluntária, como é o nosso exemplo, ou por meio de pagamentos obrigatórios de impostos. A retirada é responsável por um processo multiplicador negativo, deixando o efeito total indeterminado. Um efeito líquido positivo na economia holandesa é garantido apenas quando os florins vêm de estrangeiros que não teriam gastado seu dinheiro no país de outra forma. Mesmo nesse caso, provavelmente teríamos melhores condições de emprego atraindo dinheiro estrangeiro ao exportar mais tulipas e carne de porco.

GASTOS COM ARTE

A razão pela qual não devemos esperar grandes feitos econômicos do setor cultural é que ele é pequeno, muito pequeno. O quadro a seguir mostra o quanto. A arte e a cultura aqui incluem as artes visuais e cênicas, mas não os shows de pop e rock; inclui também os museus, mas exclui os meios de comunicação, bibliotecas, livros, filmes, discos e outros setores culturais. Os gastos com arte e cultura assim definidos equivalem a um terço de 1% da atividade econômica total (medida pelo PIB) na Holanda e são ainda menores nos Estados Unidos. Os holandeses e americanos despendem um pouco mais com sapatos, e os primeiros obviamente preferem gastar mais tempo e dinheiro em cafeterias do que em teatros e museus. Em suma, a arte não é grande, economicamente falando.

Quadro 1: Gastos com arte *versus* sapatos e cafés nos EUA e na Holanda (1988)

	Gastos em	EUA	Holanda
Artes	Bilhões $		$ 0,7
	% PIB		0,31%
Sapatos	Bilhões $	$ 18 bilhões	
	% PIB	0,33%	
Cafés	Bilhões $		$ 2,0
	% PIB		T.00%

Fonte: CBS, Holanda; Resumo estatístico para os Estados Unidos (1993); Heilbrun e Gray (1993, p. 8.)

Outra questão é a forma como as pessoas pagam pela arte. Consideremos o teatro. Uma boa peça é cara para ser produzida em qualquer lugar de um país como a Holanda. Aqueles que a apreciam pagam apenas uma pequena parte dos custos. De acordo com a CBS, a agência de estatística holandesa, cada espectador de uma peça subsidiada paga em média onze florins, e o governo contribui com dez vezes esse valor, ou seja, 110 florins[5]. Os governos locais adicionam a esse valor cerca de outros 65 florins para a manutenção e operação dos teatros. Assim, aqueles que gostam das peças de Eurípides e Kushner recebem um tratamento generoso em comparação com os entusiastas de musicais comerciais, que arcam praticamente com todos os custos daquilo a que assistem, talvez com um pequeno subsídio do governo para o local em que ocorre o espetáculo. (Quem gosta de ir à ópera na Holanda fica ainda mais satisfeito, com um subsídio de cerca de quinhentos florins por visita[6].)

Como você pode imaginar, o governo holandês é bastante generoso, ainda mais se comparado ao apoio direto que o governo americano dá à arte. São concedidos apenas três dólares à arte por cidadão americano, ao passo que, na Holanda, são 27 dólares por pessoa. O governo sueco se sai melhor, com 33 dólares por habitante[7]. O governo americano, contudo, contribui indiretamente, dando incentivos fiscais àqueles que doam seu dinheiro a atividades e instituições culturais. Ela renuncia a uma receita, digamos, para beneficiar a arte. Ainda assim, mesmo com essa correção, o compromisso oficial dos Estados Unidos com a arte fica muito atrás dos compromissos públicos na Europa.

APOIO PÚBLICO À ARTE

Os subsídios governamentais não são apenas pequenos. Eles também se tornam suspeitos quando submetidos à perspectiva dos economistas. Na verdade, a economia convencional não é convincente ao justificar o apoio público à arte. Alguns economistas são, portanto, inequivocamente contrários a ele. Sua posição ganhou força política nos Estados Unidos, onde os republicanos, sob a liderança de Newt Gingrich, se mobilizaram fortemente contra o Fundo Nacional para a Arte – a maior agência de financiamento público para a arte – e principalmente contra seus subsídios à televisão aberta. Esses subsídios são injustos, argumentou Newt Gingrich, porque forçam todos a pagar pela diversão de uns poucos selecionados, geralmente aqueles que têm boas condições financeiras. Faz sentido. E não há boa defesa contra isso, pelo menos não pela perspectiva econômica convencional. A literatura sobre essa questão é, como você pode imaginar, extensa e com argumentos variados[8]. Estou resumindo sem atentar para nuanças.

Os economistas preferem argumentos sobre eficiência, isto é, que demonstrem que, com o apoio público à arte, algumas pessoas estariam melhor e nenhuma estaria pior. Seria o caso se a arte fosse um bem público, ou seja, um bem que só pode ser desfrutado coletivamente, ou se houvesse efeitos externos positivos, com o transbordamento da produção cultural usufruído por toda a comunidade. Os argumentos no presente caso são difíceis de sustentar. Por exemplo, não está claro como o meu prazer pelo teatro subsidiado é compartilhado por outros holandeses. Pode haver alguns efeitos indiretos no meu ambiente – embora eu desconheça quais – e, quem sabe, nas gerações futuras, mas eles permanecem indeterminados.

Os políticos e as pessoas envolvidas com arte tendem a favorecer os argumentos da equidade. Eles querem nos fazer acreditar que uma política de preços baixos para eventos e produtos culturais reduz o limiar para grupos de baixa renda[9]. A intenção é nobre, mas, como muitas intenções nobres, produz consequências não intencionais. Na realidade, os preços baixos dos produtos culturais beneficiam principalmente aqueles que já usufruem deles e seduzem apenas algumas pessoas desse público-alvo. Observe a multidão que assiste aos shows altamente subsidiados do Concertgebouw e você procurará em vão por pessoas que precisam de apoio público para se divertir. Pesquisas australianas indicaram que, se você equilibrar os impostos pagos com os subsídios recebidos, os fundos públicos para a arte beneficiam os abastados à custa das pessoas de baixa renda. Assim, o resultado obtido é o oposto do pretendido[10].

O argumento mais complicado refere-se ao mérito dos bens culturais. A cultura é importante, dizem seus defensores, e, mesmo que nem todos a reconheçam como tal, devemos fazer sacrifícios para garantir produtos culturais de alta qualidade, bem como sua distribuição por todo o país. É o argumento de que "a cultura é boa para você, quer você saiba, quer não". Um economista como Jan Pen não tem problemas com esse argumento, mas é incongruente com a perspectiva econômica dominante[11]. Ele sugere que algumas pessoas têm mais bom gosto do que outras – de acordo com a velha ideia aristocrática – e viola os princípios modernos de soberania e igualdade individual. Segundo os bons valores antiaristocráticos e democráticos, ninguém, nem mesmo um governo, pode dizer a um indivíduo do que ele deve gostar. Se meus vizinhos preferem musicais ao teatro sério e não dão importância aos programas de arte na televisão, não posso dizer-lhes que deveriam interessar-se e ainda esperar que contribuam sem oferecer em troca qualquer colaboração a seus musicais e novelas. Tal posição só é justificável se eu a reconhecer pelo que é: a aristocracia com um disfarce moderno. Entretanto, pode ser o único argumento convincente.

Por fim, um argumento interessante para o apoio público à arte evoca o significado da herança cultural. Os franceses parecem ter uma patente sobre esse argumento. Quase impediram o Acordo Geral sobre Tarifas e Comércio (GATT) ao insistir em uma cláusula de exclusão de produtos culturais. Eles queriam proteger sua indústria cinematográfica por causa de sua importância para o sustento da cultura francesa. E mesmo os discretos holandeses podem ficar entusiasmados com seus bens culturais, como ocorreu na prefeitura de Hilversum recentemente.

Em 1932, a cidade recebeu um quadro de Mondrian, *Lozenge Composition with two Lines*[12], como presente de uma instituição já extinta, para sua monumental prefeitura. Os funcionários da cidade nunca souberam o que fazer com a pintura e supostamente a usaram até mesmo como uma divisória por algum tempo antes de ser escondida no sótão. Em 1951, ela foi emprestada ao Stedelijk Museum, de Amsterdã.

Durante a década de 1980, a cidade passou por sérias dificuldades financeiras, e então seus funcionários redescobriram seu precioso bem. Depois de alguma hesitação, o conselho da cidade decidiu, em 1987, vender a pintura pelo maior lance. O mercado teve sua chance, portanto. Para afastar as críticas antes do leilão, foi estipulado que o acesso público à pintura seria garantido e que os estimados 30 milhões de florins em receitas se destinariam à reforma do antigo Hotel Gooiland, um monumento arquitetônico[13], para servir como centro cultural. Assim, o acordo pretendido seria inteiramente voltado à cultura.

Seguiu-se um alvoroço público, foram feitas perguntas no Parlamento e o ministro da Cultura acabou por bloquear a venda, alegando que o quadro fazia parte do patrimônio cultural do país e não deveria sair da comunidade holandesa. Em um acordo de compromisso, a cidade de Hilversum recebeu um pagamento de 2,5 milhões de florins após a transferência de propriedade para o Stedelijk Museum. A quantia estava muito abaixo do que se pagaria no mercado e se mostrou insuficiente para a reforma do Gooiland, que foi posteriormente vendido por um florim a um empresário que o transformou em um grande café e um restaurante japonês. O Mondrian ficou na Holanda, Hilversum perdeu seu novo centro cultural, e o país, a oportunidade de sentir o orgulho holandês ao ver a *Lozenge Composition with two Lines* no J. Paul Getty Museum ou em algum outro famoso museu estrangeiro[14]. É o preço da herança cultural. A ironia não pode escapar a ninguém, nem àqueles com um pouco de mentalidade econômica.

NECESSIDADE DE CORREÇÃO

Como você já percebeu, a perspectiva dos economistas não é muito inspiradora quando aplicada ao mundo da arte. Visto por meio dos olhos dos economistas, o setor cultural parece pequeno e semelhante a qualquer outro. Pinturas e apresentações artísticas são reduzidas a mercadorias; seus valores, a preços. As razões para o apoio público se dissolvem diante dos olhos. Antes que perceba, você se transformou no cínico de Oscar Wilde, que sabe o preço de tudo e não sabe o valor de nada.

Mostrarei como podemos mudar a visão econômica para obter uma imagem mais interessante – e também mais verdadeira – da realidade. Mas, antes que você conclua que estou prestes a desmascarar a perspectiva dos economistas de uma vez, afirmo aqui que eles acertam em algumas questões. Quando os políticos exigem que as empresas paguem os custos totais da saúde ou da arte (por meio de contribuições obrigatórias ou patrocínio) se o governo não puder fazê-lo, você precisa de economistas para apontar que não são as empresas que pagam tais custos, e sim seus clientes. Quando um banco gasta generosamente com arte, seus clientes devem se perguntar por que eles não são os beneficiários.

No entanto, os efeitos preocupantes da perspectiva dos economistas para o mundo da arte mostram que algo deve estar errado com essa visão. As noções obtidas são limitadas e não parecem fazer jus aos fenômenos estudados. As consequências perniciosas do modo de pensar econômico tornam-se especialmente caras quando tomam conta da vida cotidiana. Quando, em toda parte, as pessoas se voltam para cálculos econômicos como seu guia para a ação e acreditam que "administração" e "marketing" resolverão todos os seus problemas, nós, economistas, devemos ter feito algo errado.

Cálculo, gerenciamento e marketing não podem pavimentar o caminho para uma vida boa. Não é a maneira correta de lidar com amigos, filhos, espiritualidade e, também, com arte. Até mesmo o ex-primeiro-ministro holandês Ruud Lubbers, que se identifica com tal tendência econômica, admitiu isso recentemente e temeu a decadência moral por causa dela. Pode parecer que ao dizer isso estou me sabotando. Na verdade, é o oposto. Pois o encontro com o mundo da arte e da cultura reafirma a necessidade de corrigir a perspectiva dos economistas.

DOIS MUNDOS

O argumento começa com a observação das diferenças entre os mundos da economia e da arte, as quais tendem a se revelar em situações discursivas. Tente levantar problemas como nós, acadêmicos, devemos fazer, e os não acadêmicos só vão querer saber de sua solução. A diferença é que desejamos manter a conversa em andamento, sendo necessário para isso levantar problemas e questões. Eles querem uma resposta, e vamos tentar atender a essa demanda na conclusão, mas isso não põe um ponto-final no que estamos fazendo.

Diferenças radicais também ocorrem na interação com os artistas, como acabei descobrindo. Em cada público de artistas a que me dirijo, inevitavelmente haverá alguém que se levantará para dizer algo como: "Mentira." E toda vez fico sem palavras. A pessoa pode estar certa, pelo menos do ponto de vista dela. Os mundos de artistas e de acadêmicos são simplesmente muito distantes. Aliás, ambos são bastante abstratos, mas fazemos isso com palavras consideradas suspeitas no mundo deles. Essa diferença que experimento aponta para outra realmente significativa, qual seja, o contraste entre os mundos do dinheiro e da arte.

A arte é diferente. A performance é registrada em vídeo e mostra uma apresentação do artista corporal australiano Stelarc[15] na inauguração do edifício V2, em Roterdã, em setembro de 1994[16]. Ele está conectado a equipamentos médicos que transformam os diversos estímulos do seu corpo em movimentos robóticos e sons variados. Se você está se perguntando o que isso significa e por que deve ser chamado de arte, ou se simplesmente ficou fascinado com a magia técnica e os efeitos exibidos ali, você entendeu. Se, por outro lado, está preocupado com os custos dessa apresentação, você não entendeu.

[Nesse momento a palestra foi interrompida por uma apresentação do artista Peter Zegveld.]

Esse trabalho foi contratado e o artista teve a liberdade de fazer o que seu espírito artístico determinou. Eu não entendi bem, assim como não entendi bem o vídeo do edifício V2, e é exatamente isso que quero dizer. Pois, se você e eu entendêssemos perfeitamente o que acabou de acontecer, não seria arte. A arte deve ser vivenciada como tal; a experiência pode ser estética, mas não o é necessariamente. A arte também acontece na sensação de um problema – um problema de sentido. Em ambos os casos, a arte não existe na forma física de uma pintura ou apresentação, mas no momento da admiração, do ponto de interrogação que tal forma faz surgir em nossa mente.

Admito que não tenho autoridade para falar sobre arte. Tudo o que estou dizendo aqui é baseado no que os estudantes de artes disseram e foi testado em conversas com eles. Você pode decidir em quem pôr a culpa. Após uma pesquisa incisiva das teorias da arte, Antoon van den Braembussche ousou concluir que arte é mimese; esse assunto, porém, é deixado em aberto[17]. A pintura de Mondrian é representativa, mas o que ela representa está sujeito a interpretações. E quem sabe o que o vídeo V2 representa. Pode ser sobre tecnologia humana – um humano dirigindo máquinas desumanas –, inovação tecnológica, perda humana e ganho técnico, ou qualquer outra coisa que você queira sugerir. Os autores parecem não se importar, desde que se fale sobre seu trabalho. Os críticos de arte podem fazer sugestões e explorar a variedade de significados que a obra permite, sem resolver o problema, porque isso destruiria a arte.

O semioticista Barend van Heusden argumenta que um texto constitui arte na medida em que consegue representar problemas de significado sem resolvê-los. Seu argumento é complicado e requer um fundo semiótico[18]. Eu o entendo da seguinte forma: você, leitor, está enfrentando um problema de representação; está lendo algo que não leu antes. Alguns de vocês resolverão rapidamente seu problema subsumindo meu texto a algo que já conhecem, após alguns ajustes. Quando não se encaixa no que já se conhece, você tem basicamente duas opções: ou ignora o que não compreende, ou tem a resposta artística e interpreta de uma ou de outra forma o problema que está enfrentando sem resolvê-lo. A arte requer ambiguidade para permitir a experiência do deslumbramento.

MEDIDA EM DINHEIRO

O dinheiro não é arte; em seu uso moderno, é até mesmo antitético a ela. Para muitas pessoas, o dinheiro tem uma força mágica que o faz ser venerado. A maioria dos meus alunos fica perplexa com essa concepção. As crianças se impressionam menos. Pergunte a elas como ganhar dinheiro e elas dirão: "Ah, é fácil, você tira isso da parede". Quão sóbria a economia tem que ser, mais uma vez, com sua história de banco de reservas e sua crença de que o dinheiro faz pouco mais do que pagar, medir e manter o valor! Nossa sóbria sabedoria remonta pelo menos a Aristóteles. Depois de notar, em *Ética a Nicômaco*, que, para serem trocadas, as coisas devem ser comparáveis, ele caracteriza o dinheiro como uma mera convenção[19]. É consenso que certos ativos são designados como meio de troca; é por acordo, ou convenção, que os holandeses medem as coisas em florins, e os americanos, em dólares.

Uma medição é uma intervenção. Nos dias de hoje, acostumamo-nos a medir com grande precisão. Medimos o tempo até o segundo com os nossos relógios, e as distâncias até o milímetro. Até recentemente, porém, as pessoas ainda se contentavam em acompanhar o tempo por meio do comprimento das sombras e em medir as distâncias com os pés ou arremessando pedras. Como Witold Kula, em seu estudo *As medidas e os homens* (1986), observou:

> A atitude do homem civilizado de hoje em relação às medidas revela uma capacidade altamente desenvolvida para o pensamento quantitativo abstrato. Das muitas características exibidas pelos objetos em uma variedade de contextos, abstraímos uma, e, consequentemente, objetos tão qualitativamente diversos quanto, digamos, o passo de um homem, uma roupa, um trecho de estrada ou a altura de uma árvore adquirem uma comensurabilidade aos nossos olhos, pois os vemos de uma única perspectiva, a de seu comprimento[20].

Ou de seu preço, quando a medida da coisa é em termos de dinheiro.

A questão é que qualquer medida, em tempo, comprimento ou unidade de valor, intervém na natureza da coisa. O que aconteceria se um amigo seu me disse com um cronômetro a conversa entre vocês? Primeiro, você se perguntaria por que ele fez isso. E, após ouvir que ele só queria saber a duração da conversa, pense se você ficaria tão confortável falando com ele quanto ficava antes do uso do cronômetro.

Karl Marx, o economista mais citado de todos os tempos e ainda relevante, levantou uma grande questão sobre o efeito mistificador que uma medida em termos de dinheiro tem sobre a coisa medida. O valor de uso, assim ele argumentou em *O capital*, é específico à coisa valorizada e depende da necessidade a que ela atende. A imposição de um valor de troca força a coisa a cair na camisa de força do formato monetário; ela se torna uma mercadoria a ser comparada com outras para possibilitar sua troca. Por fetichismo da mercadoria, Marx está se referindo à preocupação com o aspecto mercantil de uma coisa, de modo que se fechem os olhos para suas características distintivas, bem como para as relações sociais subjacentes à produção. Isso pode acontecer quando você olha para o *Retrato do Dr. Gachet*, de Van Gogh, agora que sabe que ela custa 75 milhões de dólares. Esse fato, que destaca a característica de mercadoria da obra e a torna comparável, digamos, a um grande prédio de escritórios, afasta-nos da experiência de sua arte. A medida em dinheiro geralmente intervém na forma de arte e desvaloriza a experiência[21].

MEDIÇÃO *VERSUS* RECIPROCIDADE

A medida em dinheiro também interfere nas relações humanas. Sua intervenção assemelha-se à do cronômetro numa conversa amigável. Imagine que começássemos a precificar trocas amigáveis: "Vamos ver, eu ouvi sua história triste por dez minutos, isso dá dez florins, e ainda lhe devo cinco pelo elogio que você me fez, então cinco está bom". A intervenção monetária alteraria a relação. Pode haver amigos que gostariam de eliminar a ambiguidade, mas a maioria deles ficaria desanimada com a intervenção. Perceba a violência da redução do valor das transações a preços e você poderá entender por que Aristóteles considerava as transações comerciais não naturais e, portanto, imorais, e só poderia exonerá-las se servissem ao sustento das famílias. Seu veredicto era comum nos tempos pré-modernos e causava grandes problemas aos comerciantes em todos os lugares. O comércio de bens como terra, trabalho e dinheiro era um tabu. Com o desenvolvimento da sociedade comercial, esse tabu tornou-se insustentável. O filósofo moral Adam Smith escreveu *A riqueza das nações* em parte para abordar os ultrapassados sentimentos morais de seu tempo: "Na sociedade civilizada [o homem] necessita de cooperação e assistência de grandes multidões, a todo momento, enquanto toda a sua vida é insuficiente para conquistar a amizade de algumas pessoas". Em tais circunstâncias, "não é da benevolência do açougueiro, do cervejeiro ou do padeiro que esperamos nosso jantar, mas da consideração deles por seus próprios interesses"[22].

A transação comercial implica um contrato. O negócio é que ambas as partes troquem equivalentes, ou seja, dois bens de mesmo valor. O negócio só é possível quando os dois bens podem ser medidos. É nesse momento em que o dinheiro entra. Serve como unidade de conta e facilita a troca. A Christie's e o sr. Saito concordaram que *Retrato do Dr. Gachet* sairia por 75 milhões de dólares. Foi entendido como equivalente. Assim que os dois equivalentes medidos mudaram de mãos, o negócio foi feito, a história acabou, e cada um pôde continuar com seus negócios sem quaisquer obrigações restantes.

Entretanto, a maioria das transações não é assim. Quando trocamos favores com amigos, entramos em acordo com nossos cônjuges ou trocamos gentilezas em relações comerciais, fazemos isso com base na reciprocidade. A diferença nas transações comerciais é que elas não são mensuradas nem bem definidas. Quando ajudo um amigo, não espero um favor equivalente em troca. Mais pungente ainda: se meu amigo fizesse tal oferta, ele desvalorizaria meu gesto de amizade. Até um mero "obrigado" pode ser demais. Isso não significa que minha ajuda foi puramente um presente. Há sempre a expectativa de que algo virá em troca. Mesmo o trabalho altruísta da Madre Teresa tem recompensas na forma de admiração e, em última análise, de bênçãos de Deus, é claro. As amizades, como todas as relações, são baseadas na reciprocidade.

Fazemos favores, elogiamos, entregamos presentes e oferecemos nosso amor com a expectativa de receber algo em troca. Apenas "o que, como e quando" do acordo recíproco são indeterminados. Um relacionamento exige dar e receber, mas sua equivalência é uma questão de interpretação e, portanto, motivo de muitos problemas. Por causa de seu elemento de tempo construído e das complicadas obrigações mútuas, essas trocas tornam difícil sair do relacionamento, concluir o negócio, acabar a história. A reciprocidade é a base de cada relação, desde que os valores a serem trocados sejam deixados em aberto para interpretação. A medição é aplicada somente quando as relações se rompem. Basta pensar no processo de divórcio.

Da mesma forma, a medição pode desvalorizar não apenas o bem em evidência, como também uma relação. Você pode pensar que isso é óbvio, mas a visão econômica convencional, com foco em indivíduos e preços, impedia-me de enxergar dessa maneira. A teoria econômica não leva em conta as relações nem reconhece um valor que está além da medida. Foi pelo meu envolvimento com o tema do valor da cultura que deparei com esse descuido em minha disciplina. Posteriormente, tive que descobrir que sociólogos e antropólogos sempre estiveram preocupados com as relações.

PAGAMENTOS DIRETOS E INDIRETOS

A incorporação de relacionamentos e valores além da medida exigirá uma mudança de foco e provavelmente de método. Teremos, por exemplo, que fazer mais trabalho interpretativo e confiar menos em nossos modelos analíticos[23]. Desejo expandir a análise com as seguintes teses: 1. A transação comercial desvaloriza um bem cujo valor é incalculável; 2. Quando os pagamentos diretos desvalorizam o bem comercializado, as partes têm um incentivo para estabelecer formas indiretas de financiamento dos custos de produção do bem.

As evidências já estão surgindo. Considere o bem chamado filho. Não muito tempo atrás, os pais enxergavam na criança uma mercadoria cujo valor deveria ser medido em termos da renda e da aposentadoria informal que ela poderia oferecer. Atualmente, não permitimos mais que se pense nas crianças dessa maneira. Mesmo que os filhos custem muito caro aos pais, não gerem vantagens econômicas e tenham benefícios emocionais duvidosos, seu valor está além da medida[24]. A mera sugestão de que um filho tem um preço desvalorizaria a relação pais-filho.

Nos Estados Unidos, os pais costumam publicar em jornais universitários anúncios de congratulações pela formatura de seus filhos. Um anúncio no jornal da George Washington University de alguns anos atrás dizia: "Parabéns, Pete, nós o amamos. A propósito, você nos deve US$ 213.000." A piada – imagino que seja uma – traz à tona a anomalia de os pais apresentarem aos filhos quanto custou criá-los. Essa é a transação em uma leitura estritamente econômica. Quanto melhor a educação, maior a taxa de retorno. Todos nós, que já fomos crianças, devemos aos nossos pais – alguns mais que outros –, mas é um valor da modernidade não permitir a especificação explícita dessa dívida. E assim o fardo de sustentar os pais quando eles se tornam dependentes é transferido para toda a comunidade.

A prática de pagamentos indiretos é pronunciada quando se trata de transações religiosas. Algum tempo atrás, a Rode Hoed, uma igreja em Amsterdã, esperava uma multidão na sua missa de Natal. A solução dos economistas seria cobrar uma taxa de entrada e conceder descontos e ingressos gratuitos a pessoas de baixa renda. Mas uma missa não pode ter preço. Embora sua produção seja muito cara, precificá-la desvalorizaria o gasto. Por isso, a Rode Hoed solicitou que as pessoas fizessem reservas e, como de costume, pediu contribuições voluntárias durante a celebração. Assim, evitou-se o aspecto de uma transação comercial[25].

O problema em relação à minha primeira tese é a onipresença das transações comerciais no mundo da arte. Os artistas vendem seus produtos diretamente e alguns o fazem a preços muito altos; pagamos por apresentações artísticas, os americanos mais do que os holandeses. É tudo muito comercial, você diria. Alguns artistas, como Jeff Koons e Mark Kostabi, são descaradamente comerciais e gostam de falar sobre sua arte como se fosse um negócio. Servaas, um artista holandês, vende arenque e, ao chamá-lo de arte, conseguiu obter a tarifa especial do imposto sobre o valor agregado para transações de arte, para a grande infelicidade dos vendedores comerciais do peixe. É um negócio, diz ele, mas é arte. Tudo isso não se enquadra na tese.

No entanto, os pagamentos indiretos são onipresentes também no mundo da arte. Eles certamente estão presentes na arte holandesa, orientada pelo governo. E são primordiais mesmo nos Estados Unidos, onde o mercado é quem orienta a arte. Veja a Metropolitan Opera, com seu orçamento de mais de 100 milhões de dólares. Menos de 50% de sua receita é na forma de pagamentos diretos por serviços prestados, ou seja, ingressos e patrocínios. O restante é financiado indiretamente. Os subsídios governamentais representam cerca de 7% do valor total, e o resto é arrecadado por meio de doações de pessoas físicas e jurídicas.

ATIVIDADE E EXPERIÊNCIA *VERSUS* PRODUTO

A razão da mistura de pagamentos diretos e indiretos para a arte está em sua natureza. De acordo com as opiniões de filósofos da arte como John Dewey e economistas como Michael Hutter, o primeiro passo é distinguir o *produto de arte* da *arte como atividade* e da *arte como experiência*. A arte como atividade e como experiência tem um valor além da medida e, portanto, se choca com a forma do dinheiro. A esse respeito, os românticos recorrem a declarações como "Onde existe qualquer visão de dinheiro, a arte não pode continuar a existir" (William Blake) e "O Céu rejeita a crença/Do bem cada vez mais calculado" (William Wordsworth). O fato de alguns artistas explorarem esse conflito apenas atesta as possibilidades das atividades artísticas, mas não o resolve.

A questão da arte como produto é diferente. Como teorizou o economista Kelvin Lancaster, os produtos apresentam uma variedade de características e, portanto, podem ter vários valores (de uso)[26]. Uma característica marcante da pintura como produto é seu potencial para proporcionar uma experiência artística. Mas ela também pode servir como investimento, decoração ou objeto de prestígio. No século XVII, a pintura funcionava bem como papel de parede. Cada uma dessas outras características não tem a ternura da arte como experiência e, portanto, se presta à medição. É por isso que em geral elas serão pagas diretamente.

A mesma tensão ocorre no caso do teatro. Por um lado, uma apresentação cênica é um produto com qualidades pelas quais as pessoas estarão dispostas a pagar diretamente. Pense em seu valor de entretenimento, mas também nos acréscimos ao valor social e ao "capital cultural" (termo de Pierre Bourdieu para o conhecimento e a experiência cultural de alguém). Do outro lado da balança estão as incertezas sobre os valores que a exibição de uma peça gera – não há garantia de que você será inspirado e estimulado por ela, então por que pagar cem florins? Além disso, a comercialização da peça, expressa por preços altos e técnicas de marketing engenhosas, desvalorizará sua essência artística. Por essas duas últimas razões, os produtores de teatro que desejam manter a reivindicação da arte são constrangidos em suas tentativas de ingressar no mercado de entretenimento e têm que ser engenhosos no financiamento de seu trabalho.

E assim a exploração do valor da arte me levou ao domínio dos valores. Para sustentar os valores que são comunicados por meio de produtos de arte, as pessoas têm sido criativas, em todas as épocas, para contornar a troca justa de transações comerciais pelas consistentes razões de que sua exigência de medição desvaloriza a experiência da arte e de que uma transação estritamente comercial corta o relacionamento. E é pelo *exato* motivo de evitarmos acordos comerciais com amigos e filhos que evitamos a intrusão do mundo comercial no mundo da arte. Neste, os valores comunicados são ternos e indefesos[27] contra o cálculo, só podendo ser sustentados nas relações estabelecidas e nas conversas contínuas entre as pessoas. Isso também se aplica aos valores científicos. Para resguardar os valores do pensamento crítico, questionamento, argumento abstrato e engajamento intelectual, sustentando-os e os mantendo vivos, nós, cientistas, temos que lutar contra a invasão dos valores comerciais e políticos (por favor, dê-me sua solução).

Não estou preocupado com a perda dessa concepção, apesar de todas as observações de decadência moral e da penetração do espírito comercial. A tendência já se inverteu no mundo empresarial, no qual está em curso um reconhecimento das relações empresariais e da significação dos valores e da cultura. As discussões políticas seguem a mesma tendência. Um estudo das formas como os valores são alterados e afirmados no mundo da arte indica a importância de relações que não são puramente comerciais e dependem da reciprocidade.

SUBSÍDIOS GOVERNAMENTAIS

Há o suficiente no assunto da economia da arte e da cultura para sustentar o diálogo com estudantes, colegas e qualquer pessoa interessada em economia e arte. Podemos conversar, mas a investigação científica não pode dizer aos políticos o que fazer. Sua tarefa é destacar os problemas e não os resolver. Políticos existem para criar soluções. Assim, no que diz respeito ao muito discutido sistema de subsídios governamentais na Holanda, minha investigação aponta para uma série de problemas. Deixe-me citar alguns:

"Todo sistema contém as sementes de sua própria destruição", advertiu Marx. Pois bem. Os subsídios governamentais que visam estimular a arte e aumentar seu valor correm atualmente o risco de sufocar novas iniciativas artísticas e empobrecer sua produção, ou seja, estão prestes a realizar o oposto dos objetivos pretendidos. Gradualmente, o sistema começa a se assemelhar ao circuito comercial, com ênfase nos cálculos como base para a alocação de recursos escassos. Como muitos apontaram, o outro perigo é que os interesses comerciais estão se arraigando, sendo gastos cada vez mais tempo, energia e dinheiro para aumentar a participação no bolo de subsídios à custa de investimentos no próprio processo artístico.

Relacionado a isso está o problema de que o sistema libera os produtores de arte da responsabilidade de comungar com aqueles que buscam a arte como experiência. As interações são basicamente descompromissadas. Todos esses fatores impedem a valorização da arte. Sua apreciação, especialmente da arte ambígua e difícil, depende de relações contínuas entre os produtores e os que procuram a experiência artística. Uma forma de intensificar tais relações é torná-las recíprocas. Se queremos que as pessoas se comprometam com o valor da arte, queremos que contribuam e invistam nela. Quando o governo faz tudo por elas, falta uma boa razão para esse compromisso.

A comercialização só é uma alternativa na medida em que os produtos de arte gerem valores que podem ser determinados e pagos diretamente. Os patrocínios também não são uma opção, por serem apenas mais uma forma de transação comercial. A única alternativa concebível é a de que os produtores de arte recuperem sua inventividade e explorem acordos que os aproximem de quem busca arte. A expansão das ainda modestas organizações de auxílio é uma possibilidade. A constituição de fundos de capital para o apoio à arte é outra, mas então o financiamento não deve ocorrer por meio de loterias, mas por campanhas nacionais com o objetivo expresso de apoiá-la. Quando o governo diminui seu apoio, os holandeses são obrigados a demonstrar o que a arte vale para eles. O resultado provável seria uma participação mais ativa e uma reavaliação do valor da arte.

EPÍLOGO

Acrescentei as últimas observações para atender às preocupações práticas dos espectadores da palestra. Eles apresentaram, em grande parte, respostas do mundo exterior. A política cultural é praticamente sagrada no estabelecimento da arte na Holanda – o que sugere que a retirada da participação do governo seja uma blasfêmia, mesmo que, como afirmo, tal ação possa ser boa para a arte no país. O que as pessoas me ouvem argumentar é que os mercados valorizam a arte porque estão pensando em termos de governo ou do próprio mercado. Mas estou apontando para a possibilidade de uma terceira via, em que as partes elaboram parcerias para a produção e fruição da arte com formas indiretas de financiamento, por meio, por exemplo, de doações. A intenção é evitar as relações impessoais e objetificadas que caracterizam as transações com o governo e nos mercados. A questão-chave é gerar relacionamentos que estimulem interações contínuas, necessárias para sustentar e desenvolver os valores da arte.

Nesse meio-tempo, tive a oportunidade de praticar o que prego por meio do envolvimento num projeto teatral que parte do princípio da parceria. O objetivo do Het Toneel Speelt (companhia holandesa de teatro) é produzir peças de qualidade com um mínimo de subsídios e patrocínios e a máxima participação dos chamados acionistas. A ideia é persuadir as pessoas a comprar ações da empresa que lhes deem voz, na esperança de que ela construa uma base financeira sólida e independente do governo (em si um feito surpreendente, já que todas as grandes empresas de teatro dependem de subsídios para cobrir mais de 80% de suas despesas) e, ao mesmo tempo, gere produtivas interações entre diretores, atores e parceiros. Tais interações podem muito bem aumentar o valor de produzir e vivenciar as peças.

Muitas críticas também vieram de colegas acadêmicos[28]. Vários me acusaram de caracterizar a experiência artística de romântica. Outra crítica é que, na minha ânsia de chamar a atenção para a dimensão não econômica do domínio da arte, ignoro a economia. Bruno Frey, por exemplo, apontou a possibilidade de que a medida em termos de dinheiro aumente o valor de uma obra de arte – ele chama isso de efeito *crowding-in* [aglomeração]. Além disso, ele sugeriu que sou injusto com o trabalho que tem sido feito em economia da cultura. Ruth Towse, editora da *Journal of Cultural Economics*, ampliou essa crítica. O que me separa desses críticos é que, enquanto eles pretendem determinar as semelhanças entre a arte e outras atividades econômicas e, assim, desmistificá-la, quero descobrir o que a distingue. Para tanto, me posiciono como um antropólogo e levo a sério o que os "nativos" pensam e dizem. Quando me falam que a arte é diferente – e o fazem de muitas maneiras –, eu me pergunto por quê.

1 Artigo originalmente publicado pela Amsterdam University Press e pela University of Michigan Press (1996). [N. do org.]
2 *Retrato do Dr. Gachet* é uma obra de 1890 de Vincent van Gogh. Na época em que este artigo foi escrito, era a obra mais cara. [N. do org.]
3 Esse texto foi publicado em *Boekmancahier*, n. 25, 1995, pp. 298–310. Grampp, W. *Pricing the Priceless: Arts, Artists and Economics*, Nova York: Basic Books, 1989.
4 Hietbrink, S.; Van Puffelen, F.; Wesseling, J. A. M. *De Economische betekenis van de professionele kunsten in Amsterdam*, Amsterdã: Stichting voor Economisch Onderzoek (SEO), 1985. Nesse meio-tempo, houve um relatório de acompanhamento, *De Kunsten Gewaardeerd*, pela KPMG (1996), que faz mais ou menos a mesma coisa.
5 *Podiumkunsten*, 1993. Voorburg/Heerlen: Centraal Bureau voor de Statistiek, 1995 (*Sociaal-Culturele Berichten*, n. 3).
6 Cálculo das visitas à De Nederlandse Opera. Ver Abbing, H. *Een economie van de kunsten*, Groningen: Historische uitgeverij, 1989, p. 239.
7 Heilbrun, J.; Gray, C. M. *The Economics of Art and Culture*, Cambridge: University of Cambridge Press, 1994, p. 232. Embora Heilbrun e Gray não digam isso, esses números não incluem os gastos do governo local.
8 Por exemplo, ver Abbing, H. *The Economics of the Arts*, Blaug, M. (ed.), Londres: Martin Robertson & Co., 1976 (1989); Towse, R. "Achieving Public Policy Objectives in the Arts and Heritage", em: *Cultural Economics and Cultural Policies*, Peacock, A.; Rizzo, I. (eds.), Boston: Kluwer Academic Publishers, 1994.
9 Ver Heilbrun e Gray, 1994, pp. 210–12.
10 É por isso que os economistas preferem um subsídio na forma de vales para eventos culturais a serem distribuídos a pessoas que têm uma necessidade real de apoio financeiro em seu engajamento cultural. O CJP, um passaporte cultural com o qual os jovens holandeses podem obter descontos nos preços de ingressos em eventos culturais, é uma boa aproximação do ideal dos economistas porque beneficia um grupo bem segmentado com uma necessidade e um interesse cultural reais.
11 Por exemplo, ver Pen, J. "De politieke economie van het Schone, het Ware en het Goede", em: *Economische Statistische Berichten*, n. 1, set. 1983, pp. 942–48. Ele realmente aborda o argumento do mérito, mas acaba usando outro, o de que "a cultura é boa porque eu e os políticos também achamos isso".
12 Saiba mais: http://www.pubhist.com/w27198.
13 Obra do conhecido arquiteto holandês Jan Duiker.
14 Entrevista pessoal com J. R. W. Flink, vereador de Hilversum, autor do manuscrito *De verkoop van Mondriaan: Hilversum en de Compositie met 2 Lijnen*, 1991.
15 Para conhecer a performance, acesse: http://www.youtube.com/watch?v=y3I72ut02ij.
16 O título da apresentação era: *Imagens sem órgãos: corpo ausente/ações involuntárias*.
17 Braembussche, A. A. Van den. *Denken over kunst: een kennismaking met de kunstfilosofie*, Bussum: Coutinho, 1994.
18 Heusden, B. van. *Why Literature? An Inquiry into the Nature of Literary Semiosis*, Groningen: Rijksuniversiteit Groningen, 1994.
19 "É para esse fim que o dinheiro foi introduzido e se torna, de certa forma, um intermediário, pois mede todas as coisas [...] o dinheiro tornou-se, por convenção, uma espécie de representante da demanda. É por isso que é chamado de 'dinheiro' (*nomisma*), porque não existe por natureza, mas por lei (*nomos*), e nós temos o poder de mudá-lo e torná-lo inútil." Aristóteles. *Nicomachean Ethics*, 1133a, pp. 18–32.
20 Kula, W. *Measures and Men*. Princeton: Princeton University Press, 1986, p. 87.
21 A ênfase na experiência devo a John Dewey. *Art as Experience*, Nova York: Putnam, 1934.
22 Smith, A. *The Wealth of Nations*, vol. I, Nova York: Modern Library, 1994.
23 Acredito que os economistas neoclássicos possam apresentar modelos de relacionamentos e valores porque, de todo modo, isso está no sangue deles.
24 "À medida que as crianças se tornaram cada vez mais definidas como bens exclusivamente emocionais e morais, seus

papéis econômicos não foram eliminados, mas sim transformados. A mão de obra infantil foi substituída por obrigações da criança, e salários infantis foram substituídos por mesadas. O novo emprego e a renda de uma criança foram validados mais por critérios educacionais do que econômicos." Zelizer, V. *Pricing the Priceless Child: the Changing Value of Children*, Nova York: Basic Books, 1985, p. 11.

25 A Reforma Protestante foi, entre outras coisas, contra a comercialização de pagamentos de valores na Igreja Católica. Para muitos, a ideia de que obter o perdão tinha um preço desvalorizava as práticas religiosas.

26 Lancaster, K. *Consumer Demand: a New Approach*, Nova York, 1971.

27 O pintor e poeta holandês Lucebert disse que todas as coisas de grande valor (*waarde*) estão indefesas (*weerloos*).

28 Blokland, H. "The Politics of Value in Culture", em: *Boekmancahier*, n. 26, dezembro de 1995, pp. 444–48; Frey, B. S. "The Economics of Art Is definitely Worthwhile", *ibid.*, pp. 449–54; Langenberg, B. jan. "The Value of Culture Is not beyond Measure, *ibid.*, pp. 455–59; Abbing, H. "Two Steps back or One forward", *ibid.*, pp. 460–61; Adang, M. "De Kunst Geprijsd of Geprezen", *ibid.*, pp. 462–68; Arts, W. "Arjo Klamer en het Romantische Levensgevoel", *ibid.*, pp. 469–74; Gray, C. M. "Philistines in the Cathedral? Thoughts on Economics and the Arts", em: *Boekmancahier*, n. 27, março de 1996, pp. 69–71; Heilbrun, J. "External Benefits of the Arts: Agnostic Position no longer Tenable" *ibid.*, pp. 72–3; Feist, A. "Economic Measurement and Arts Bureaucrats", *ibid.*, pp. 74–7. Minha resposta – "Reaffirming the Value of Culture: a Reply to My Critics" – foi publicada na mesma edição (pp. 78–84).

Referências bibliográficas

Abbing, H. *The Economics of the Arts*, Mark Blaug (ed.) Londres: Martin Robertson & Co., 1976.

Abbing, H. "Two Steps Back or One Forward", em: *Boekmancahier*, n. 26, 1995, pp. 460–61.

Adang, M. "De Kunst Geprijsd of Geprezen", em: *Boekmancahier*, n. 26, 1995, pp. 462–68.

Arts, W. "Arjo Klamer en het Romantische Levensgevoel", em: *Boekmancahier*, n. 26, 1995, pp. 469–74.

Blokland, H. "The Politics of Value in Culture", em: *Boekmancahier*, n. 26, 1995, pp. 444–48.

Braembussche, A. van den. *Denken over kunst: een kennismaking met de kunstfilosofie*, Bussum: Coutinho, 1994.

Dewey, J. *Art as Experience*, Nova York: Putnam, 1934.

Feist, A. "Economic Measurement and Arts Bureaucrats", em: *Boekmancahier*, n. 27, 1996, pp. 74–7.

Frey, B. S. "The Economics of Art is definitely Worthwhile", em: *Boekmancahier*, n. 26, 1995, pp. 449–54.

Grampp, W. *Pricing the Priceless: Arts, Artists and Economics*, Nova York: Basic Books, 1989.

Gray, C. M. "Philistines in the Cathedral? Thoughts on Economics and the Arts", em: *Boekmancahier*, n. 27, 1996, pp. 69–71.

Gray, C. M.; Heilburn, J. *The Economics of Art and Culture*, Cambridge: University of Cambridge Press, 1993.

Heilburn, J. "External Benefits of the Arts: Agnostic Position no longer Tenable", em: *Boekmancahier*, n. 27, 1996, pp. 72–3.

Heusden, B. van. *Why Literature? An Inquiry into the Nature of Literary Semiosis*, Groningen: Rijksuniversiteit Groningen, 1994.

Hietbrinks, S.; Puffelen, F. van; Wesseling, J. A. M. *Deeconomische betekenis van de professionele kunsten in Amsterdam*, Amsterdã: Stichting voor Economisch Onderzoek (SEO), 1985.

Klamer, A. "Reaffirming the Value of Culture: a Reply to my Critics", em: *Boekmancahier*, n. 27, 1996, pp. 78–84.

Kula, W. *Measures and Men*, Princeton: Princeton University Press, 1986.

Lancaster, K. *Consumer Demand: a New Approach*, Nova York, 1971.

Langenberg, B. Jan. "The Value of Culture is not beyond Measure", em: *Boekmancahier*, n. 26, 1995, pp. 455–59.

Peacock, A. T. "The Politics of Culture and the Ignorance of Political Scientists: a Reply to F. F. Ridley", em: *Journal of Cultural Economics*, vol. 7, n. 1, 1983, pp. 23–6.

Pen, J. "De politieke economie van het Schone, het Ware en het Goede", em: *Economische Statistische Berichten*, 1983.

Smith, A. *The Wealth of Nations*, vol. I, Nova York: Modern Library, 1994.

Towse, R. "Achieving Public Policy Objectives in the Arts and Heritage", em: Peacock, A. T.; Rizzo, I. (eds.), *Cultural Economics and Cultural Policies*, Boston: Kluwer Academic Publishers, 1994.

Towse, R. *Market Value and Artists' Earning*, não publicado, University of Exeter, 1995.

Zelizer, V. *Pricing the Priceless Child: the Changing Value of Children*, Nova York: Basic Books, 1985.

LEANDRO VALIATI é professor e pesquisador na área de economia da cultura e indústrias culturais no Brasil e no Reino Unido. Por intermédio de sua posição acadêmica, teve a oportunidade de desempenhar papel importante na construção e execução da política para economia da cultura e indústrias criativas de todas as gestões do Ministério da Cultura entre 2010 e 2018.

ROSANA ICASSATTI CORAZZA é professora doutora MS3.2 do Instituto de Geociências da Universidade Estadual de Campinas (Unicamp), atuando na graduação (cursos de geografia e geologia) e na pós-graduação (Programa de Pós-Graduação em política científica e tecnológica – *stricto sensu* – e Programa de Pós-Graduação em Jornalismo Científico – *lato sensu*). É economista, mestre e doutora em Política Científica e Tecnológica pela Unicamp. Fez estágio de doutorado no Bureau d'Économie Théorique et Appliquée (Beta, Université Louis Pasteur/Université de Strasbourg), na França, em 1997–98. Atuou como consultora em organizações internacionais e organismos governamentais brasileiros. Tem experiência em planejamento e gestão da pesquisa pública. É membro da Comissão Assessora do Observatório de Direitos Humanos da Unicamp e assessora *ad hoc* na avaliação de projetos na Fapesp (São Paulo), Facepe (Pernambuco) e Faepex (Campinas) e no apoio a decisões editoriais de periódicos científicos de seletiva política editorial. É pesquisadora colaboradora e vice-coordenadora do Laboratório de Tecnologias e Transformações Sociais (LABTTS – G/Unicamp). "Ciência, tecnologia e meio ambiente" tem sido um eixo transversal em suas atividades de ensino, pesquisa e orientações em temáticas e setores variados.

STEFANO FLORISSI é phD pela University of Illinois, professor titular do Programa de Pós-Graduação em Economia da UFRGS, pesquisador do NECCULT-UFRGS e fundador e ex-coordenador da especialização em economia da cultura da UFRGS. É ministrante de cursos na área por todo o país, além de autor de diversos artigos sobre o tema. Já trabalhou com regulação econômica e, desde 2004, se dedica à exploração da economia da cultura e sua relação com o desenvolvimento econômico e social.

O marco teórico-conceitual da economia da cultura e da economia criativa: uma revisão de contribuições selecionadas e de seus pressupostos[1]

LEANDRO VALIATI, ROSANA ICASSATTI CORAZZA E STEFANO FLORISSI

A economia da cultura é considerada uma área de aplicação das ciências econômicas, semelhante ao que ocorre no caso do tratamento econômico da economia do meio ambiente, da economia da saúde e da economia da educação, entre outras[2]. Os desdobramentos mais recentes nessa área, com trabalhos voltados à compreensão da cultura como recurso, da cultura como capital, da importância da institucionalização dos direitos sobre a propriedade intelectual, da valorização da criatividade para o desenvolvimento econômico, dialogam com outras áreas do conhecimento, para além das fronteiras das ciências econômicas, como a geografia, a sociologia, a arquitetura e o urbanismo, entre outras.

Os objetivos deste capítulo consistem na identificação das principais contribuições teórico-metodológicas e suas aplicações às políticas contemporâneas na área de economia da cultura, na análise de seus pressupostos fundamentais, com foco especial nas principais considerações teóricas sobre a definição e operação desse ramo da ciência econômica, e no reconhecimento de seus maiores desdobramentos em termos de instrumentalização de políticas públicas nessa área.

A revisão das suposições (pressupostos teóricos) é a chave para a compreensão de quais parâmetros são assumidos na atualidade, nacional e internacionalmente, no que toca ao tratamento científico da economia da cultura.

A estratégia metodológica para a consecução desses objetivos incluiu a revisão bibliográfica sistemática – com busca em bases de periódicos como o da Capes e o da Scielo – e a revisão por encadeamento bibliográfico segundo artigos recentes publicados em periódicos de seletiva política editorial pelos atores em estudo nesta pesquisa.

Este capítulo está estruturado em três partes, que, de um lado, seguem uma organização cronológica – identificando contribuições teórico-metodológicas ao longo do tempo – e, de outro, oferecem uma perspectiva que apresenta inicialmente contribuições conceituais para, em seguida, focalizar as que são aplicadas à elaboração de políticas públicas.

A primeira parte traz uma síntese de alguns trabalhos seminais com influência na área da economia da cultura e identifica suas principais contribuições e pressupostos. São três as contribuições selecionadas: a de Baumol e Bowen; a perspectiva de Gary Becker sobre o gosto e o capital humano; e a abordagem de Richard Musgrave sobre os bens de mérito. Embora não se pretenda, nessa parte, fazer uma revisão que esgote o assunto, sustentamos que se trata de uma amostra muito significativa, por ter seu caráter seminal na área amplamente reconhecido e oferecer substrato sobre o qual medram as contribuições mais recentes abordadas nas duas partes subsequentes.

A segunda parte apresenta uma visão abrangente sobre as análises mais recentes, que têm lugar a partir do início dos anos 2000 e de que tratamos sob o título de "A nova economia da cultura". Por sua influência tanto no debate acadêmico quanto nos fóruns sobre políticas públicas, foram selecionadas as contribuições de David Throsby, Bruno Frey, Françoise Benhamou, Arjo Klamer/Ruth Towse, Tyler Cowen e James Heilbrun/Charles Gray. São brevemente recuperados os principais conceitos desenvolvidos por esses autores e suas implicações para a formulação de políticas públicas na área da economia da cultura.

Finalmente, a terceira parte contém uma revisão sintética a respeito das contribuições recentes sobre a criatividade e sobre o que vem se consubstanciando tanto num novo campo acadêmico interdisciplinar como numa abordagem contemporânea para políticas envolvendo a esfera cultural, com uma abertura em seu escopo para uma ampla gama de setores industriais e de serviços: a chamada economia criativa. Também aqui foram selecionados trabalhos por sua influência no debate sobre políticas culturais, embora nem sempre gozem da mesma reputação acadêmica daqueles abordados na parte anterior. Essa seção se divide em dois itens, sendo o primeiro dedicado à exposição de abordagens conceituais sobre a criatividade no debate acerca da economia criativa, e o segundo, às políticas voltadas à promoção da criatividade e dos setores ditos criativos como estratégias para o enfrentamento de uma era pós-industrial, trazendo uma interpretação do contexto histórico e político no qual se desenvolvem as contribuições sobre economia criativa.

As considerações finais recuperam alguns dos principais aspectos discutidos no texto, identificam os pressupostos teóricos das análises estudadas, apontam aspectos fundamentais a serem levados em conta por políticas públicas calcadas nesse cabedal de conhecimentos e discernem algumas possíveis contradições sobre as quais se deve refletir a fim de que se possam conceber estratégias virtuosas de intervenção.

1. TRABALHOS SEMINAIS EM ECONOMIA DA CULTURA: CONTRIBUIÇÕES E PRESSUPOSTOS

A economia da cultura tem sido apresentada como um campo da economia aplicada e, assim como na abordagem de outras áreas de aplicação, tais quais a educação, a saúde e o meio ambiente, a base analítica da argumentação é, em grande parte dos estudos e da produção acadêmica, a economia do bem-estar.

Nesta seção, serão pontuados alguns dos momentos especiais, porque seminais, da produção intelectual da economia da cultura. Propomos ser possível encontrar esses pontos essenciais da investigação acadêmica em ciências econômicas[3] dos fenômenos de criação, distribuição e consumo de bens e serviços culturais em três conjuntos de obras que despontam entre as décadas de 1960 e 1970: a) *Performing Arts: the Economic Dilemma* (1966), de William Baumol e William Bowen; b) *Human Capital* (1964), de Gary Becker, e "De gustibus non est disputandum" (1977), de Gary Becker e George Stigler; e c) *The Theory of Public Finance* (1959), de Richard Musgrave.

O objetivo deste item é apresentar sucintamente essas contribuições seminais, revelando seus pressupostos teóricos e distinguindo suas derivações em matéria de intervenção de políticas públicas.

1.1. A contribuição seminal de Baumol e Bowen

É muito interessante, particularmente nos dias de hoje – em que os fluxos de bens e serviços se expandem graças à globalização e às tecnologias digitais –, observar as recentes raízes históricas da economia da cultura.

Foi também num momento de grande intensidade de inovações, em 1966, que teve lugar a publicação do livro *Performing Arts: the Economic Dilemma*, de William J. Baumol e William G. Bowen, obra amplamente reconhecida como essencial para a área da economia da cultura[4]. Os autores, então consultores da The Twentieth Century Fund, procuravam responder à questão fundamental sobre as dificuldades financeiras enfrentadas pela área cultural. Seriam elas oriundas do mau gerenciamento de recursos, ordinariamente repassados por fundações?

Como se sabe, os Estados Unidos viveram, no segundo pós-guerra, um momento glorioso de sua história. A expansão da produção manufatureira – proporcionada, entre outras coisas, pelos ventos que sopraram a favor da economia americana durante e após o conflito – apoiava-se também numa onda de inovações que atingiam os mais variados setores, com a automação de processos levando ao excepcional aumento de sua produtividade. Uma forma muito interessante de mensurar a produtividade é aquela que relaciona o custo total da produção de um bem a seu custo em termos salariais – na medida em que automação industrial, associada ao avanço das formas de organização da produção e do trabalho, permite a redução da quantidade deste último. Isso aconteceu com intensidade excepcional nos Estados Unidos nas décadas de 1950 e 1960. Nos Anos Dourados, quando floresceu a "sociedade afluente" de que nos fala Galbraith (1958), a produção em massa e com baixos custos (e preços) de toda uma gama de bens de consumo beneficiou a expansão das classes médias e a consolidação de modos de vida que vieram a ser entendidos como ideais para toda a sociedade ocidental – e parece, em nossos dias, também para o Oriente.

Pois bem. A investigação de Baumol e Bowen – que tinha como foco as artes performáticas, isto é, o trabalho realizado por artistas em companhias de música, teatro e dança – levou-os à conclusão de que as próprias condições de produção artística não permitem quaisquer mudanças substanciais de produtividade, pois "o trabalho do artista performático é um fim em si mesmo, não um meio para a produção de algum bem" (Baumol e Bowen, 1966, p. 164)[5]. Ou seja, o trabalho do músico, do ator ou do dançarino constitui seu próprio "produto" – a música, a interpretação, a dança –, de tal forma que não existe uma maneira de aumentar sua produtividade (quantidade de música, interpretação ou dança por hora de trabalho). Para tomar um exemplo dos próprios autores, são necessários quatro músicos para tocar uma peça de Beethoven para quarteto de cordas tanto hoje quanto no século XIX.

Quando se comparam, portanto, as condições de produção dos setores manufatureiros em geral – em especial em períodos de rápido progresso tecnológico – àquelas das artes performáticas, observa-se o que os autores convencionaram chamar de *productive lag*, um diferencial de produtividade a favor da manufatura que, por essa razão, tem seus custos laborais relativos (por unidade de produto) reduzidos, podendo ter seus preços minorados – o que, é conveniente notar, colabora para ampliar as possibilidades de seu consumo por estratos populacionais menos favorecidos.

Também é importante salientar que uma das motivações originais do estudo de Baumol e Bowen diz respeito ao financiamento das artes performáticas. Interessa, então, perceber as implicações do diferencial de produtividade entre as artes performáticas e a manufatura em geral no que tange a seu financiamento. Os autores advertem que, em função desse diferencial, o custo das artes performáticas seria crescente, e por isso seus rendimentos seriam prejudicados quando comparados aos rendimentos dos setores cuja produtividade se beneficia do progresso técnico. Essa é a razão para a existência de um hiato entre ganhos (*earning gap*) que explicaria salários defasados nas atividades artísticas. Mas não apenas isso: como o progresso técnico é contínuo e proporciona sucessivos aumentos de produtividade nos setores manufatureiros, o hiato entre ganhos é crescente – o que é documentado pelos autores com dados não apenas dos Estados Unidos, mas também do Reino Unido, Itália e Suécia.

A conclusão é bastante evidente: essa dinâmica de rendimentos da produção das artes performáticas não apenas explica por que eles não são suficientes para sua autossustentação, mas também elucida a razão dos déficits crescentes das companhias de música, teatro e dança.

O fulcro do argumento de Baumol e Bowen situa a baixa elasticidade da oferta de atividades artísticas com relação aos aumentos da produtividade pela incorporação de tecnologia no centro da explicação da elevação dos custos relativos dessas atividades, ao mesmo tempo que os salários tendem a acompanhar a produtividade média da economia. Por essa razão, os autores sustentam que haveria uma tendência de crescimento constante dos custos relativos nessa área, que coexistiria com a impossibilidade de repasse integral para os preços. Assim, a escassez seria continuamente reiterada. Segundo Bruno Frey (2000), a teoria de Baumol fornece uma explicação convincente do motivo pelo qual os agentes do setor artístico sofrem dificuldades econômicas crônicas: o custo unitário do trabalho artístico sobe devido ao aumento generalizado dos salários, mas a produtividade de seus bens, na maioria dos casos, mantém-se constante.

A abordagem de Baumol e Bowen é típica do arcabouço conceitual da *welfare economics*[6], procurando compreender e elencar argumentos para ação pública no mercado de arte.

A exemplo da *démarche* das interpretações da *welfare economics* em outras áreas, como na tradicional economia do meio ambiente, e depois de uma caracterização positiva do problema econômico em questão – nesse caso, a escassez da oferta de atividades artísticas –, Baumol e Bowen apresentam suas derivações normativas, isto é, de apoio à política pública no setor cultural. Em sua perspectiva, a presença de agentes fomentadores não seria apenas um incentivo, mas quase uma questão de sobrevivência para essas atividades. Segundo os autores, ao oferecer subsídios ao setor cultural, o Estado promoveria uma diminuição dos preços aos quais seriam submetidos os consumidores desses bens e acabaria por implantar uma política de inclusão (e acesso) de uma parcela da população que, caso os preços refletissem os reais custos de produção das obras, estaria excluída do mercado. Além disso, a existência de subsídios à produção de atividades culturais resultaria no aumento da oferta de bens culturais, diminuindo a escassez nesse mercado.

1.2. A perspectiva de Gary Becker sobre o gosto e o capital humano

Será verdade que "gosto não se discute"? O adágio vem do latim, *de gustibus non est disputandum*, e deu título a um artigo de 1977 publicado na prestigiosa *American Economic Review* pelo professor de economia e sociologia da University of Chicago e ganhador do Nobel de Economia em 1992, Gary Becker, e por George Stigler, de grande reconhecimento por sua contribuição para a teoria da regulação, também premiado com o Nobel.

Becker e Stigler discordam do aforismo. De acordo com eles, os gostos influenciam profundamente uma gama nada desprezível de escolhas humanas, tanto na vida privada quanto na pública.

Ambos provêm da Escola da *Public Choice*, de Chicago, da qual são cofundadores. Na perspectiva epistemológica dessa escola de economia tão difundida quanto controversa, a racionalidade econômica pode ser aplicada a domínios muito abrangentes, envolvendo desde o consumo de drogas (tabaco, álcool e as demais) até o "mercado matrimonial" e o "mercado político". Em todos esses "mercados" sobressairia a perspectiva econômica para a compreensão do comportamento humano. Uma excelente explicação dessa perspectiva é dada pelo próprio Becker em sua "Nobel Lecture" (1993).

Subjaz ao entendimento de Becker sobre matérias de aplicação na área de economia da cultura a compreensão fundamental de que os bens e serviços voltados à satisfação de necessidades básicas assumem progressivamente uma importância menor, de segundo plano, à medida que avança o mundo desenvolvido – ou, para adotar a expressão cara a Celso Furtado, à medida que se difunde a civilização industrial.

No momento em que Becker escreve, de difusão ampliada dos valores e estilos de vida da civilização industrial – assim como na atualidade –, a maior parte do consumo progressivamente se distancia da mera satisfação das necessidades básicas. Os fatores que influenciam o consumo para além dessas necessidades não são, reconhece Becker (1964), explicados pelas abordagens econômicas anteriores a suas contribuições. As referências culturais, as interações sociais, os fatores ambientais e a criação de hábitos interferem na formação dos "gostos", referidos nos modelos econômicos como preferências.

Nos modelos tradicionais, ditos neoclássicos, sobre comportamento do consumidor e teoria do consumo, as preferências são dadas – não sendo, portanto, afetadas –, seja pelo consumo de terceiros, seja pela oferta, seja pela experiência passada, seja pelas expectativas do próprio consumidor quanto a seu futuro ou de qualquer aspecto (social, ambiental, cultural) do futuro individual ou coletivo.

A perspectiva de Becker é diversa. Para ele (e este pode ser considerado um grande avanço), as preferências não são dadas, são formadas. E, ainda (e estes talvez possam ser considerados os pontos problemáticos), são formadas individual e racionalmente[7]. Além disso, as preferências por bens culturais deveriam ser moldadas pela educação e pela construção do gosto. O consumo desses bens, assim, sofreria (ou se beneficiaria) de um comportamento de "adição" – o "desejo" por quantidades suplementares desses bens cresceria com o aumento de seu consumo, como no caso de produtos associados a vícios, como o tabaco e o álcool.

Esse aspecto das contribuições de Becker está ligado ao conceito de capital humano, que convenientemente se deve recordar para os fins deste texto, uma vez que nele encontra-se parte dos fundamentos da noção de capital cultural de Throsby e, também, dos conceitos relacionados às ideias sobre competências, encontradas na literatura econômica sobre a era do conhecimento.

A chamada teoria do capital humano (TCH) foi inicialmente elaborada no princípio da década de 1960 por Theodore Schultz[8]. Dessa teoria, cabe destacar alguns elementos cruciais para as ideias que sobrevêm aos debates atuais atinentes à economia da cultura e à economia criativa. Na perspectiva de Schultz (1961), o conhecimento é visto como um recurso produtivo – ou, para usar o jargão econômico, como fator de produção. É um capital intangível, incorporado no trabalhador.

É imprescindível que se reconheça essa perspectiva teórica, em que a incorporação de capital (na forma específica de conhecimento) pelo trabalhador implica que ele também é "apropriador" de capital, perdendo sentido o antagonismo entre classes: "Os trabalhadores transformaram-se em capitalistas, não pela difusão da propriedade das ações da empresa [...], mas pela aquisição de conhecimentos e de capacidades que têm valor econômico" (Schultz, 1973, p. 35).

Do ponto de vista das nações, pobreza e perda de competitividade encontram explicação na falta de investimentos no sistema educacional e na falta de sentido de oportunidade na relação entre educação e economia.

Trata-se de uma elaboração teórica que se distingue do tratamento dado até então à educação. Como se sabe, nos marcos da *welfare economics*, os serviços educacionais apresentam características de bens públicos e também externalidades positivas, sendo vistos, portanto, sob a óptica das falhas de mercado. A derivação de *policy*, na perspectiva da teoria econômica, justifica o oferecimento desses serviços pelo setor público.

Becker (1964) retoma as contribuições de Schultz sobre o capital humano, argumentando ser o nível de investimento em educação uma escolha racional do indivíduo que ponderaria custos (incluindo aqui não apenas os efetivamente incorridos na aquisição da educação, como o valor atualizado de mensalidades do ensino privado superior, mas também os custos de oportunidade – relacionados aos ganhos que o educando deixaria de usufruir enquanto frequenta os bancos universitários, por não estar inserido no mercado de trabalho) e benefícios da educação (incluindo aqui não apenas os retornos do investimento – salários mais elevados no futuro, em uma carreira que exija maior qualificação –, mas também os ganhos em seus aspectos culturais).

Por ser a TCH basilar na visão do capital cultural, é interessante conhecer algumas críticas que se têm feito à primeira. Ao lado dos já mencionados pressupostos sobre individualismo e racionalidade, há pelo menos dois tipos de críticas que importaria recuperar aqui.

De um lado, a TCH condena o indivíduo por seu insucesso no mundo do trabalho. Reconhecendo na educação a forma privilegiada de obtenção de qualificação, habilidades e recursos para o sucesso profissional, e considerando responsabilidade do indivíduo (e não do Estado) a aquisição de um nível adequado de educação, a TCH tende a culpar o indivíduo pelo seu fracasso. Por ser preguiçoso demais ou insuficientemente brilhante, ele não se qualificaria para encontrar um bom emprego. Fatores socioeconômicos e culturais, como um ciclo vicioso de pobreza, baixa qualificação e precariedade no emprego, ou preconceitos étnicos e de gênero ficam ausentes e sem valor explicativo dentro dessa abordagem.

De outro, a TCH atribui uma perspectiva produtivista e mercantil à escolaridade: é ela que determina a renda individual no futuro e o aumento da produtividade econômica em uma sociedade. Dessa forma, suas derivações normativas subordinam as políticas educacionais à lógica de mercado.

1.3. Richard Musgrave e os bens de mérito: justificativas para o financiamento público

O financiamento público à arte e à cultura encontra também, em seus fundamentos econômicos, o argumento dos chamados "bens de mérito". O termo "*merit wants*" foi cunhado pelo economista Richard A. Musgrave, professor emérito da Harvard University e fundador, em 1957, do campo moderno das finanças públicas. Seu livro *The Theory of Public Finance*, de 1959, apresenta sua visão sobre bens de mérito. Os exemplos de Musgrave para eles incluem refeições gratuitas ou com preços baixos em escolas, habitações subsidiadas para populações de baixa renda e educação pública gratuita. Correspondentemente, entre os bens de demérito ele inclui o álcool e o tabaco, cujo consumo deveria ser desencorajado com a aplicação de taxas elevadas.

A semelhança evocada pelos exemplos entre os bens de mérito e os bens públicos é esclarecida pelo autor ao asseverar que, embora ambos possam ser oferecidos por meio do orçamento público, os "bens públicos pertencem ao domínio da soberania do consumidor, ao passo que os bens de mérito, por sua própria natureza, envolvem a interferência nas preferências do consumidor" (Musgrave, *ibid.*, p. 13).

A distinção é fundamental. Acerca das preferências do consumidor, a teoria econômica convencional tem não apenas um elegante tratamento lógico-matemático que subjaz a toda constituição da teoria da demanda, mas também certo zelo respeitoso expresso na forma da noção da soberania dele. Ou seja, o consumidor é livre e soberano em suas escolhas. Ele "sabe" o que quer e distingue perfeitamente aquilo que é "bom para si mesmo". Ora, a noção de bens (ou serviços) de mérito pressupõe que o consumidor pode muito bem ser alheio àquilo que é bom. Não é demais notar aqui que a perspectiva de bem-estar social subjacente ao conceito significa que o indivíduo não é visto apenas em sua dimensão de consumidor, mas também como cidadão. O Estado, benevolente, "saberia" o que é melhor para o cidadão e cuidaria para que ele pudesse dispor de certos bens e serviços cuja oferta seria – e nesse aspecto existe mais uma semelhança com o que ocorre com os bens públicos – insuficiente ou inexistente. Assim, o Estado reconheceria que o consumo/usufruto de certos bens ou serviços seria essencialmente desejável, edificante ou socialmente valioso, independentemente dos desejos ou das preferências do próprio consumidor.

No caso de tais bens ou serviços, considera-se, portanto, que a livre escolha do consumidor seria inadequada e que, se deixados por sua conta, muitos deles não estariam dispostos a adquiri-los ou a fazê-lo em quantidades "adequadas". Diante disso, eles deveriam ser encorajados ou mesmo compelidos a consumi-los.

Tais argumentos são frequentemente utilizados em um esforço para justificar a intervenção do Estado no mercado para fornecer os alegados bens de mérito, seja por meio da oferta pública direta do bem, sem nenhum custo para o consumidor, seja por meio de provedores privados subsidiados pelo Estado, que venderiam esses bens/serviços por valores abaixo de seu custo de produção.

Entre os exemplos típicos de bens de mérito estão várias formas de "cultura superior", como ópera, balé e museus, assim como documentários edificantes, *talk shows* e programas educativos em emissoras públicas de televisão.

Antes que se interponham críticas à visão de Musgrave pela sua preconização de interferência na "intocável" soberania do consumidor, em especial em alguns círculos da mídia, da publicidade, do marketing e mesmo da política, é preciso recuperar três justificativas arroladas pelo autor para a oferta pública ou subsidiada dos chamados bens de mérito.

Em primeiro lugar, ele argumenta que em muitos casos as elites, mais bem informadas, podem impor escolhas particulares em uma sociedade. Um exemplo seriam as decisões sobre educação: a pais com menor nível educacional pode faltar conhecimento para tomar uma decisão acertada; caberia, portanto, a interferência do Estado, oferecendo o serviço público gratuito e exigindo a obrigatoriedade da frequência. Em segundo lugar, o autor se refere aos casos de informação incompleta, que distorceriam a estrutura de preferências individuais e, portanto, precisariam ser corrigidas (Musgrave, *ibid.*, p. 14). Vê-se, portanto, nesses dois primeiros casos, a necessidade de corrigir o sistema de preferências individuais, que estariam distorcidos seja pela prevalência de preferências alheias (da elite), seja pela presença de informações assimétricas. Em terceiro lugar, Musgrave justifica a interferência do Estado nas preferências individuais pela ideia de "redistribuição em espécie", na qual uma doação de recursos deve estar condicionada ao dispêndio em determinada rubrica de consumo. Por exemplo, um vale ou bônus cuja utilização deve ser direcionada necessariamente a uma despesa específica, como é o caso do vale-cultura no Brasil.

1.4. Algumas observações sobre as obras seminais

A abordagem econômica – aplicada aqui, especificamente, aos campos da arte e da cultura – é caracterizada pelos cinco supostos a seguir:

I. Os indivíduos (e não os grupos, o Estado ou a sociedade) são os agentes da ação (individualismo metodológico) – o que não significa que eles agem isoladamente, mas que suas ações se influenciam reciprocamente.

II. O comportamento depende tanto das preferências individuais quanto dos recursos (renda), do tempo e das normas às quais o indivíduo é sujeito.

III. Como regra, os indivíduos buscam seu próprio interesse, sendo seu comportamento ainda sujeito a incentivos.

IV. As mudanças comportamentais podem ser atribuídas a alterações nas restrições externas (rendas, normas).

V. Instituições, normas, tradições e regras moldam o ambiente em que os indivíduos atuam.

2. A NOVA ECONOMIA DA CULTURA

A partir do início dos anos 2000, é possível perceber uma inflexão de alguns centros acadêmicos e pesquisadores para a produção em economia da cultura. Destaca-se nesse período o papel de David Throsby (Macquarie University, na Austrália), Bruno Frey (University of Zurich, na Suíça), Françoise Benhamou (Université

Sorbonne Nouvelle – Paris III, na França), Arjo Klamer e Ruth Towse (ambos da Erasmus Universiteit Rotterdam, na Holanda), Tyler Cowen (George Mason University, nos Estados Unidos) e James Heilbrun e Charles Gray (National Endowment for the Arts, EUA). O quadro a seguir apresenta uma breve revisão da produção literária desses autores que pode ser considerada fundamental, em termos de massa crítica, para uma inflexão contemporânea ao tema:

Quadro 1: A nova economia da cultura: principais autores e obras

Autor	Instituição	Obras de referência
David Throsby	Macquarie University	*Economics and Culture*, Nova York: Cambridge University Press, 2001.
Bruno Frey	University of Zurich	*La economía del arte*, Colección Estudios Económicos, Barcelona: La Caixa, 2005.
Françoise Benhamou	Université Sorbonne Nouvelle – Paris III	*A economia da cultura*, Cotia: Ateliê Editorial, 2007.
Arjo Klamer	Erasmus Universiteit Rotterdam	*The Value of Culture: on the Relationship between Economics and Arts*, Amsterdã: Amsterdam University Press, 1996.
Ruth Towse	Erasmus Universiteit Rotterdam	*A Textbook of Cultural Economics*, Nova York: Cambridge University Press, 2010.
Tyler Cowen	George Mason University	*In Praise of Commercial Culture*, Cambridge: Harvard University Press, 2000.
James Heilbrun; Charles Gray	National Endowment for the Arts	*The Economics of Art and Culture*, Nova York: Cambridge University Press, 2001.

Fonte: Elaboração própria.

A tônica das obras em questão permite identificar alguns tópicos de maior relevância, chamando a atenção para uma abordagem mais abrangente do ponto de vista teórico, que aqui dividimos em três grupos para fins de organização do texto: a) a delimitação do conceito de cultura na perspectiva da economia da cultura; b) os instrumentos econômicos tradicionais aplicados no tratamento dos bens e valores culturais; e c) os subsídios para políticas públicas ou economia das políticas culturais.

2.1. Cultura, valor econômico e valor cultural na perspectiva da economia da cultura

Um dos pontos fundamentais da construção teórica de David Throsby (2001) está na definição instrumental de cultura, conceito amplo que requer opções metodológicas para ser instrumentalizado. O sentido original de cultura reporta-se ao trabalho na terra; já no começo do século XIX, a palavra foi usada de uma maneira mais genérica para designar o desenvolvimento intelectual e espiritual de uma sociedade. Throsby apresenta o termo usando duas definições:

a) Na primeira, cultura é definida por "um amplo espectro antropológico ou sociológico acionado para descrever um conjunto de atividades, crenças, convenções, costumes, valores e práticas comuns ou compartilhadas por qualquer grupo". Diante dessa descrição, uma função das diversas manifestações culturais seria estabelecer uma identidade distintiva a determinados grupos, atuando como uma ferramenta de diferenciação.

b) Na segunda, cultura aparece como as atividades dos agentes econômicos e os produtos dessas atividades – desde que elas estejam vinculadas ao meio intelectual, moral ou artístico. Assim, segundo Throsby (2001, p. 18): "cultura nesse sentido relaciona as atividades que levam ao esclarecimento e à educação da mente, mais que a aquisição de destrezas puramente técnicas e vocacionais".

Para melhor precisar essa segunda definição, o autor assevera haver três condições que devem coexistir em uma atividade para que ela possa ser considerada cultural. São elas: 1) implicar algum tipo de criatividade e produção; 2) fazer referência à generalização ou à comunicação; e 3) seu produto representar uma forma, pelo menos em potencial, de propriedade intelectual. Throsby chama a atenção para o uso corrente do termo na economia da cultura mais como adjetivo que como substantivo (bens culturais, indústrias culturais, setor cultural), assumindo esse uso como uma definição funcional: determinadas atividades (e seus respectivos produtos – bens e/ou serviços) que são empreendidas pelos agentes econômicos e estão associadas aos aspectos intelectuais, morais e artísticos da vida em sociedade. As duas definições de cultura apresentadas pelo autor não são excludentes e, em muitos casos, podem até se sobrepor.

Bruno Frey (2000) também se ocupa da dimensão conceitual de cultura, apresentando algumas considerações sobre o conceito de arte. Em primeiro lugar, o autor classifica como arte aquilo que é definido particularmente pelos indivíduos que conferem valor a um tipo de manifestação e não pelas análises exógenas feitas pelos críticos. Em segundo lugar, acredita não existir arte inferior ou superior, e grande parte de seu argumento "*de gustibus non est disputandum*" reside na consideração de que aquilo que se aprecia como manifestação artística varia em relação ao contexto histórico e muda ao longo do tempo, sendo o valor cultural um conceito dinâmico por natureza. Em terceiro lugar, lembra que as instituições interferem na construção do conceito de arte a partir de aspectos sociais do consumo fundamentados pelas chancelas simbólicas.

Outro aspecto sobre a definição da cultura que aparece em ambos os autores é se o valor cultural deve ser tratado como um bem de valor intrínseco e estático ou como um processo. A cultura como bem material (estoque) ou patrimônio material é de mais fácil identificação, tendo em vista que incorpora uma série de características e atividades dos grupos sociais. Por outro lado, analisando-a como um processo (fluxo), surgem relações de poder entre os grupos distintos, sendo possível observar uma hierarquização entre as culturas, com caráter de dominação. Throsby sintetiza bem a questão, tratando a cultura (na condição de valor) como fluxo, heterogêneo por natureza, que tende a se converter em estoques. Assim, o inventário cultural da sociedade é instável, dinâmico e resulta de complexos processos culturais e relações de poder que contribuem para a materialização de bens tratados como culturais.

Uma discussão sobre valor econômico e capital cultural

A conexão com os ramos da teoria do valor da ciência econômica é ponto crucial para a economia da cultura. Para Throsby, o valor econômico da cultura é um fenômeno socialmente estabelecido que deve levar em conta cadeias de valoração dadas por diversos elementos. Alguns deles são: a) valor estético: buscando propriedades que promovam a agregação de valor que impacta nos preços considerados; b) valor espiritual: associado a signos de diferenciação de bens pela atribuição de valores religiosos; c) valor social: sentimentos de conexão, pertencimento, identidade e lugar antropológico; d) valor histórico: ligações históricas e valores que refletem condições de vida e transferência simbólica intertemporal; e) valor simbólico: obras de arte como repositórios de significados para além da vida material; e f) valor de autenticidade: a originalidade impactando na valoração da obra. Dessa forma, a valorização de um bem ou serviço cultural não pode excluir o contexto social, já que o indíviduo faz suas escolhas sob influência do meio em que vive.

Throsby refere-se ao capital cultural como intangível ou tangível. Na categoria de herança cultural tangível registram-se bens como prédios e obras de arte, por exemplo. O capital cultural na forma de bens tangíveis tem características criadas por atividades humanas e sobrevive por certo tempo. Sem a adequada manutenção, pode ser arruinado ou perder sua importância como forma material específica de identificação. Já o capital cultural na forma intangível diz respeito ao capital intelectual, isto é, a ideias, práticas, crenças e valores compartilhados por um grupo. Essa categoria também pode deteriorar caso não receba manutenção apropriada. Por sua vez, assim como o capital cultural na forma tangível, pode ter seu valor expandido por meio de investimentos ao longo do tempo. Instituições compõem uma parte importante dessa forma de capital, pois mostram a tentativa de unir certas características e ideias comuns a um grupo que necessita de uma estrutura organizacional para se manter operante de maneira constante.

O valor para a economia é tratado pelo *mainstream* como a expressão da disposição de sacrifício dos agentes para alcançar o bem-estar individual – trata-se do valor-utilidade. O aludido sacrifício tem por referência parâmetros monetários que, submetidos a uma ordenação lógica de preferências, determinam a própria escala de valores individuais como atributo que confere aos bens materiais a condição de detentores de um mercado constituído. Assim se moldam as bases da teoria do valor-utilidade que, todavia, tem poder explicativo pouco eficiente para compreender a valoração produzida pelos bens culturais em sentido amplo, particularmente por causa da necessidade de levar em conta aspectos não monetários e não quantitativos associados à percepção individual na consecução desse valor.

Quando tratamos de valor econômico em um contexto mais amplo, observamos que, historicamente, a teoria do valor-trabalho foca sua atenção nos aspectos sociais da produção e troca de mercadorias, enquanto a teoria do valor-utilidade, por sua vez, concentra-se nos aspectos individuais da troca. No fim do século XIX, a chamada Revolução Marginalista nas ciências econômicas substituiu as teorias do valor baseadas nos custos de produção pelo modelo de comportamento econômico fundamentado nas utilidades individuais (valor-utilidade). A utilidade individual corresponde ao conceito criado pelo filósofo britânico Jeremy Bentham (1843) e se refere às propriedades intrínsecas de uma mercadoria que geram benefícios, valores pessoais, prazer e felicidade; tal conceito foi aprofundado pelo autor para a noção de prazer associado com o ato de consumir determinada mercadoria.

No caso da economia da cultura, a condição que o marginalismo estabelece para a execução do modelo de valor tem por base a clara definição das preferências individuais, no sentido de que os agentes têm preferências bem definidas e intenções de consumo preestabelecidas. A origem do desejo (se biológica, cultural, psicológica ou espiritual) não é objeto de análise para essa escola marginalista, o que restringe os mecanismos de compreensão do valor econômico de bens culturais, tendo em vista que esse elemento tem forte relevância na sua definição. Partindo dessa suposição sobre a natureza da ordem de preferências, associada à hipótese de que a utilidade marginal é decrescente (diminui conforme aumenta o consumo de um bem, segundo o princípio da saciabilidade), é construída a derivação de uma teoria de demanda empiricamente comprovável, estabelecendo um modelo de determinação de preços nos mercados competitivos.

Há uma clara necessidade de avançar os pressupostos a serem considerados para essa abordagem dos bens culturais, em especial o fato de o valor, nesse caso, ser um fenômeno socialmente estabelecido que sofre influência do valor simbólico e não monetário; logo, sua determinação não pode estar descolada do contexto sociocultural em que se dá esse processo. Além disso, ainda que a opção metodológica seja não se afastar do *mainstream* econômico, para compreender a valoração de bens e equipamentos culturais há um caminho inequívoco de associar ao valor proveniente da disposição de sacrifício a existência de externalidades[9], a constituição de bens públicos[10], a formação de bens de mérito[11], meios de acumulação de capital simbólico e construção de parâmetros institucionais de valoração de práticas culturais, que poderão contribuir para essa compreensão indo além dos aspectos monetários.

No campo de identificação do valor proveniente do setor cultural, Klamer (2003) promove avanços significativos, verificando quatro formas de interpretação acerca do valor cultural. A primeira delas é a forma tradicional como os economistas se aproximam dos estudos de economia da cultura objetivando aferir o valor econômico das atividades culturais. Nesse aspecto estão contemplados os estudos dos rendimentos amplos fruto do investimento em bens culturais, os estudos de demanda (elasticidades, preferências) e os impactos econômicos de ações privadas e da ação estatal.

Em uma segunda forma, o valor cultural é reconhecido pela reunião de aspectos sociais e culturais, tais como os de identidade e pertencimento, que reforçam argumentos favoráveis às subvenções públicas à cultura para contemplar desenvolvimento social, estando ligado às abordagens antropológicas (caso observe a formação do valor em dada sociedade em certo momento histórico), etnográficas (quando o associamos à interpretação de como os agentes representativos do mercado cultural o compreendem e reproduzem) e conceituais (quando são sopesados os distintos significados do valor e suas interações). Para Klamer (2003, p. 774), em economia, "Os pesquisadores, além de se perguntarem quais valores são aplicados à arte e como isso é feito, podem se indagar sobre a forma como eles surgem e por quais meios são criados, consolidados, analisados e valorizados."

Já a terceira forma de observar o valor cultural encontra respaldo na cultura associada a crenças, tradições e valores compartilhados que distinguem um grupo de indivíduos de outro (países, organizações, grupos étnicos). Nesse caso, o valor econômico da cultura é exatamente o produto econômico desses valores compartilhados[12]. Para Klamer (*ibid.*, p. 775):

> Segundo a famosa teoria do sociólogo Max Weber, a cultura calvinista pode ter contribuído para o desenvolvimento do capitalismo e o crescimento econômico que o seguiu. Determinada cultura é capaz de melhorar ou piorar o rendimento econômico. Uma cultura de desconfiança dificulta seriamente o processo do mercado. Uma cultura de consenso, como a que existe no Japão ou na Holanda, promove iniciativas empresariais, e em épocas de crise também é responsável pela estabilidade.

A quarta forma de abordagem do valor cultural oferece subsídios à proposta de constituição do campo em economia da cultura: trata-se de uma leitura compartilhada dos três aspectos anteriores, esgarçando os limites da teoria econômica tradicional, conforme considera Klamer (*ibid.*, p. 776), "'a cultura' pode ter um sentido artístico ou antropológico, e 'o valor' pode se referir tanto ao valor econômico quanto aos valores social e cultural".

O caminho para essa nova abordagem deve ser trilhado seguindo as peculiaridades do mundo da arte e não simplesmente aplicando instrumentos da teoria econômica *ceteris paribus* aos fenômenos artísticos. Nesse sentido, a racionalidade econômica implícita no consumo social pertence ao mesmo plano teórico das formas de consumo associadas a elementos simbólicos, tais como o consumo cultural e práticas econômicas que demarcam mecanismos de interação social tipificados quanto ao que aqui tratamos como capital cultural.

2.2. Instrumentos econômicos e *rationale* tradicionais aplicados no tratamento dos bens e valores culturais

Essa abordagem reúne estudos elaborados, em geral, a partir de duas perspectivas: de um lado, a da microeconomia tradicional e seus desdobramentos mais recentes (como a análise de mercados incompletos e a teoria dos jogos); de outro, a perspectiva dos estudos industriais, em especial os de recorte setorial e os voltados às cadeias produtivas.

Na perspectiva da microeconomia tradicional, os estudos levam em conta o comportamento substantivamente racional dos agentes no que toca tanto à sua capacidade de maximização da utilidade[13] quanto à sua possibilidade de maximizar o lucro, tendo em vista suas possibilidades técnicas de produção, que lhe impõem determinada estrutura de custos. A *rationale* microeconômica que dá subsídios aos estudos de economia da cultura a partir dessa perspectiva tem como referência o modelo de concorrência perfeita, particularmente em sua construção de equilíbrio geral competitivo, com relação ao qual é oferecida, como explicação para ineficiências, a presença de falhas de mercado: formas de poder de mercado (monopólio, oligopólio, oligopsônio), informações assimétricas, bens públicos e externalidades. Essa perspectiva ainda contempla estudos com respeito à teoria da firma ligados à dimensão de organização da produção.

Na perspectiva dos estudos industriais, destacam-se algumas análises de cadeias produtivas, modelos de negócios e multiplicadores, em particular associadas a demandas setoriais e técnicas específicas. No contexto atual de estudos acadêmicos sobre a economia da cultura, a abordagem neoclássica predomina, com análises de comportamento pela óptica do utilitarismo e da microeconomia (exames de utilidades individuais sob a perspectiva do consumo, externalidades e valoração contingente). Os estudos sobre cadeias produtivas são significativamente menos comuns. Além disso, ainda se verificam algumas pesquisas sobre impactos econômicos das atividades artísticas e culturais. Os autores mais representativos da perspectiva dominante, com publicações recentes sobre o tema, são: Tyler Cowen[14], da George Mason University, de Washington, D.C.; James Heilbrun e Charles Gray[15], da University of St. Thomas, de Saint Paul, Minnesota; e Victor Ginsburgh[16].

As duas principais questões que aparecem na análise desses autores são: muitos dos bens culturais não são transacionados no mercado como bens comuns; não existe multiplicidade de agentes detentores de informação completa, de forma que o preço e a quantidade transacionados não são os de equilíbrio, ocorrendo distorções ou falhas de mercado que merecem cuidado na análise de um investimento cultural. A análise da economia da cultura para a abordagem neoclássica acaba por tratar, portanto, particularmente das falhas de mercado[17]. Entre essas falhas, podem ser citadas as situações de monopólio, a existência de externalidades não computadas no processo e a assimetria da informação, que acaba por distorcer a racionalidade pressuposta do processo de escolha econômica[18].

Heilbrun e Gray (2001) sustentam que as externalidades são fenômenos de interdependência dos agentes econômicos que se dão fora do mercado, de maneira que atividades de uma empresa ou indivíduo afetam outras empresas ou indivíduos sem que nenhuma compensação seja paga. Externalidades são normais, ocorrem quando lidamos com bens públicos, e o caso dos bens culturais é um bom exemplo disso. Tipicamente, bens públicos são não rivais (ou seja, seu consumo por um agente não impede que sejam consumidos por outro agente) e não excludentes (não é possível impedir que um agente os consuma sem pagar por isso). Entre os bens públicos, destacam-se, por exemplo, a saúde pública, a defesa nacional e a segurança pública. Também tipicamente esses bens devem, segundo a abordagem dominante, ser oferecidos pelo Estado ou pela iniciativa privada subsidiada. No caso de investimentos em cultura, isso ocorre de forma frequente, tanto que empresas privadas se beneficiam do suporte financeiro dado pelo Estado na hora de financiar seus projetos ou obtêm outros retornos, como a associação da sua imagem com determinado investimento cultural que acaba por lhes garantir algum benefício futuro não compensado para o Estado.

Os autores mostram, em um estudo comparativo, que a demanda por arte e outros bens culturais depende muito da educação e não tanto da renda do indivíduo. À medida que aumenta a educação do agente, sua demanda por arte também aumentará, fomentando uma área que tem capacidade de gerar empregos e renda, mas não se desenvolve justamente pela falta de mercado consumidor. A demanda por arte e cultura, como bens a serem consumidos, exige certo acúmulo de conhecimento ou gosto[19].

Nesse sentido, um estudo representativo é o trabalho empírico de Garboua e Montmarquette (1996), *apud* Blaug (2001), sobre a demanda por teatro na França, que inclui uma gama de variáveis como renda, preço, qualidade da apresentação, experiências passadas em teatro, conhecimentos gerais e mais uma lista de características socioeconômicas referente à arte. Tanto o resultado obtido quanto os próprios meios de operação nos mostram o quão complexo deve ser o estudo dos mercados de arte, que não se encontram somente no patamar do preço-oferta-demanda. A análise do preço da arte é ainda mais complexa do que a da demanda porque muitas das organizações que a ofertam não buscam lucros – não raro, disponibilizam o bem cultural de graça – e seus objetivos são múltiplos e não estritamente econômicos (se o conceito econômico incorporar o pressuposto de lucro e racionalidade). Assim, a questão da transferência intergeracional do valor cultural depende fortemente de um aumento de capital humano, que possibilita o desenvolvimento de um mercado consumidor para a assimilação da maior oferta de longo prazo desses bens. Além de aumentar a renda pessoal em elevado grau, a ampliação do capital humano pode criar um efeito multiplicador sobre a demanda por arte, transferindo parte desse ativo gerado para a forma de capital cultural.

David Throsby se aproxima da economia da cultura depois de seu trabalho com Glenn Withers *The Economics of the Performing Arts*, de 1979. Nele há uma clara retomada da questão de Baumol e Bowen (1966), que, como apresentado no tópico anterior, explicavam a diferença da produtividade na fabricação das artes performáticas com relação à produtividade média da economia em geral e expunham as justificativas teóricas para a inversão de recursos públicos no setor cultural. A retomada da contribuição teórica de Baumol e Bowen por Throsby e Withers sugere os elementos para a elaboração de um trabalho aplicado em 1983, quando os autores lançam mão de um estudo mediante o método de valoração contingente para identificar a disposição a pagar na forma de taxas e impostos voltados ao incentivo a atividades artísticas na Austrália.

Em que pese essa primeira inflexão mais formal, a produção de Throsby (2001, 2003) a respeito da dimensão do valor da arte e da cultura indica que os caminhos para sua compreensão vão além da aferição do valor econômico a partir de técnicas tradicionais. Por exemplo, o autor aponta limites da capacidade do método de valoração contingente em definir o valor da arte e da cultura a partir, de um lado, da hipótese da existência de um valor absoluto ou intrínseco da arte e da cultura e, de outro, da ideia de que o valor é socialmente construído.

Bruno Frey (2000) considera que a abordagem da economia da cultura requer uma nova forma de interdisciplinaridade, ultrapassando a simples combinação de enfoques distintos, qual seja: a aplicação do mesmo método analítico a diversas disciplinas. Nesse caso específico, o método de estudo do comportamento humano nas práticas culturais deveria demarcar, de maneira clara, o que forma as preferências e quais as restrições e motivações impostas no que toca as instituições sociais, preços, tempo disponível. Esse enfoque, para o autor, permitiria ações tanto no campo da economia política quanto fora dele. A metodologia da escolha racional, nesse caso, estaria condicionada a quatro eixos fundamentais:

a) Indivíduos, organizações, Estado e sociedade são as unidades de análise, considerando que não se trata de células isoladas, mas com influências mútuas constantes.

b) O comportamento depende das preferências individuais, com todas as limitações advindas das influências em (a).

c) Os indivíduos, via de regra, perseguem seus próprios objetivos, a partir de incentivos e expectativas.

d) As mudanças no comportamento são atribuídas, em grande parte, a mudanças nas limitações e restrições.

A esses eixos pode ser acrescido um elemento estruturante do enfoque econômico para a cultura: as instituições que determinam o comportamento no meio em que se desenvolvem as atividades dos indivíduos. São elas: o sistema de participação e decisões democráticas, normas, tradições, regras formais e informais, assim como as organizações que fazem restrições ao comportamento humano.

2.3. A economia das políticas culturais heterogêneas: indústrias culturais e bens com menor poder de mercado

Assim como há um setor da economia da cultura associado à produção de valor imaterial, com dimensões qualitativas (e também de formação de valor simbólico), evidencia-se outro setor dinâmico, com produção em escala industrial e focado na reprodutibilidade como centro dinâmico da geração de renda. Ressalte-se que distintas análises consideram que há perda de valor cultural[20] quando da reprodução de um bem cultural deslocado de seu meio de origem. Contudo, segundo Benhamou (2007), a assertiva que a reprodução de arte em larga escala também provoca sua desvalorização é falsa, já que as indústrias culturais se utilizam da originalidade para gerar valor nas obras múltiplas; por exemplo, o talento dos atores envolvidos em um filme, ainda que reproduzido em escala industrial, imprime valor à obra.

A indústria cultural – tratada pela autora como produção de livros, filmes, discos – apresenta várias peculiaridades que são traduzidas em uma multiplicidade de produtos ofertados. É um mercado pouco previsível, que pode apresentar maior ou menor grau de concentração e se beneficiar de políticas protecionistas. De um lado, grupos se organizam em torno de alianças internacionais para melhor dominar mercados; de outro, surgem pequenas empresas e estruturas verticalmente desintegradas (Christopherson e Storper, 1986, *apud* Benhamou, 2007). Essas empresas são organizações flexíveis que prestam serviços a outras. Também são criados novos vínculos internos de integração intrassetorial: o sucesso de um filme pode estimular a venda do livro do qual foi adaptado, assim como incentivar a venda do disco que contém sua trilha sonora. Além disso, essas indústrias criam forte vínculo com a televisão, que funciona como mercado final e como promoção intermediária. Esses elementos contribuem para a construção de novos canais de difusão de produto e a constituição do mercado de bens culturais.

A diversidade da oferta das indústrias culturais pode provocar incerteza sobre a qualidade dos bens no mercado, ainda mais pelo fato de eles serem bens de experiência – cuja qualidade não é previamente percebida pelo consumidor. Assim, ele tende a se dirigir àqueles bens de venda garantida, ou seja, que apresentam algum título ou artista importante; a concentração do consumo é densa, ao passo que a oferta é ampla: dos 506 longas-metragens projetados na França em 2001, trinta concentraram mais de 50% do público, e uma centena atraiu 80% dos espectadores (CNC, *apud* Benhamou, 2007). Os críticos de arte, assim como a mídia e a própria escola, são formadores da opinião que determinará o consumo; o consumidor é tão mais suscetível aos impactos da mídia e dos críticos quanto mais limitados forem seus meios de informação e mais alto for o número de ofertas.

Grandes indústrias culturais não poupam gastos para produzir seus filmes e discos; é possível que, antes mesmo da produção de um filme, já se tenha desenhado um sólido plano promocional que preveja a multiplicação de seu consumo. De acordo com Benhamou, muitas vezes essas estratégias com finalidade de minimizar riscos acabam por aumentar demais os investimentos e, paradoxalmente, os próprios riscos que se pretendia diminuir. Ainda que se contratem artistas famosos em busca da minimização desse risco, a lucratividade dos filmes não estará garantida. A autora considera que a busca constante por lucros, principalmente no setor audiovisual, gera duas características negativas. A primeira é que esse sucesso fácil leva a um esquecimento quase que programado, ou seja, a rotatividade dos filmes em cartaz é muito rápida. A segunda é que ocorre uma padronização dos produtos; o produtor que buscar reduzir o risco é tentado a recorrer às celebridades e aos autores famosos do momento, porém a demanda fica sufocada com o excesso de padronização do produto (Bonnell, 1989, *apud* Benhamou, 2007). A padronização e a inovação como únicas fontes de redução do risco e dos custos de informação refletem-se no caráter dicotômico das estruturas de oferta, em que coexistem pequenas unidades e grupos que mantêm relações ao mesmo tempo conflitantes e complementares.

As estratégias que buscam solucionar os problemas inevitáveis do risco e da incerteza podem restringir a criatividade nas indústrias culturais. A heterogeneidade setorial explicada por Benhamou, com apoio em conhecimentos prévios em economia da cultura, conta, portanto, de um lado, com um segmento de caráter industrial e, de outro, com um segmento inelástico ao avanço tecnológico e de atividades econômicas menos complexas (performances individuais, atividades manufatureiras etc.), o que impõe a necessidade do estabelecimento de políticas públicas que contemplem essas duas dimensões no mercado cultural.

A Unesco definiu, em uma conferência sobre cultura em Paris[21], políticas públicas para a cultura como

> [um] conjunto de princípios operacionais, práticas sociais conscientes e deliberativas e procedimentos de gestão administrativa

> e prevista de intervenção ou não que devem servir de base para a ação do Estado no que tange à satisfação de certas necessidades culturais mediante o emprego ideal de recursos materiais e humanos de que a sociedade dispõe em dado momento.

Em um sentido mais amplo, de acordo com Raussel (2007), uma política cultural seria toda ação, feita por agentes públicos ou privados, que tem incidência sobre o universo simbólico de um grupo social, abrangendo, então, políticas educacionais, linguísticas, de informação, de comunicação, de turismo e industriais (se esta é orientada para um setor cultural, como o audiovisual ou o fonográfico).

Ao tratar de publicações sobre economia da cultura, encontramos, já na obra de Baumol e Bowen (1966), elementos embasadores de políticas públicas no setor cultural. Na perspectiva dos autores, a complexidade do mercado cultural foge muito do perfil competitivo, apresentando tendências ao monopólio e agentes com informações distintas. A presença de agentes fomentadores não seria apenas um incentivo, mas quase uma questão de sobrevivência para as atividades culturais que sofrem da chamada "doença de custos de Baumol" no setor.

O tema das políticas culturais é recorrente quando se trata de economia da cultura, principalmente ao se buscar determinar qual seria o papel do Estado na subvenção da cultura e ao se procurar arranjos eficientes em termos de orçamento público. Em linhas gerais, o que se aciona para tanto é a necessidade de compreender os efeitos da cultura sobre a sociedade, inclusive para os não usuários diretos (pessoas sujeitas a externalidades positivas).

Esse enfoque, para os autores que buscam um alargamento do campo da análise da economia da cultura, não pode prescindir de uma relação com outras disciplinas correlatas que têm como objeto de estudo o mercado cultural, em especial a sociologia da cultura ou a história da arte. É perceptível que alguns autores – como nas obras já citadas de Frey e de Throsby – têm se esforçado para incorporar na análise alguns valores que, em princípio, aparecem como não econômicos, tais como os de pertencimento, escolha, educação, transferência entre gerações, práticas simbólicas e instituições.

A cultura tem um papel de grande relevância no desenvolvimento econômico de uma sociedade, pois descreve seu modo de pensar, bem como seus valores éticos e seus padrões de consumo. Os valores, as crenças, as tradições e os costumes de um grupo modelam as preferências dos indivíduos que o compõem e, portanto, alteram seu comportamento econômico. Mesmo o método neoclássico sendo útil para leituras relevantes, tais como o estudo dos aspectos monetários do mercado cultural e análises estatísticas, econométricas e de dimensões empíricas dedutivas da cultura, a visão de que esta influencia as atividades econômicas é considerada exógena para essa abordagem ortodoxa. Assim, tendo em conta que lidamos com um setor que é repleto de particularidades e tem um protagonismo de valores que escapam a essa leitura, não poderíamos estudar políticas públicas para a cultura por uma perspectiva puramente neoclássica.

A economia da cultura tem um caráter multidisciplinar e não deve ficar restrita somente a aspectos e instrumentos ligados a modelos econômicos. O Estado e as instituições políticas são protagonistas no âmbito cultural, dado o alto teor de subvenções fiscais diretas e indiretas, que são de certa forma o motor desse mercado. Essa esfera de ação burocrática tem poder inclusive sobre a eficiência e a distribuição existentes no setor, motivadas por grupos de pressão, objetivos eleitorais e privilégios normativos concedidos a formas específicas de arte. Isso revela a importância das instituições e de seus efeitos nos indivíduos e no campo da economia política da cultura, ainda pouco explorado. Nesse âmbito, o estudo das instituições é fundamental para compreendermos os mecanismos pelos quais as organizações se posicionam na esfera da produção e consumo de cultura, em particular os agentes privados, o Estado, os artistas e os consumidores, assim como os reflexos de suas ações em todo o meio social em que as práticas culturais se estabelecem.

Muitos autores justificam a atuação do Estado não só subvencionando a criação artística, mas também financiando atividades culturais e se responsabilizando pela administração de museus, teatros, salas de ópera, companhias de dança e orquestras. Frey (2001) retoma e articula algumas justificativas ou razões para a participação ativa do Estado como organizador do mercado de bens culturais.

Desde o início, o autor se refere à possibilidade de os indivíduos se beneficiarem da simples existência de bens culturais ainda que não os consumam no curto prazo (seja individualmente, seja legando valores às próximas gerações, o que supera o valor neoclássico com disposição de sacrifício presente), tendo em vista que esse valor (tratado pelo autor como valor de opção) não fornece sinalizações de demanda efetiva que se expressem na formação de um mercado. O Estado teria, então, o compromisso de conservar o maior número possível de determinadas manifestações artísticas que não encontram respaldo no mercado, uma vez que as preferências das gerações futuras não podem ser reduzidas às preferências da geração atual ou expressas por ela. Além disso, se não transferidas, as técnicas criativas podem se perder de forma irrecuperável.

Frey lembra, também, que há um valor de prestígio das instituições artísticas atribuído inclusive por não usuários, uma vez que elas refletem um sentimento de identidade nacional, de pertencimento e de valores culturais locais.

Tendo em vista as produções teóricas acadêmicas que visam sedimentar o campo de ações públicas e privadas para a cultura, são listadas, a seguir, algumas possibilidades de ação a partir desse campo que respondem a condições verificadas em escala de conjuntura mundial para o setor:

a) Organização industrial: há posições monopolistas muito consolidadas. O Estado e a burocracia desfrutam da condição, quase única, de mecenas. O mercado monopoliza a criação de poucas manifestações artísticas (raros produtos com alto volume de vendas e, mesmo assim, com preços distorcidos por subsídios).

b) Análise microeconômica: limitações típicas do modelo neoclássico, em particular dos pressupostos de racionalidade tradicionais. O desafio é como se apropriar de técnicas, tais como a análise econométrica, estudos de comportamento e a teoria da firma, incorporando as particularidades do mercado cultural no modelo de análise.

c) Economia do bem-estar: como introduzir a compensação "Kaldor-Hicks", ou seja, seguindo a distinção entre os "ótimos de Pareto" potenciais e reais, como determinar as perdas/ganhos de acesso a bens culturais e os parâmetros para estimar esse ponto. É preciso encontrar mecanismos para mensurar a taxa de rendimento social de longo prazo dos investimentos em cultura (os rendimentos internos que não são captados nos custos) em relação ao desconto social necessário a esses empreendimentos, a fim de determinar um desenho de políticas públicas que permita estimar e avaliar custos de oportunidade do investimento em cultura. Devem-se formular estudos de impacto econômico que abarcam diferentes padrões de distribuição, levando em conta aspectos de equidade para além do crescimento (critica-se a economia do bem-estar por superestimar a eficiência na equidade), e propor mecanismos para incorporar elementos de intervenção estatal que contemplem formas alternativas à tributação e subsídios e permitam novas soluções e arranjos no setor (apoio à formação de redes, apoios institucionais etc.).

d) Teoria macroeconômica: há uma tendência à superestimação de multiplicadores, em especial pela necessidade de, ao se calcular o multiplicador keynesiano, ter-se domínio sobre as características de matrizes de relações intersetoriais e extrassetoriais da cultura e de níveis de agregação do valor produzido.

e) Economia da regulação: o desafio nesse caso refere-se a produzir estudos e massa crítica a fim de determinar quais são os arranjos socialmente desejáveis em termos de marcos legais, custos de transação e organização social, refletidos em regras que se proponham a ordenar e compreender quais os elementos necessários para estruturar relações sociais de produção em um ambiente de transformação tecnológica.

Para que certa atividade cultural seja passível de políticas públicas, é imperativo reconhecer que ela crie um sentimento de pertencimento à maioria, havendo um consenso social que legitime tal ação pública. É indispensável, então, mapear todas as relações complexas entre os agentes e as instituições que se articulam no sistema cultural e, a partir daí, formular um diagnóstico que revele o funcionamento adequado da realidade social vinculada aos fenômenos culturais. É esse diagnóstico que vai disponibilizar ferramentas para elaborar um modelo justo de implementação de tais ações públicas, buscando uma distribuição dos bens culturais igualitária e acessível a todos.

3. VISÕES SOBRE CRIATIVIDADE: CONTRIBUIÇÕES SELECIONADAS E O DEBATE DE *POLICY*

> Nem todo pensamento econômico aplicado à cultura proporciona resultados interessantes. Às vezes trata-se apenas da aplicação de novos rótulos de terminologia econômica a observações já conhecidas. Acho que isso, por sorte, não tem ocorrido com frequência, certamente porque muitos economistas da arte não seguem os mesmos pontos de vista dos economistas tradicionais. É possível obter uma visão de novos e intrigantes problemas indo além das fronteiras estabelecidas e aventurando-se em um novo território metodológico (Frey, 2000, p. 19).

O ramo da ciência econômica que pode ser definido como economia da cultura toma corpo e se apresenta como um eficiente instrumento analítico em prol do deslinde de questões associadas aos efeitos econômicos (em sentido abrangente) da atividade cultural. Tal estudo está vinculado à compreensão da cultura com base em paradigmas quantitativos e qualitativos. Efeitos correlatos podem estar relacionados a geração de emprego e renda, investimentos, produção, balança comercial, gastos públicos e a efeitos e motivações mais abrangentes, como a criação de atividades com valor de mérito e cultural e externalidades positivas e também a estruturação eficiente da condição de bem público das manifestações culturais. Dessa forma, o setor da cultura amplia o cenário da análise econômica, agregando à lógica do valor de troca e suas variáveis a perspectiva do valor intrínseco, produzindo sentido que expande as relevantes variáveis quantitativas do setor.

Atualmente, a Unesco, em seu "Creative Economy Report", define economia da cultura como:

> [...] a aplicação de análises econômicas a todas as artes criativas e performáticas, ao patrimônio e a indústrias culturais, públicas ou privadas. Tem como foco a organização econômica do setor cultural e o comportamento dos seus produtores e consumidores, assim como dos governos. O campo inclui uma grande variedade de abordagens: economia ortodoxa ou heterodoxa, economia do bem-estar, neoclássica e institucional, além de políticas públicas (Unctad, 2010).

No mesmo relatório, a economia criativa é assim definida:

> A economia criativa é um conceito em evolução baseado em ativos criativos potencialmente geradores de desenvolvimento econômico. Ela estimula a geração de renda, criação de empregos e receitas de exportação, ao mesmo tempo que promove inclusão social, diversidade cultural e desenvolvimento humano. Engloba aspectos econômicos, sociais e culturais, relacionando-se com tecnologia, propriedade intelectual e turismo. É um conjunto de atividades econômicas baseadas no conhecimento com foco no desenvolvimento e em conexões entre os níveis macro e micro da economia global. Trata-se de uma opção viável de desenvolvimento, que exige respostas políticas inovadoras e multidisciplinares e ação interministerial. Em seu cerne estão as indústrias criativas (Unctad, 2010).

Essa distinção é crucial para definir metas e indicadores, sobretudo pela necessidade de demarcações setoriais, já que o setor criativo responde por um acúmulo muito representativo em termos de áreas contempladas (*knowledge-based economy*), as quais abrangem setores por vezes distantes das tradicionais áreas artísticas.

Assim, uma das mais importantes recomendações para os recortes analíticos aqui propostos é a definição de um objeto. O objeto da economia criativa acaba por incluir elementos que estão ligados à criatividade em sentido amplo, passando pela publicidade, por tecnologias de informação e comunicação (TICs) e até mesmo alguns ramos de evolução científica. Pode-se dizer então que, como campo de estudo, a economia da cultura corresponde à aplicação do instrumental analítico da economia (em suas diversas abordagens) ao setor cultural. E, como seus objetos de estudo, aparecem o setor produtivo de bens culturais de um modo geral e suas cadeias de produção de valor econômico, além dos elementos que estabelecem as cadeias de valor cultural para uma sociedade, o que não pode ser ignorado pela análise econômica.

Nesta seção, nosso objetivo é pôr em perspectiva as principais contribuições à criatividade, em suas manifestações contemporâneas de apoio às estratégias de intervenção pública em matéria de cultura. A *démarche* seguida compreende uma breve revisão de autores e suas maiores obras atinentes ao tema, procurando desvendar seus principais pressupostos e contribuições normativas. A seguir, é apresentado um sucinto retrospecto do debate de *policy* na matéria e, finalmente, são pontuados alguns aspectos críticos sobre as abordagens em análise.

3.1. Abordagens conceituais sobre criatividade no debate contemporâneo: contribuições selecionadas

Uma revisão dos tratamentos "mais acadêmicos" sobre criatividade que vêm dando suporte às discussões contemporâneas permite o reconhecimento de pelo menos quatro obras fundamentais que portam elementos conceituais e aplicados sobre os seguintes temas: indústrias criativas, cidade criativa, economia criativa e classe criativa. Essas obras são identificadas na linha do tempo apresentada a seguir.

Figura 1: Abordagens conceituais sobre criatividade: uma breve linha do tempo

Caves (2000) →	Landry (2000) →	Howkins (2001) →	Florida (2002)
• Indústrias criativas • Economista (Harvard)	• Cidade criativa • Economista (Johns Hopkins University)/ Consultoria de planejamento cultural	• Economia criativa • Executivo (HBO, Time Warner)	• Classe criativa • Planejamento urbano e gestão (University of Toronto)

Fonte: Elaboração própria.

Os itens a seguir trazem elementos que devem permitir ao leitor uma introdução a essas contribuições, cujo domínio é essencial para a compreensão do debate contemporâneo sobre o papel da criatividade no planejamento do desenvolvimento em várias de suas dimensões na atualidade.

1) Indústrias criativas segundo Richard Caves: um problema de contrato

Richard Caves, economista e professor da Harvard University, é reconhecido por suas contribuições na área de organização industrial, tanto em aspectos teóricos quanto aplicados nas temáticas relacionadas à estrutura industrial, às assimetrias informacionais e à teoria dos contratos, entre outras. No ano de 2000, publicou *Creative Industries: Contracts between Arts and Commerce*, livro em que explora aspectos organizacionais das indústrias criativas, aí incluídas as artes visuais e performáticas, cinema, teatro, áudio e mercado editorial.

Partindo da ideia de que, em cada um desses segmentos da indústria cultural, os insumos artísticos são combinados com outros, "comuns" (*humdrum inputs*), a proposta de Caves (2000) é investigar e explicar a lógica dos arranjos estruturais dessas indústrias, com foco especial nos contratos entre os agentes criativos e os demais agentes da indústria.

A organização das empresas voltadas a elaboração e comercialização de produtos ou bens criativos se dá segundo diversas estruturas.

Algumas empregam diretamente o pessoal criativo utilizando contratos de longo prazo; outras estabelecem com esse pessoal relações externas, usando contratos diversos. Nesses casos, agentes ou empresários podem atuar como administradores de carreiras artísticas – procuradores ou intermediários –, negociando os contratos e procurando compatibilizar os talentos criativos com os interesses dos empreendedores. No que se refere à escala, as empresas nas indústrias criativas podem ser pequenas, normalmente concentrando seu *métier* na seleção e no desenvolvimento de novos talentos, ou de grande escala, em geral operando as tarefas de promoção, de distribuição e de comercialização de bens criativos já reconhecidos pelo mercado. Essa estrutura foi descrita originalmente por Stigler como oligopólio em franjas. Nela, o núcleo oligopolista seria formado pelas grandes corporações com funções especialmente na área de promoção (incluindo o marketing), distribuição e comercialização dos bens criativos estabelecidos; já a franja competitiva se dedicaria às atividades mais arriscadas de criação e desenvolvimento de novos talentos (Benhamou, 2007). Há ainda casos como o das artes performáticas, para as quais a estrutura mais adequada, devido a elevados custos fixos, seriam organizações sem fins lucrativos.

Caves (2003), retomando e sintetizando certos aspectos desenvolvidos em seu livro de 2000, aponta algumas características estruturais fundamentais que parecem sustentar a organização das indústrias criativas, além de distinguir o núcleo que o autor designa como "arte e entretenimento" das demais indústrias e, em alguns casos, diferenciar atividades internas a esse núcleo.

Para cada característica, Caves propõe uma frase-síntese. "*Nobody knows*", por exemplo, refere-se à incerteza fundamental com a qual se defronta o produtor de um bem criativo. Esse tipo de bem é concebido como um bem de experiência, e o produtor deve apresentá-lo aos potenciais consumidores antes de saber seus respectivos preços de reserva. Embora se possa contar com a aprendizagem de experiências passadas, a incerteza não se dissipa, e é praticamente impossível alcançar um valor de antemão, de modo que a frase "*nobody knows*" representa a incerteza ubíqua em cada lançamento. "*Art for the art's sake*" refere-se a outra propriedade fundamental dos bens criativos: está associada à atitude do artista com relação a seu trabalho. Enquanto os economistas consideram a "desutilidade" do trabalho, a "arte pela arte" evoca a utilidade especial que o artista usufrui pela sua realização. Aqui, é importante salientar que, aceitando-se essa expressão na elaboração de contratos entre a classe criativa e o mundo dos negócios, é possível considerar que o trabalho do artista seja menos bem remunerado, pois ele obtém prazer com sua performance (o que seria, no mínimo, discutível). A expressão também tem a ver com o gosto e com a forma pela qual o trabalho é representado. Esse fato deve ter implicações para a produção do bem criativo, haja vista que podem existir restrições eventualmente impostas pelo artista para sua participação no processo. As preferências do artista quanto à maneira de executar seu trabalho criativo podem complicar a elaboração de contratos.

Outras características apontadas por Caves envolvem ainda a diferenciação horizontal e vertical, a coordenação temporal, a durabilidade e os riscos de coordenação quando da necessidade da colaboração de diversos artistas.

A pesquisa futura sobre indústrias criativas, conforme vista por Caves, deveria ser instrumentalizada pela teoria dos contratos, que permitiria, sob sua perspectiva, deslindar os padrões de acordo alcançados por essas indústrias para lidar com problemas complexos de incentivo. Ali, os contratos tendem a ser complexos e sofisticados, com a previsão de formas de partilha de receitas, adiantamentos de pagamentos e transferências sucessivas de direitos de decisão tornando-se cada vez mais e mais frequentes. As negociações que dão origem a esses contratos, entretanto, ainda carecem de um conhecimento mais aprofundado. O acesso a suas "amostras" ou exemplos também é um problema. O autor propõe questões para investigação, tais como: até que ponto são contratos formalmente obrigatórios em indústrias criativas contra contratos que oferecem uma base para negociação? Que papel a repartição de riscos representa em contratos firmados nesses mercados altamente incertos, em especial tendo em conta as diversas formas de comportamento de risco de muitos artistas? De que maneira, nas indústrias criativas – em que algumas empresas têm elementos não criativos de poder de mercado –, esses elementos são empregados em contratos com o talento criativo?

II) Cidade criativa: propostas para o enfrentamento da "crise urbana"

Charles Landry, autor do livro *The Creative City: a Toolkit for Urban Innovators*, publicado em 2000, tem uma trajetória intelectual e profissional interessante. Depois de se graduar em estudos internacionais na Paul H. Nitze School of Advanced International Studies, pertencente à Johns Hopkins University, também concluiu ali sua pós-graduação em economia política. Foi contratado por Robert Skidelsky, historiador econômico e autor da talvez mais reconhecida biografia de John Maynard Keynes, para um trabalho de pesquisa sobre os desafios da sociedade pós-industrial. Com vinte e poucos anos, Landry se persuadiu de que os desafios econômicos, em seu contexto cultural, apenas poderiam ser tratados a partir de um quadro mais amplo. O trabalho com Skidelsky lhe rendeu conhecimento e contatos para que sua carreira seguisse outros rumos nos quadros tecnocratas da União Europeia. Frustrado com os tratamentos da Comissão Econômica Europeia a temas de relação entre economia e cultura, e influenciado pela crença de que a criatividade poderia ser a ponte para a transição a novos futuros, Landry fundou, em 1978, uma consultoria de planejamento cultural – a Comedia –, que lhe serviu de plataforma para as atividades de redação e consultoria e para o estabelecimento de parcerias pelas próximas três décadas. Na maior parte desse tempo, Landry se dedicou a palestras sobre reflexão e persuasão.

Seu livro supracitado tem como anseio apresentar novas formas de pensar as cidades e de regenerá-las, partindo do reconhecimento de que elas se encontram em fase de mudanças dramáticas – a crise urbana –, sendo urgente uma reforma paradigmática. Os problemas urbanos contemporâneos não podem ser resolvidos com o velho aparato intelectual.

A crise urbana, tema de outro livro de Landry, envolve uma diversidade de fenômenos. Com o desaparecimento das antigas indústrias, o valor adicionado deve-se menos à etapa da manufatura e mais à aplicação de novo conhecimento a produtos, processos e serviços, e fatores que uma vez modelaram o desenvolvimento da cidade, como o sistema de transporte e a proximidade de fontes de matérias-primas, se tornam menos relevantes. A distribuição pode ser feita de formas diferentes. O transporte é mais um problema de mobilidade de pessoas do que de mercadorias. Outros problemas emergem devido, em parte, à decadência das antigas formas de vida e de trabalho, que se desenvolviam em torno do escritório e da fábrica. É preciso lidar com o crime e com a insegurança, com a informação em tempo real, com a globalização, e melhorar a qualidade do ambiente.

Embora o tema da crise urbana seja algo negativo, a perspectiva da "cidade criativa" é otimista acerca das possibilidades que se abrem ao futuro das cidades. Ela prevê muito espaço para comunicação, para novas ideias e para geração de riquezas. Landry (2000) lança um chamado para o uso da imaginação na vida urbana, oferecendo mais de seis dezenas de exemplos para persuadir o leitor de sua própria crença de que é possível superar os obstáculos e aproveitar as oportunidades.

O maior recurso com que as cidades contam, em sua visão, é seu povo. Sua criatividade, sua imaginação, suas motivações, seus desejos estariam tomando o lugar anteriormente ocupado pela vantagem da localização, da posse de recursos naturais e do acesso aos mercados para forjar seu desenvolvimento.

Ele reconhece que as cidades têm se tornado demasiado grandes e complexas, apresentando problemas, mas que a gestão urbana deve e pode lutar para enfrentá-los. Há especificidades regionais. Diante da globalização, na Ásia, o crescimento da manufatura é pujante, enquanto na Europa as velhas indústrias estão desaparecendo e aplica-se mais capital intelectual a processos, produtos e serviços.

Landry argumenta que, acima de tudo, há que se empregar métodos para se pensar, planejar e agir criativamente. No livro, ele apresenta formas e exemplos de como fazê-lo, propondo novos conceitos para o planejamento urbano, como a criatividade cívica, a criatividade favorecida como bem público, o ciclo da criatividade urbana, o ciclo de vida da inovação urbana e a pesquisa e desenvolvimento urbanos. Além disso, sugere formas de desenvolvimento, implantação e replicação de projetos-piloto, expõe estratégias de uso de recursos culturais, explica como a cidade pode ser vivida como um organismo que aprende e fala sobre "alfabetização urbana": a capacidade de "ler e compreender as cidades".

Por fim, Landry apresenta propostas para as políticas de planejamento urbano num mundo em transição para uma era pós-industrial.

III) Economia criativa: criatividade (protegida legalmente) como fonte de riquezas

Em se tratando do debate atual sobre criatividade e desenvolvimento, o livro de John Howkins *Creative Economy: how People Make Money from Ideas*, publicado em 2001, é uma referência imprescindível. Howkins tem uma carreira longa e bem-sucedida na área de comunicação: televisão, filmes, mídias digitais e mercado editorial constam de seu currículo. Foi responsável pelas emissões de TV e rádio na Europa pela HBO e pela Time Warner entre 1982 e 1996. É vice-presidente do British Screen Advisory Council (BSAC), membro do Comitê Consultivo do Programa de Economia Criativa das Nações Unidas para o Desenvolvimento e conselheiro do Arts and Humanities Research Council, do Reino Unido. Sua carreira acadêmica é mais recente, sendo professor visitante na City, University of London, e na School of Creativity and Art, de Xangai.

A trajetória da carreira de Howkins permite compreender o sentido de sua contribuição: de economista a *businessman* no mundo da mídia, torna-se conselheiro de entidades britânicas e das Nações Unidas para os setores que podem ser chamados de culturais e criativos. Nessa trajetória nasce uma interpretação que tem origem no conhecimento prático da indústria da mídia, com experiência no campo das *policies* no Reino Unido e no cenário mundial.

Seu livro sobre economia criativa contribui para uma grande extensão do conceito de indústrias criativas e da proposição da importância dos direitos de propriedade intelectual para o desenvolvimento da área.

Howkins (2001) amplia drasticamente a noção de indústrias criativas para incluir todos os setores da economia cujos produtos e serviços podem ser protegidos por esquemas legais de propriedade intelectual, como patentes, copyrights, trademarks e design. Cada forma de direito intelectual tem seu próprio corpo legal e instituições reguladoras. E cada uma dessas formas tem origem no desejo de proteger um tipo de produto ou serviço criativo. Na visão do autor, cada forma de proteção da propriedade intelectual corresponde a uma indústria criativa. Assim, sua definição de economia criativa inclui a publicidade, a arquitetura, a pintura, a escultura, o artesanato, o desenho industrial e gráfico, a moda, a indústria cinematográfica, a música, as artes performáticas, o mercado editorial, as atividades de pesquisa e desenvolvimento (P&D), o software, os brinquedos, os jogos eletrônicos, a televisão e o rádio (Howkins, 2001, pp. 88-117).

Diante da perda da importância da manufatura, em especial no cenário econômico britânico no final do século XX, Howkins argumenta que os produtos/serviços protegidos por alguma forma de direito de propriedade intelectual, como livros, filmes e músicas, geram mais rendas de exportação do que os produtos manufaturados. Fenômenos como as Spice Girls e Harry Potter foram responsáveis por um aporte expressivo de recursos nas contas externas britânicas no final dos anos 1990 e durante a década seguinte, respectivamente. Ou seja, é possível interpretar a ideia fundamental do autor como o reconhecimento do fato de que, no cenário de transferência ou migração da manufatura para a periferia, a criatividade protegida por direitos de propriedade intelectual torna-se um grande negócio.

Uma novidade no trabalho de Howkins é a forma como ele integra setores de fora do domínio da arte, como a ciência, na noção de economia criativa. Tipos diferentes de criatividade, desde que devidamente protegidos, são recursos da economia criativa. Descobertas científicas, como na genômica, podem ou devem ser patenteadas? Essa questão, tão pertinente e reconhecida quanto controversa nos meios científicos, fica evidente na abordagem de Howkins. Apenas se torna "propriedade" (e, portanto, recurso capaz de gerar riquezas apropriáveis do ponto de vista privado) a criatividade legalmente protegida. Nas palavras de Healy (2002, p. 19): "A criatividade, por si só, não vai fazer ninguém ficar rico. As leis de propriedade intelectual é que fazem isso."

IV) Classe criativa: as ideias de Florida em perspectiva

O livro *The Rise of the Creative Class*, de Richard Florida, publicado em 2002, é uma referência no debate sobre criatividade para o desenvolvimento em pelo menos dois sentidos: para os defensores da necessidade de promoção da chamada classe criativa e para seus detratores.

Florida é diretor do Martin Prosperity Institute, da University of Toronto, onde também é professor de negócios e criatividade da Rotman School of Management. Sua experiência profissional envolve o ensino superior na George Mason University e na Carnegie Mellon University, tendo sido professor visitante em Harvard e no MIT. Seu phD em planejamento urbano é da Columbia University. Na última década foi um palestrante dos mais requisitados na área da economia criativa. Foi um dos embaixadores do Ano Europeu da Criatividade e Inovação, em 2009.

Nesse livro, o autor focaliza os meios de medir e de classificar o que julga ser a principal característica das cidades "criativas". Sua abordagem propõe três elementos que deverão ser progressivamente centrais para a classe criativa: a tecnologia, o talento e a tolerância. Os chamados "3 Ts" não tornam trabalhadores ou cidades criativos. Eles são considerados fatores de atração. A classe criativa é definida como aquelas ocupações que vão de artistas e desenvolvedores de software (o "*core* supercriativo") aos gestores e especialistas da área jurídica (os "profissionais criativos").

Florida (2002) argumenta que essas ocupações são ímãs para os quais empresas de rápido crescimento, alta tecnologia e grande mobilidade são atraídas. Além disso, ele sustenta que as pessoas que ocupam essas posições são tolerantes e seus ambientes de trabalho se assemelham a espaços boêmios de consumo.

O argumento de Florida volta-se à necessidade dos territórios – ou cidades – de atraírem tipos particulares de trabalho ou ocupações, os quais, por sua vez, deverão atrair as empresas de alta tecnologia.

Um centro boêmio, com bares, casas noturnas e assemelhados, seria o atrativo para estimular a presença de uma força de trabalho cujo estilo de vida tende a valorizar o consumo dessas experiências. E a presença de tal força de trabalho seria um estímulo à instalação das empresas de alta tecnologia, levando ao crescimento do território em questão.

Florida (2001, p. 3) acredita que certos jovens, por suas

> inclinações em termos de estilo de vida, representam uma força profundamente nova na economia e nos costumes da América. [São membros] do que eu chamo de classe criativa: um segmento da força de trabalho que cresce rapidamente, altamente educado e bem pago, de cujos esforços o lucro das corporações e o crescimento econômico dependem cada vez mais. Membros da classe criativa realizam uma ampla variedade de trabalho em uma ampla variedade de indústrias – da tecnologia ao entretenimento, do jornalismo às finanças, da manufatura à arte. Eles não pensam conscientemente sobre si mesmos como uma classe. Ainda assim, partilham um *éthos* que valoriza a criatividade, a individualidade, a diferença e o mérito.

Essa lógica, conforme comenta Pratt (2008), não tem a ver apenas com os efeitos multiplicadores de consumo; trata-se também de uma hipótese forte a respeito das relações e da causalidade entre a vida boêmia, a presença da classe criativa e o crescimento econômico. De acordo com Pratt, muito do tratamento desenvolvido por Florida e a própria origem de seu argumento, recuperado anteriormente de forma breve, têm a ver com abordagens sobre a teoria da mobilidade do capital humano. A relação entre o nível de educação do trabalho e o grau de desenvolvimento econômico das cidades é tomado de Glasser (1998). A partir daí e de suas próprias observações a respeito do estilo de vida valorizado pelos jovens da classe criativa, Florida elabora o raciocínio sobre como atraí-los e, assim, conquistar as empresas de alta tecnologia. Investindo em negócios sedutores da classe criativa, as cidades estariam em boa posição para atrair as empresas de alta tecnologia e, assim, colher os frutos de seu crescimento (Pratt, 2008, p. 9).

Algumas das críticas à interpretação de Florida sobre a classe criativa incluem: a) o fato de restringi-la aos trabalhadores que receberam educação superior, estejam eles ou não exercendo algum trabalho criativo, excluindo todos os trabalhadores criativos sem diploma universitário (Markusen *et al.*, 2008, p. 27); b) o fato de que os elos causais entre as variáveis escolhidas por Florida são discutíveis, sofrendo de uma inevitável circularidade (Peck, 2005); c) o fato de que a competição por investimentos entre as cidades é um "jogo de soma zero" (Pratt, 2008); e d) o fato de que a criatividade em Florida (2002 e 2005) é tratada como um atributo do trabalhador, ou seja, do indivíduo, como se este pudesse ser isolado de conexões com a indústria, com a produção e mesmo com o consumo.

Em seu livro *Flight of the Creative Class: the New Global Competition for Talent*, de 2005, Florida retoma basicamente suas teses de 2002 e aborda, de modo um tanto resumido, os problemas do mundo do trabalho de outras categorias profissionais, como é o caso das ocupações no setor de serviços, em especial nos Estados Unidos. É possível perceber, em manifestações mais recentes do autor, que ele tem se dedicado a algumas reflexões sobre os rumos da estrutura ocupacional naquele país, como o reconhecimento do aumento de empregos mal remunerados nos setores de serviço. Entretanto, não existem ponderações sobre as causas do fenômeno, e, como sempre, a saída para o problema permanece na exploração de possibilidades criativas para que esses empregos sejam valorizados e mais bem remunerados, com referência a exemplos de grandes corporações, como a Zappos, a Whole Foods e a Starbucks[22].

Seguramente, é de esperar o advento de uma nova onda de críticas ao tratamento de Florida à classe trabalhadora, dessa vez considerada o segmento "menos criativo".

3.2. *Policies* para a criatividade: estratégias para uma era pós-industrial

A primeira tentativa de focalizar o crescimento das indústrias culturais no âmbito das políticas teve lugar, no cenário internacional, com a iniciativa da Unesco em direcionar esforços para a compreensão da desigualdade em termos de "recursos culturais" entre Norte e Sul (Girard, 1982, *apud* Hesmondhalgh e Pratt, 2005). Ali, a Unesco reconhecia uma dimensão econômica da cultura e seus impactos sobre o desenvolvimento, e propunha a análise das características industriais da cultura.

Nos cenários nacionais, Garnham (2005) indica as políticas culturais do Greater London Council em meados dos anos 1980 como um marco inicial, embora considere que a ascensão conservadora em 1986 tenha bloqueado a implementação dessas políticas. O autor identifica a responsabilidade pela difusão da noção de políticas culturais-industriais na iniciativa dos governos de esquerda das antigas cidades industriais inglesas já naquela época. É o caso, talvez no melhor exemplo do fenômeno, do trabalho do Department of Employment and Economic Development (DEED) de Sheffield, que tentava enfrentar o problema da desindustrialização e do desemprego na cidade. Considerado paliativo por Hesmondhalgh e Pratt, o programa do DEED procurava reduzir a dependência dos cidadãos em relação ao seguro-desemprego e promover uma recuperação econômica com base em projetos culturais.

Essa experiência inglesa é um exemplo de como as políticas locais para as indústrias culturais nascem vinculadas a uma ideia de revitalização de cidades em via de desindustrialização.

Volkerling (2001), *apud* Hesmondhalgh e Pratt (2005), afirma que a partir dos anos 1990 tornou-se progressivamente forte a ideia de que as indústrias culturais – que passam a ser chamadas de indústrias criativas, entre outras razões, para distingui-las do discurso crítico da Escola de Frankfurt e pela noção de que a exploração econômica dos recursos criativos passa, necessariamente, pela devida apropriação legal de seus benefícios – poderiam ser uma via estratégica para revigorar economias nacionais pós-industriais. Nesse sentido, a Inglaterra não estava sozinha em sua experiência durante os governos Thatcher e Blair (Cool Britannia): os governos da Austrália, do Canadá e da Nova Zelândia também se empenharam, ao longo dos anos 1990, em políticas voltadas às indústrias criativas.

Garnham destaca que, na Inglaterra, existiu desde cedo a forte tendência ao destaque da importância da exploração de direitos de propriedade sobre aspectos intangíveis do conhecimento, num contexto intelectual marcado fortemente pelo discurso da sociedade do conhecimento e do pós-fordismo.

É muito interessante, nesse sentido, recuperar algumas das ideias do autor a respeito do substrato intelectual sobre o qual emergem, a partir de meados da década de 1980, iniciativas desregulamentadoras que virão a ser chamadas de neoliberais e marcarão de forma tão indelével o governo Thatcher[23].

Sumariando e parafraseando Garnham (2005, pp. 23–4), é possível dizer que aquele período foi influenciado por obras como a de Amin (1994), *Post-Fordism*, que chamava a atenção para a crescente participação das necessidades imateriais no cômputo geral dos dispêndios com consumo, salientando que a satisfação dessas necessidades não se resumia ao consumo de serviços intangíveis. Certos atributos intangíveis de bens materiais contribuem para a satisfação de necessidades como a construção da identidade, o sentido de pertencimento, a aspiração a status. Carros, roupas, joias, acessórios, viagens, restaurantes e outros "consumos de experiência" ocupam espaço na construção de um estilo de vida associado a uma nova fase da civilização. O design, a publicidade e o marketing adquirem importância crescente na construção de posições competitivas e na agregação de valor a produtos e serviços. Fala-se em customização, em "descommoditização". O autor argumenta que, no Reino Unido, naqueles anos, o efeito desse discurso, que medrou tanto nos meios acadêmicos quanto na mídia em geral, foi o de julgar que a desindustrialização era uma coisa "boa e libertária", abrindo espaços para que o setor cultural substituísse a manufatura em declínio. Ainda segundo o autor, isso serviu, de um lado, para legitimar a desregulamentação das instituições culturais e midiáticas e, de outro, para deslegitimar quaisquer críticas à publicidade.

Esses elementos figuram no quadro de mudanças intelectuais apresentado por Garnham que emoldura a sucessão de iniciativas do Reino Unido em matéria de políticas. Nesse sentido, são elencados pelo autor, sucessivamente: a) a tentativa de incentivar o treinamento em design no Royal College of Art em meados da década de 1980, com base em uma análise de política que via a deficiência competitiva da manufatura britânica como uma insuficiência nesse âmbito; b) pela mesma época, uma série de ações voltadas a dinamizar o setor de informática, mediante um relatório que o identificava como fundamental não apenas para o crescimento das exportações do Reino Unido no futuro, como também para o posicionamento do país nesse setor como estratégico no cenário mundial, dadas a importância londrina no mundo das finanças e a vantagem da língua inglesa; e c) as iniciativas de desregulamentação propostas no âmbito do *Relatório Peacock* (HMSO, 1986, *apud* Garnham, 2005), que viria a ser inspiração para outras semelhantes que se desdobrariam na década seguinte, inclusive em países periféricos.

Reconhecer o histórico ou o contexto intelectual e político do qual emergem as políticas de estímulo à economia criativa é essencial porque:

> É dessa linha de análise de política que derivam: a medição das indústrias criativas pelo "Creative Industries Mapping Document" (DCMS, 2001) e as alegações relacionadas de que elas agora repre-

> sentam o mais rápido setor de crescimento econômico; a ênfase na formação de trabalhadores criativos; e a ênfase na proteção da propriedade intelectual (Garnham, 2005, pp. 25–6).

Com relação às ideias de Garnham sobre a lógica das indústrias criativas no Reino Unido naquele momento, convém ainda salientar que o enfoque na desregulamentação segue em paralelo com o progressivo reconhecimento da importância do desenvolvimento das "indústrias de conteúdo":

> Uma versão da política das indústrias criativas mantém essa ênfase no vínculo entre o desenvolvimento das indústrias de conteúdo e a regulamentação das redes eletrônicas. Durante esse período, o mercado editorial e a prestação de serviços de informação empresarial de alto valor, além de empresas como Reed International, Reuters, Pergamon e British Telecom, trabalhando em estreita colaboração com o Her Majesty's Stationery Office e seu banco de dados estatísticos oficial, foram o centro das atenções políticas. A competição internacional não era com Hollywood, mas com Dow Jones, Elsevier e Bertelsmann (Garnham, 2005, p. 24).

É preciso, entretanto, ponderar que o modelo britânico não é o único, embora sua experiência muitas vezes se tenha apresentado como paradigmática. Hesmondhalgh & Pratt consideram que o Canadá, a Austrália e a Nova Zelândia desenvolveram abordagens mais coerentes pelo fato de, além de reconhecerem o valor econômico das indústrias culturais, atribuírem grande importância, em suas respectivas políticas culturais, à construção e à defesa da cultura nacional. Nesses países, há como que uma hierarquia nas políticas culturais em termos da valorização, *prima facie*, dos direitos aborígenes e da "alta cultura" e, num segundo plano, das "novas formas culturais", associadas à produção emergente e à difusão das novas tecnologias. Os autores salientam, ainda, que esses países se esforçam, por intermédio dessas políticas, em resistir à americanização que se processa pelas forças mercantis, procurando criar espaços para suas próprias produções e consumos culturais.

Vale a pena citar algumas das estratégias empregadas no âmbito dessas políticas: o marketing das localidades (as cidades e suas atrações, por exemplo), o estímulo a abordagens mais empreendedoras da arte e da cultura, o encorajamento à inovação e à criatividade, a identificação de novos usos para antigas construções e locais abandonados, e o estímulo à diversidade cultural e à democracia. Os autores também apontam as estratégias de aglomeração (*clustering*) ligadas às atividades artístico-culturais, incorporando elementos de lazer e entretenimento, como complexos esportivos, bares e outros.

Além do objetivo estratégico do desenho de uma nova perspectiva de desenvolvimento econômico, de busca pela competitividade em um cenário de desindustrialização e de estímulo e preservação da cultura nacional, essas políticas têm destacado seu papel em possibilitar aos cidadãos o mais amplo acesso possível aos bens culturais de qualidade.

Reside aí um dos pontos contraditórios ou dos dilemas apontados por diversos autores que têm se dedicado ao estudo dessas políticas. Novamente, recorremos a Garnham (2005, p. 28) para expressar esse ponto:

> No entanto, a questão aqui é que a qualidade e a excelência estão abertas para o teste de mercado das preferências do consumidor, e o acesso não é, por definição, um problema se uma indústria criativa bem-sucedida tiver resolvido essa dificuldade através do mercado. Se for bem-sucedida, por que ela precisa de apoio público? Se não for, por que o merece? A mudança de nomenclatura de indústrias "culturais" para "criativas" serve como disfarce para essas contradições e dilemas de política. As demandas por recursos públicos são justificadas não em termos de políticas para a arte [e cultura], mas em termos de políticas para a sociedade da informação. O suposto resultado não é a ampliação do acesso nem a qualidade [...] mas os empregos e os ganhos de exportação em uma economia competitiva global.

CONSIDERAÇÕES FINAIS

O campo da economia da cultura no Brasil e no mundo ainda é muito recente como área de ação organizada em termos de produção de tecnologias, estudos acadêmicos e políticas públicas. Portanto, é natural que estudos como os aqui referidos ainda estejam em estágio embrionário e careçam de maiores determinações metodológicas, continuidade e escopo de ação[24].

Conforme buscamos salientar, do ponto de vista conceitual e também do aplicado, se assiste, com especial pujança a partir de meados da década de 1990, a uma emergência de enfoques que ampliam o escopo das políticas públicas na área da cultura para os chamados setores criativos. Trata-se das abordagens sobre a economia criativa.

Procuramos caracterizar as suposições – ou os pressupostos teóricos – que subjazem a essas perspectivas, e cabe aqui mencioná-las sem a pretensão de esgotar esse repertório:

- a compreensão da cultura como *recurso* para o desenvolvimento, ou seja, a *funcionalidade* da cultura para o desenvolvimento;
- a inclusão da cultura no domínio do capital – o conceito de capital cultural;
- a consideração da institucionalidade sobre direitos de propriedade intelectual como condição para a apropriação dos recursos culturais e sua transformação em capital cultural;
- a apreensão da dimensão criativa do trabalho – o conceito de classe criativa.

Configura-se, assim, um novo quadro de tomada de decisões públicas em matéria de cultura no qual se mesclam as necessidades ou objetivos já estabelecidos pelas abordagens mais tradicionais em termos de política cultural – como a valorização do patrimônio cultural nacional, a preservação de identidades e da diversidade, a promoção da inclusão e do acesso, entre outros – com os novos objetivos, como os da facilitação da apropriação dos recursos culturais, o fortalecimento de direitos sobre propriedade intelectual, a capacitação e a promoção da classe criativa e o estímulo a setores entendidos como criativos.

No que toca às tecnologias de políticas públicas (resultado-fim do aprofundamento do campo), as leis de incentivo e de fundos para cultura e educação devem ser focalizadas refletindo sobre duas esferas: a do consumo (capital humano e renda) e a da produção (instrumentos institucionais, indústrias nascentes e ativação de mercados).

A primeira deve se orientar a fim de alcançar um padrão avançado de formação e capacitação somado com instrumentos de incentivo ao consumo cultural (sejam eles de oferecimento de bens, sejam de renda direcionada para o acesso a esses bens).

A segunda deve repensar toda a lógica e inter-relações do sistema de incentivos (fundos, leis, programas) e também estar associada a políticas pró-empreendedorismo no que concerne ao setor privado.

Para uma correta formulação de ambos os tipos de políticas, são necessários o conhecimento aprofundado do setor e a compreensão das cadeias de valor cultural e econômico, o que pressupõe o desenvolvimento de estudos acadêmicos, técnicos e produção científica.

É com o mapeamento de cadeias produtivas, reconhecendo as políticas fiscais e industriais, as leis de regulação e de direito autoral vigentes e as indústrias nascentes, que se geram tanto um sistema de valoração das potencialidades econômicas e culturais, necessárias para a formulação de políticas, quanto um programa amplo e equilibrado de tratamento das indústrias e atividades culturais com menor poder de mercado.

Alguns tópicos devem aparecer nesse contexto, fundindo as necessidades de tratamento público, acadêmico e de participação privada no setor:

a) Compreender historicamente a formação do valor simbólico de práticas culturais nacionais.

b) Identificar potenciais econômicos e traduzi-los em ações.

c) Considerar que uma análise econômica da cultura que não tem em vista uma abordagem interdisciplinar não pode dar conta da formação de um campo.

d) Identificar e demarcar pressupostos.

e) Mensurar, cientificamente, o valor econômico da atividade, compreendendo e quantificando as cadeias produtivas.

f) Identificar e mensurar gargalos para o desenvolvimento setorial e amplo.

g) Planejar e apontar estratégias para o setor: estudos estruturantes e operacionais.

h) Auxiliar na tomada de decisões privadas.

i) Subsidiar a tomada de decisão de formuladores e executores de políticas públicas, apontando caminhos para a superação e potencialidades a serem exploradas nos itens anteriores.

j) Apontar a amplitude e existência das falhas de mercado: externalidades, bens públicos, economias de escala, monopólios.

k) Estabelecer valorações dos elementos simbólicos/não quantitativos.

Admite-se, ainda, que as abordagens de *policy* para esse novo quadro de tomada de decisões necessariamente deva contar com ações transversais entre os ministérios.

Do que foi exposto, depreende-se tratar-se de aspectos cuja resolução é necessária dentro desse novo quadro de tomada de decisões em termos de políticas para a cultura e para a criatividade.

Depreende-se também que daí emergem possíveis contradições, dentre as quais se salientam: o risco de sobreposições de ações e de responsabilidades e seus reflexos sobre as alocações de recursos orçamentários; a tensão entre objetivos que não são necessariamente conflitantes entre si, mas podem disputar posições prioritárias e até mesmo competir por recursos, como os focos de políticas culturais mais tradicionais e os novos focos das políticas criativas; a tensão entre a apropriação privada e a promoção do acesso aos bens e serviços culturais; o conflito entre agentes das diversas etapas das cadeias produtivas no que tange à propriedade intelectual; e, evidentemente, as questões mais fundamentais das possíveis contradições entre os valores culturais tradicionais e os valores mercantis associados à economia globalizada.

Sem dúvida, essas possíveis contradições são também características do período que atravessam as sociedades industriais e pós-industriais contemporâneas. Deverão ser alvo de reflexão a ser convenientemente abordadas nas iniciativas necessárias e desejáveis para que se enfrentem as dificuldades e se aproveitem as oportunidades abertas neste momento.

Notas

1 Este texto foi originalmente redigido como o primeiro capítulo da pesquisa "O modelo brasileiro de economia da cultura", realizada pela Faculdades de Campinas (Facamp) e pelo Ministério da Cultura/Secretaria de Políticas Culturais entre 2010 e 2012, tendo por objetivo fazer uma abrangente compilação teórica da massa crítica produzida na economia sobre cultura e arte, em uma perspectiva histórica e processual.

2 As primeiras inclinações em direção à análise econômica da cultura vêm da Alemanha no início do século XX, em especial de um artigo chamado "A arte e a economia", publicado em 1910 na revista acadêmica alemã *Volkswirtschaftliche Blätter* e associado a algumas publicações do mesmo teor. De acordo com Frey, B. S. (2000); Kindermanstet, C. *Volkswirtschaft und Kunst*, Jena: Fischer, 1903; Drey, P. *Die wirtschaftlichen Grundlagen der Malkunst*, Stuttgart, Berlim: Cotta, 1910; Haalck, H. *Die wirtschaftliche Struktur des deutschen Theaters*, Universität Hamburg, 1921; Bröker, J. *Die Preisgestaltung auf den modernen Kunstmarkt (mit beson – derer Beracksichtigung des Bildes)*, Universität Münster, 1928; Seelig, L. *Geschäftstheater oder Kulturtheater?*, Berlim: Genossenschaft Deutscher Bühnen-Angehöriger, 1914; Reusch, H. *Die deutschen Theater in volkswirtschaftlicher Beleuchtung*, Universität zu Köln, 1922.

3 A tradicional classificação do *Journal of Economic Literature* (JEL), empregada para sistematizar os agrupamentos de áreas e subáreas das ciências econômicas, criou a categoria Z11 para a economia da arte e da literatura. O código Z1 agrupa a economia da cultura, a sociologia econômica e a antropologia econômica.
É preciso salientar que investigações conceituais e empíricas sobre serviços industriais e outras atividades associadas ao que tem sido chamado de indústrias criativas podem ser classificadas

pelo JEL com os códigos: L82 (Entertainment; Media: Performing Arts, Visual Arts, Broadcasting, Publishing etc.), L83 (Sports; Gambling; Recreation; Tourism), L86 (Information and Internet Services; Computer Software) e M37 (Advertising). Ao lado disso, vale observar que as publicações em economia que divulgam investigações atinentes aos direitos de propriedade podem ser codificadas como D23 (Organizational Behavior; Transaction Costs; Property Rights).

4 Cf. Benhamou (2007).

5 No original: "the work of the performer is an end in itself, not a means for the production of some good".

6 Por *welfare economics* compreende-se os estudos econômicos que visam à alocação ideal dos recursos e suas consequências em âmbito social. A economia do bem-estar avalia todos os bens, serviços e recursos de uma sociedade, seu uso e sua alocação, e propõe a melhor eficiência na forma como eles são distribuídos. É interessante distinguir esse conceito do de *welfare state*, ou "Estado de bem-estar social", para o qual muito contribuiu a obra de John Maynard Keynes, que sustentava que o Estado tem a função primordial de fomentar condições básicas para investimento, criação de trabalho, demanda e poder de compra. Esse modelo prevê que o Estado deve intervir no mercado criando políticas de gastos públicos, desenvolvendo políticas públicas que contribuam para a demanda efetiva, aumentando o consumo e favorecendo a redistribuição das rendas nacionais.

7 Individualismo e racionalidade são, *grosso modo*, dois dos pressupostos mais caros ao utilitarismo epistemológico da teoria econômica. O individualismo metodológico tem por base a compreensão de que as unidades decisórias em nossa sociedade são indivíduos – e não "coletivos". O agente econômico pode ser o consumidor, tal como nas abordagens convencionais da teoria do consumidor, ou o produtor, conforme o distinguem as abordagens convencionais das teorias dos custos e da produção. A racionalidade, dita substantiva, está associada ao que dá fundamento às tomadas de decisão dos agentes individuais – consumidores e produtores, subsumidos à figura teórica do *Homo oeconomicus*. Este é, de um lado, conhecedor absoluto de todos os elementos relevantes para suas decisões (de produção e/ou consumo) – tais como, e desde cedo, seus próprios gostos ou preferências, custos e preços, qualidade de bens e serviços, tecnologias etc. – e, de outro, pautado pela lógica da maximização. Tal lógica significa que, do ponto de vista dessa concepção da racionalidade econômica, o ser humano – tomado em sua dimensão *Homo oeconomicus* – é um maximizador: buscará maximizar seus lucros, no caso da produção, e sua satisfação, no caso do consumidor. Essa é a concepção da racionalidade dita substantiva, que subjaz às análises da teoria do capital humano e da *welfare economics*. Outras abordagens teóricas, como as da moderna economia evolucionária, trabalham com a hipótese da racionalidade limitada, segundo a qual os agentes não poderiam ser maximizadores perfeitos tanto por problemas relacionados a informações incompletas quanto por suas próprias limitações cognitivas.

8 Prêmio Nobel de Economia em 1979, Schultz retoma, em 1961, os elementos de sua argumentação inicialmente proferida no Encontro Anual da American Economic Association.

9 Externalidades podem ser entendidas como os efeitos indiretos de atividades econômicas para as quais não há um mercado constituído, não sendo incorporados às decisões de produção. No caso das positivas, que estão intimamente ligadas aos bens públicos, devem ser incentivadas pelo Estado em função do acréscimo de bem-estar à coletividade. Por exemplo, a beleza de um monumento restaurado para uso de entorno turístico é uma externalidade positiva, na medida em que não há mercado formal constituído para a beleza no conjunto da realidade urbana.

10 Bens que apresentam, simultaneamente, atributos de consumo não rival e não excludente.

11 Como já foi visto, bens de mérito são bens de satisfação aconselhável (cultura, escolaridade básica, vacinação, habitação social etc.) dos quais o Estado assume a produção e o fornecimento, mesmo que não haja um mercado constituído. Normalmente, os bens de mérito estão associados aos bens públicos por

produzir externalidades positivas. De acordo com Musgrave (1976), dada uma situação em que o consumidor tem informações incompletas, pode se tornar desejável a imposição temporária de um padrão de consumo como parte de um processo de aprendizado que permitirá, no futuro, decisões mais inteligentes; além disso, por não saberem das consequências de certas decisões de consumo, os indivíduos podem necessitar de direcionamento.

12 Nesse caso, claramente se observa a dimensão institucional (hábitos e práticas sociais) do valor cultural produzindo reflexos econômicos.

13 Na medida em que, como pressuposto, são aptos a comparar, ordenar e escolher cestas de consumo mediante a confrontação entre sua estrutura de preferências e os dados relativos a preços e disponibilidade orçamentária (no caso dos consumidores).

14 *What Price Fame?*, Chicago: Harvard University Press, 2002; *In Prise of Commercial Culture*, Cambridge: Harvard University Press, 2000; *Creative Destruction: how Globalization is Changing the World's Cultures*, Princeton: Princeton University Press, 2004.

15 *The Economics of Art and Culture*, Nova York: Cambridge University Press, 2001.

16 Ginsburg, V.; Throsby, D. *Handbook of the Economics of Art and Culture*, Amsterdã: North-Holland, 2006.

17 Problema discutido originalmente por Baumol e Bowen (1966) e Peacock (1969).

18 A assimetria da informação foi discutida pelo ganhador do Nobel de Economia George Akerlof no artigo "The Market for 'Lemons': Quality Uncertainty and the Market Mechanism" (1970). Esse texto trata do mercado de automóveis novos e usados, no qual a assimetria de informação entre o comprador e o vendedor desfavorece o mercado. Akerlof diz que ser um carro "bom" ou "ruim" (chamado de "limão") não é algo perceptível na hora da compra, e assim o vendedor tende a igualar os preços, o que desestimula a venda dos carros considerados "bons" – logicamente, dessa forma, os automóveis de boa qualidade tendem a desaparecer do mercado.

19 Como, conforme mencionado anteriormente, já haviam afirmado Becker e Stigler (1977).

20 Em especial da Escola de Frankfurt e particularmente na obra de Theodor Adorno e Walter Benjamin. Não é o objetivo deste texto se aprofundar em tal discussão, portanto nos restringimos por opção metodológica à revisão dos autores que criam a visão desse fenômeno segundo a produção em economia da cultura.

21 Unesco: Convention concerning the Protection of the World Cultural and Natural Heritage, 1972. Disponível em: whc.unesco.org/world_he.htm.

22 Em: www.theatlantic.com/business/archive/2011/05/building-americas-third-great-job-machine/238316.

23 A contextualização política e intelectual que Garnham (2005) propõe para as políticas voltadas ao estímulo às indústrias criativas no Reino Unido ecoa, em certa medida, a perspectiva adotada por Hesmondhalgh (2002), que prefere, aliás, chamá-las de indústrias *culturais*. Entre outras questões, nessa obra o autor aborda as mudanças das políticas culturais contemporâneas, incluindo na dimensão cultural dessas políticas o cenário atinente aos setores de comunicações e de mídia. De acordo com ele, a ideia de que os monopólios estatais sobre as telecomunicações se justificavam pela provisão de serviços de utilidade nacional e devido a idiossincrasias tecnológicas que caracterizavam o setor como monopólio natural, que vigorou até os anos 1980, começou a ser desafiada por um número de fatores que incluem o *lobby* corporativo, o avanço do pensamento acadêmico a favor da concorrência e uma onda de políticas liberalizantes. O autor observa que esses movimentos tiveram início no começo dos anos 1980, com o governo Reagan nos EUA e Thatcher no Reino Unido, e se difundiram rapidamente no início dos anos 1990 pelos países que emergiam de governos autoritários, como o caso do Brasil. Outro fator que, segundo ele, contribuiu para o avanço da mercantilização do setor das comunicações foi o envolvimento de organismos internacionais, como a União Europeia e a Organização Mundial do Comércio.

24 Esses elementos serão trazidos à tona nos tópicos que sintetizarão esta parte do estudo.

Referências bibliográficas

Amin, A. *Post-Fordism*, Oxford: Blackwell, 1994.

Arrow, K. J. "Rationality of Self and Others in an Economic System", em: *The Journal of Business*, v. 59, n. 4, p. 2, 1986, pp. 385–99.

Banfield, E. C. *The Democratic Muse: Visual Arts and the Public Interest* (Twentieth Century Fund Essay Ser.), Nova York: Basic Books, 1984.

Baudrillard, J. *Para uma crítica da economia política do signo*, Lisboa: Elfos, 1995.

Baumol, W. J.; Bowen, W. G. *Performing Arts: the Economic Dilemma*, Londres: Cambridge, 1966.

Baumol, W. J. "Unnatural Value: or Art Investment as Floating Crap Game", em: *American Economic Review*, n. 76, 1986, pp. 10–4.

Becker, G. *Human Capital*, Nova York: Columbia University Press, 1964.

Becker, G. "The Economic Way of Looking at Life" (Nobel Lecture), 1993. Disponível em: www.nobelprize.org/nobel_prizes/economics/laureates/1992/becker-lecture.html.

Becker, G.; Stigler, G. J. "De gustibus non est disputandum", em: *American Economic Review*, n. 67 (2), 1977, pp. 76–90.

Benhamou, F. *A economia da cultura*, Cotia: Ateliê Editorial, 2007.

Benjamin, W. *Magia e técnica, arte e política*, Série Obras Escolhidas, São Paulo: Brasiliense, 2005.

Blaug, M. *The Methodology of Economics*, Cambridge University Press, 1980.

Blaug, M. "Where Are we now on Cultural Economics?", em: *Journal of Economic Surveys*, v. 15, n. 2, Blackwell Publishers, 2001.

Bourdieu, P. *A economia das trocas simbólicas*, São Paulo: Perspectiva, 2007.

Bourdieu, P. *A produção da crença: contribuição para uma economia dos bens simbólicos*, São Paulo: Zouk, 2004.

Conceição, O. "O conceito de instituição nas modernas abordagens institucionalistas", em: *Revista de Economia Contemporânea*, v. 6. dez. 2002.

Cowen, T. *Creative Destruction: how Globalization is Changing the World's Cultures*, Princeton University Press, 2004.

Cowen, T. *In Praise of Commercial Culture*, Cambridge: Harvard University Press, 2000.

DCMS. *A New Cultural Framework*, Londres: HMSO, 1998.

DCMS. *Creative Industries Mapping Document*, Londres: HMSO, 2001.

Durand, J. C. *Arte, privilégio e distinção: artes plásticas, arquitetura e classe dirigente no Brasil, 1855/1985*, São Paulo: Perspectiva, 2009.

Frey, B. S. *Arts & Economics: Analisis & Cultura Policies*, Berlim: Springer, 2003.

Frey, B. *La economía del arte*, Colección Estudios Económicos, Barcelona: La Caixa, 2005.

Frey, B. S.; Eichenberger, R. "On the Rate of Return in the Art Market: Survey and Evaluation", em: *European Economic Review*, n. 39, 1995b, pp. 528–37.

Frey, B. S.; Eichenberger, R. "On the Return of Art Investment Return Analyses", em: *Journal of Cultural Economics*, n. 19, 1995a, pp. 207–20.

Frey, B. S.; Pommerehne, W. W. *Muses and Markets: Explorations in the Economics of the Arts*, Oxford: Blackwell, 1989.

Garnham, N. "From Cultural to Creative Industries" em: International Journal of Cultural Policy, Londres, Routledge, 2005.

Ginsburgh, V.; Throsby, D. *Handbook of the Economics of Art and Culture*, Amsterdã: North-Holland, 2009.

Girard, A. "Cultural Industries: a Handicap or a New Opportunity for Cultural Development?", em: *Cultural Industries: a Challenge for the Future of Culture*, Paris: Unesco, 1982, pp. 24–40.

Godelier, M. *Racionalidade e irracionalidade na economia*, Rio de Janeiro: Tempo Brasileiro, 1979.

Greater London Council. *The London Industrial Strategy*, Londres: GLC, 1985.

Heap, S. H. *et al. The Theory of Choice: a Critical Guide*, Oxford: Blackwell, 1992.

Heilbrun, J.; Gray, C. M. *The Economics of Art and Culture*, Nova York: Cambridge University Press, 2001.

Herscovici, A. *Economia da cultura e da comunicação*, Vitória: Fundação Ceciliano Abel de Almeida/UFES, 1995.

Hesmondhalgh, D. *The Cultural Industries*, Londres: Sage, 2002.

Hodgson, G. M. "Institutional Economics: Surveying the 'Old' and the 'New'", em: *Metroeconomica*, v. 44, n. 1, 1993, pp. 1–28.

Hodgson, G. M. *The Evolution of Institutional Economics*, Nova York: Routledge, 2002.

Hodgson, G. M. "The Approach of Institutional Economics", em: *Journal of Economic Literature*, v. 36, mar. 1998, pp. 166–92.

Hodgson, G. M. "What are Institutions?", em: *Journal of Economics Issues*, v. XL, n. 1, pp. 1–25, mar. 2006.

Klamer, A. *Cultural Goods are Good for more than their Economic Value: Cultural and Public Action*, Rao, V.; Walton, M. (eds.), Stanford University Press, 2004.

Labour P. *Create the Future: a Strategy for Cultural Policy, Arts and the Creative Economy*, Londres: Labour Party, 1997.

McCracken, Grant. *Cultura & consumo: novas abordagens ao caráter simbólico dos bens e das atividades de consumo*, Rio de Janeiro: Mauad, 2003.

Musgrave, R. *A Multiple Theory of Budget Determination*, 1957.

Musgrave, R. *The Theory of Public Finance*, Nova York: McGraw-Hill, 1959.

Peacock, A. *Cultural Economics e Cultural Policies*, Nova York: Kluwer Print on Dema, 1969.

Prado, E. "Conceitos de ação racional e os limites do enfoque econômico", em: *Revista de Economia Política*, v. 13, n. 1, jan.-mar. 1993, p. 49.

Ruskin, J. *A economia política da arte*, Rio de Janeiro: Record, 2004.

Schultz, T. W. *O capital humano: investimentos em educação e pesquisa*, Rio de Janeiro: Zahar, 1973.

Throsby, D. *Economics and Culture*, Nova York: Cambridge University Press, 2001.

Towse, R. *A Textbook of Cultural Economics*, Nova York: Cambridge University Press, 2010.

Varian, H. R. *Microeconomic Analysis*, Nova York: W. W. Norton, 1984.

Volkerling, M. "From Cool Britannia to Hot Nation: 'Creative Industries' Policies in Europe, Canada and New Zealand", em: *International Journal of Cultural Policy*, v. 7, 2001, pp. 437–55.

ABIGAIL GILMORE é professora sênior em gestão de artes e políticas culturais e diretora do Instituto de Práticas Culturais da University of Manchester. Sua pesquisa diz respeito a políticas culturais locais, instituições culturais e seu impacto. Tem experiência em gestão de pesquisa, avaliação de impacto e comissionamento de avaliação, tendo sido diretora fundadora do Northwest Culture Observatory. Seu doutorado em cultura popular e sociedade analisou o papel do setor musical e das comunidades locais no desenvolvimento cultural urbano. Entre seus projetos de pesquisa financiados recentemente, está "Compreendendo a Participação Cotidiana: Articulando Valores Culturais", do programa Comunidades Conectadas (do AHRC), do qual ela foi líder no estudo de caso de Manchester. Atualmente, é coinvestigadora na Unidade de Políticas do Centro de Evidências e Políticas das Indústrias Criativas do AHRC (www.pec.ac.uk).

Portas giratórias: indústrias criativas, economia e instrumentalismo na política cultural

ABIGAIL GILMORE

Esta breve dissertação[1] reflete sobre as relações entre cultura, política e lugar, examinando como essas conexões são elaboradas para a geração de valor e considerando, de forma crítica, as implicações desse instrumentalismo para a política cultural. Concentra-se na revisão bibliográfica da literatura e em iniciativas políticas desenvolvidas principalmente no Reino Unido, com o objetivo de explorar fundamentos, argumentos e metodologias dominantes que posicionam a criatividade, a arte e a cultura como motores para o crescimento econômico e a regeneração cultural e como agentes no desenvolvimento da qualidade de vida, bem-estar e prosperidade. O texto começa com um debate sobre a mudança discursiva nas abordagens de políticas na última década do século XX, a qual incentivou uma participação mais ampla da arte e da cultura por meio do investimento em desenvolvimento de capital e infraestrutura leve, visando explicitamente produzir resultados positivos extrínsecos em uma série de objetivos e agendas políticas e aumentando a necessidade de evidências para justificar a tomada de decisão e ainda mais investimento. Em seguida, analisa a literatura sobre os discursos das políticas das indústrias criativas, examinando as tensões entre as estratégias que visavam gerar valor econômico e apoiar o desenvolvimento econômico local e as estratégias culturais mais amplas, que são indiscutivelmente o que McGuigan (2004) distingue como política cultural "adequada", em contraste com a política cultural como "exibição". Essas tensões são reveladas por meio da preocupação de que os modelos de uso das indústrias criativas e culturais (ICCs) como instrumentos exclusivamente para o desenvolvimento econômico exacerbam as desigualdades entre os lugares (e também internamente) em termos de qualidade de vida e prosperidade das pessoas que moram e trabalham neles ou que os visitam. A dissertação se encerra com um apelo por políticas locais que equilibrem o uso dos valores intrínsecos da arte, cultura e criatividade como práticas situadas que podem ter efeitos positivos para os lugares em que a produção e o consumo ocorrem, com abordagens políticas mais amplas que apoiem e reafirmem positivamente as cadeias de valor em sistemas criativos.

ARTE E REGENERAÇÃO LIDERADA PELA CULTURA

No final do século XX, o interesse em "abrigar a arte", expresso pela primeira vez no governo trabalhista britânico da década de 1960, renasceu sob o pretexto de um novo instrumentalismo que buscava usar a arte e a cultura como ferramentas para promover uma série de mudanças econômicas e sociais mais amplas. A combinação entre um maior investimento em arte sob o governo do Novo Trabalhismo (1997–2010) e o amadurecimento da National Lottery, iniciada em 1994, serviu como fonte de programas de construção civil sem precedentes que poderiam usar a arte e a cultura como um atrativo de capital por meio de desenvolvimentos emblemáticos e atrações para visitantes. Novos prédios reluzentes forneceram um grande estímulo para a realização de exposições e programações culturais e atraíram novos públicos de arte, movimentando a economia em áreas locais, sendo vistos como impulsionadores do desenvolvimento e da renovação urbana.

Durante esse período, as medidas políticas também se concentraram em ampliar o acesso e a participação visando a grupos prioritários, como crianças, minorias étnicas, pessoas de baixa renda e outros grupos chamados de "difíceis de alcançar". Tais medidas incluíram algumas metas rígidas destinadas a aumentar sua participação ano a ano e foram influenciadas por relatórios de pesquisas, como o prestigiado de 1999 da Policy Action Team [Equipe de Ação de Política], do Departamento de Cultura, Mídia e Esporte (DCMS), levando ao desenvolvimento de uma série de abordagens políticas significativas e instrumentos de avaliação de desempenho, incluindo a coleta de dados estatísticos nacionais pelas pesquisas Taking Part e Active Lives. O objetivo era ampliar os benefícios positivos associados às atividades culturais e criativas e promover a importância da educação cívica por meio da aprendizagem cultural.

Houve, em especial, duas políticas internacionalmente significativas e influentes: o fim da cobrança de ingressos em museus e galerias de arte e a criação de um esquema inovador de parcerias criativas com o Departamento de Educação. Programas de diversidade cultural foram desenvolvidos em vários setores, além de novas infraestruturas de apoio, atuação, treinamento e órgãos de defesa para todas as formas de arte e estudos demográficos, e aparentemente recebiam financiamento público. As autoridades governamentais locais foram incentivadas a desenvolver estratégias culturais para uma ampla demarcação antropológica e a coordenar parcerias com outros setores para levar arte, cultura, patrimônio, esporte e indústrias criativas a outras agendas políticas, criando o que Clive Gray (2017) chamou de "anexos de política".

Essas iniciativas produziram novos modelos de regeneração cultural e, com elas, uma nova compreensão do valor e dos impactos associados a determinadas intervenções e investimentos. Um relatório importante do DCMS, *Culture at the Heart of Regeneration* [Cultura no Coração da Regeneração], de 2005, fez pressão para a integração de projetos e instalações culturais dentro de programas de regeneração sob a agenda Comunidades Sustentáveis. O relatório destacou o papel dos edifícios icônicos e megaeventos, como a Capital Europeia da Cultura (CEC), na regeneração bem-sucedida guiada pela cultura, mas também a necessidade de atender às especificidades locais e às atividades de pequena escala no nível comunitário. Foi acompanhado por uma revisão de evidências encomendada a partir de modelos e exemplos de regeneração, além de algumas propostas de como o sucesso das iniciativas pode ser testado (Evans e Shaw, 2004)[2]. O relatório também apresentou uma introdução às avaliações de impacto econômico da regeneração liderada por projetos emblemáticos, como o desenvolvimento da galeria de arte Tate Modern, em Londres, e do teatro The Lowry, em Salford Quays, Greater Manchester, com base no estímulo a novos empregos e negócios com o investimento público na ação conduzida pela cultura.

No mesmo período, surgiu também um megaevento cultural e desportivo como estratégia de regeneração, estimulando a economia turística e o entretenimento nas cidades, que se centrou na designação de Liverpool como a CEC de 2008 e previu um resultado bem-sucedido, trazendo à cidade 1,7 milhão de visitantes, que gastariam 50 milhões de libras por ano. O programa de pesquisa Impacts 08[3] demonstrou que houve, de fato, muitos impactos em Liverpool, alavancados pela designação, investimento público e atenção da mídia. Essa pesquisa estimou que 9,7 milhões de visitas à cidade foram atribuídas à CEC, com um total de 753,8 milhões de libras de impacto econômico adicional (Arts Council England, 2014a, p. 20). Ela ainda destacou a mudança na autoimagem e nas percepções externas sobre Liverpool. No entanto, reconheceu que o investimento simultâneo na infraestrutura de varejo por meio de um novo shopping center, a localização do novo terminal de cruzeiros e a expansão dos ativos turísticos da cidade, incluindo novos museus e hotéis, também foram componentes importantes.

DESTINOS CULTURAIS E DESTAQUES

Na mesma época, destacou-se a evidência do papel do investimento em arte e cultura na criação de cidades competitivas para atrair turistas, desde o chamado "efeito Bilbao", ou "efeito Guggenheim", até os "três pilares" do turismo cultural: patrimônio cultural, patrimônio físico/construído e cultura contemporânea (Visit Britain, 2010). Contudo, esse uso de financiamento público teve críticas, tanto naquele momento quanto desde então, já que alguns projetos foram interpretados como grandes e caros fracassos (mais notavelmente o Millennium Dome, em Londres) e outros como exemplos de políticas de cima para baixo, que circunavegam os processos de planejamento público para criar espaços para visitantes excluindo interesses e culturas locais (Hesmondhalgh *et al.*, 2015). Modelos como "capital da cultura" ou "cidade da cultura", que destacam locais para investimento por meio da designação de títulos e usam a programação estratégica colaborativa para atrair visitantes, têm sido calorosamente tratados como um mecanismo de regeneração econômica e social sustentável. Regimes complexos de indicadores e medidas são aplicados para estabelecer sua eficácia na promoção de marca e na elevação de perfil e medir sua contribuição para o desenvolvimento econômico e a regeneração por meio do estímulo a obras de capital e ao turismo. No entanto, embora esse modelo tenha se incorporado cada vez mais nas abordagens políticas do Reino Unido e da Europa, e muitas vezes se direcionado a lugares vistos como "merecedores" por causa de problemas de política existentes – como imagem ruim, desigualdade socioeconômica ou baixo envolvimento cultural (enquanto anteriormente eram prêmios que reconheciam as qualidades culturais do lugar) –, seus legados foram questionados e o impacto econômico sustentado foi considerado insuficiente (Nermond, Lee e O'Brien, 2021).

Do mesmo modo, estudos longitudinais e revisões sistemáticas de evidências mostraram que a localização de novos edifícios culturais como destaque para a regeneração das áreas apresenta, de uma forma ou de outra, evidências escassas de efeitos colaterais de longo prazo que apoiam o desenvolvimento econômico ou transformam o sistema cultural ao seu redor (Centro de Política Cultural da University of Chicago, 2012; What Works Center for Local Economic Growth, 2016).

Os argumentos para o retorno econômico sobre o investimento em arte e edifícios culturais, organizações e programas continuaram no século XXI no Reino Unido (e em outros lugares) e dominaram os discursos de instrumentalismo propagados em defesa do investimento público em arte. Isso ocorre apesar (e provavelmente por causa) da recessão global iniciada em 2008 e da mudança da liderança política (no caso do Reino Unido, para o Partido Conservador, de direita), sugerindo que a instância econômica, quaisquer que sejam suas realidades, é apartidária quanto ao financiamento estatal da cultura. Para o governo local, responsável por seus lugares constituintes mas, em última análise, responsável perante o Tesouro Nacional, as medidas de austeridade do governo central como resposta à recessão significaram o enfrentamento de reduções de financiamento particularmente severas, em média de quase 50% durante o período entre 2010 e 2018 (Rex e Campbell, 2021). Esses cortes do seu maior financiador de arte e cultura reduziram os gastos em 38,5% e, em termos reais, em 860 milhões de libras no mesmo período (Cooper, 2020). Eles se somaram aos custos crescentes de assistência social, à desindustrialização adicional em economias localizadas e ao aumento das desigualdades socioeconômicas e sanitárias e da divisão social. Essa é a razão de os gastos locais em arte serem mais difíceis de justificar, mesmo quando há evidências de retorno do investimento. Existem, porém, narrativas afirmativas que vinculam a criatividade e a cultura ao desenvolvimento econômico local, com base no investimento interno de capital humano, e não nos gastos do governo local em bens públicos, a saber, os discursos das indústrias criativas e da economia criativa.

CULTURA, CLASSE E CAPITAL

O trabalho do geógrafo econômico Richard Florida tem sido altamente influente na propagação dessas narrativas para planejadores de cidades e autoridades locais sobre como as artes motivam e mobilizam as pessoas e criam desenvolvimento econômico ao atrair um segmento específico da força de trabalho para viver, trabalhar e gastar nas localidades.

> Há uma convicção crescente de que a arte pode trazer uma vantagem competitiva para uma cidade, região e país como uma fonte de criatividade, um ímã para executivos sem vínculos e seus negócios e um meio de afirmar a identidade cívica, regional ou nacional por meio da qualidade da vida cultural (Florida, 2002).

Florida argumenta que a oferta cultural dos lugares é fundamental para atrair a "classe criativa", pessoas que trabalham em serviços pós-industriais e em indústrias do conhecimento, como design, mídia digital e desenvolvimento de software. São pessoas que têm demandas específicas de estilo de vida, renda disponível e habilidades de produção para impulsionar o desenvolvimento econômico local. Argumentando que as cidades deveriam investir no apoio a suas propriedades e áreas capazes de atrair essa classe, Florida estimulou muitos órgãos governamentais das cidades a adotar as estratégias de outras cidades criativas. Reunindo as conceituações existentes sobre cidade criativa (Landry e Bianchini, 1995) e as noções duradouras de *clusters* [agrupamentos] (Porter, 1998), bairros criativos (Bell e Jayne, 2004) e espaços terceiros (Soja, 1996), a tese de Florida teve a vantagem persuasiva de vincular a melhoria dos ambientes físicos, a atração do capital privado e a perspectiva de mobilidade de classe às qualidades intangíveis da criatividade.

O trabalho de Florida tem recebido uma resposta crítica constante de comentaristas acadêmicos (por exemplo, Peck, 2005; Pratt, 2008; McGuigan, 2009), que argumentam que suas propostas reduzem a cultura apenas à economia. Eles alegam que Florida ignora as preocupações mais amplas da política cultural relacionadas à arte e às indústrias culturais, como a preservação do patrimônio, a promoção de um acesso social mais amplo aos recursos culturais e a melhoria das oportunidades para aqueles que trabalham nas ICCs. Essas críticas são interessantes por apresentarem argumentos generalizáveis a respeito dos problemas na tese de Florida, porém prestam menos atenção às questões específicas das localidades e às relações contingentes entre elas e as abordagens políticas que adotam ou lhes são impostas.

As ICCs foram identificadas repetidamente por seu potencial de apoio ao crescimento econômico nacional no Reino Unido desde a publicação do Documento de Mapeamento das Indústrias Criativas pelo DCMS, em 1998. Esse influente documento estratégico trouxe o termo "indústrias criativas" para a linguagem comum, estabelecendo fronteiras setoriais, embora muitas vezes contestadas, e acoplando-as a métodos para a medição de arte, cultura e criatividade como impulsionadores econômicos, sob a supervisão de uma força-tarefa: Indústrias Criativas do Novo Trabalhismo (Gross, 2020). Como está bem documentado, essa política provou ser uma alavanca significativa para outras agendas de desenvolvimento criativo e cultural nacionais e internacionais, promulgando o valor das ICCs para o crescimento econômico e incorporando um discurso de sólida união entre cultura e economia dentro de uma região – modelagem, regeneração e estratégias de marketing (Banks e O'Connor, 2017; Hesmondhalgh *et al.*, 2015).

MAPEANDO A ECONOMIA CRIATIVA

O mapeamento do documento de 1998 pode ter se restringido à geografia econômica do Estado-nação, mas também teve uma influência marcante nas formas como os instrumentos de política afetam e, em algum grau, definem o "local". Desde a sua publicação, um extenso corpo de pesquisa acadêmica e aplicada (incluindo Florida e seus críticos) tem procurado explicar as maneiras como as geografias econômicas se cruzam com as ICCs, mapeando, teorizando e considerando a distribuição de trabalho criativo no Reino Unido, revelando *clusters* de atividade e captando os sinais econômicos e os padrões de emprego em todos os setores incluídos na definição de economias criativas (por exemplo, Mateos-Garcia e Bakhshi, 2016; Gong e Hassink, 2017).

No início dos anos 2000, houve amplo apoio ao modelo de *clusters* para o desenvolvimento de indústrias locais (incluindo as criativas) (Swords, 2013), com base no argumento de Michael Porter (1998) de que o agrupamento de empresas de maior sucesso global de setores semelhantes é notavelmente comum em diferentes lugares do mundo. A maioria das regiões inglesas destacou seus *clusters* de indústrias criativas em documentos de estratégia regional: por exemplo, cinema e vidraria no Nordeste; cinema, televisão e produção digital no Sudoeste, principalmente em torno de Bristol; webdesign e serviços de internet em Yorkshire e Humberside; e uma variedade de indústrias criativas no Noroeste (Jayne, 2005).

A identificação desses *clusters* dependia muito da capacidade de mapeamento e abordagem da estratégia das indústrias criativas adotada em cada região, mas nenhum foi tão significativo, duradouro ou teve melhor desempenho quanto os *clusters* de indústrias criativas encontrados em Londres e no Sudeste. Entretanto, ainda faltava uma estrutura nacional acordada para mapear o desenvolvimento do setor que pudesse ser aplicada tanto local quanto nacionalmente (Jayne, 2005). Ao longo dos anos 2000, as metodologias e fontes de dados para mapear as indústrias criativas por meio da classificação industrial dos setores eram, na melhor das hipóteses, altamente contestáveis e, na pior, primitivas; em retrospectiva, mesmo os métodos usados para o Documento de Mapeamento das Indústrias Criativas (DCMS, 1998) foram considerados insuficientes e mal-informados (Gross, 2020). Essa situação foi, de alguma forma, resolvida pela adoção de ocupações relativas às indústrias criativas após uma revisão das estatísticas produzidas pelo DCMS em 2013 (DCMS, 2016), mas a busca do conjunto de ferramentas de mapeamento de indústrias criativas perfeito persiste (por exemplo, OECD, 2019).

As contínuas tentativas do Estado de aproveitar o valor econômico da produção e do consumo culturais foram habilmente documentadas por uma literatura crítica substancial baseada em sociologia, mídia e estudos culturais (principalmente em Banks e O'Connor, 2017; Hesmondhalgh *et al.*, 2015). A investigação crítica revelou uma variedade de estratégias discursivas e epistemológicas, com termos-chave e definições mudando de "arte" para "indústrias culturais" e desta para "indústrias criativas" (Garnham, 2005), na formulação de econometrias com o objetivo de localizar a criatividade nas áreas industriais e ocupacionais dentro das economias criativas (por exemplo, Nesta, 2012 e 2013). Esse "Estado-econômico" (Banks e O'Connor, 2017, p. 645) embutido nas indústrias criativas, unindo tecnologia digital e infraestrutura física às economias do conhecimento e ao poder brando, atraiu uma ampla gama de críticas. Existem preocupações de que a política das indústrias criativas atue como uma fusão neoliberal de cultura com economia (McGuigan, 2005), o que reforça as desigualdades estruturais de precárias áreas produtivas sob o disfarce da crescente classe criativa (Florida, 2002; McGuigan, 2009; Banks, 2017; Brook, O'Brien e Taylor, 2020) e resulta em desfechos desiguais para pessoas e lugares (por exemplo, Peck, 2005; Evans, 2009).

ECONÔMICO NÃO CULTURAL

Alguns proponentes alegam que tal política é apenas cultural, defendendo a discriminação de campos como ou "culturais" ou "econômicos" (ver Bakhshi e Cunningham, 2016), com arte e cultura de um lado e indústrias criativas de outro. Essa abordagem alimenta um grande corpo de trabalho liderado pela organização de pesquisa independente Nesta sobre a geografia econômica das ICCs (por exemplo, Mateos-Garcia e Bakhshi, 2016; Siepel *et al.*, 2020), que defende métodos para identificar *clusters* criativos, aglomeração, seus reflexos e seus efeitos multiplicadores das indústrias criativas locais (Gutiérrez-Posada *et al.*, 2021). Esse tipo de pesquisa e mapeamento das economias criativas demonstrou que as desigualdades regionais persistem tanto em relação à presença das indústrias criativas quanto a seu investimento (Tether, 2019). A maior lacuna é entre Londres e "o resto", mas também há disparidades entre outros lugares, em conjunto com as divisões sociais do Brexit e desigualdades socioeconômicas profundas e arraigadas por todo o Reino Unido. Em 2017, uma nova Estratégia Industrial nacional (BEIS, 2017) teve como objetivo resolver os problemas econômicos do Estado-nação, em meio a planos de devolução paralisados, dissidência das nações descentralizadas e perda de financiamento europeu após o Brexit, reformulando as estruturas nacionais de investimento, renovando a atenção à governança regional e enfatizando bem o estabelecimento de parcerias para aumentar a produtividade. Essa Estratégia Industrial designou as indústrias criativas como impulsionadoras da inovação e das economias locais, baseando-se fortemente nos modelos de *clusters* criativos conduzidos pelo governo e de estratégias locais para fornecer os meios de intervenção mais específicos às localidades. No entanto, eles foram substituídos na desordem das finanças públicas, instituições e economia causada pela pandemia de covid-19 e transplantados para uma agenda chamada Levelling Up, que visa melhorar a prosperidade com o investimento em infraestrutura para "todos os lugares e regiões geográficas" (HM Treasury, 2020, p. 7).

O formato da economia criativa tende a espelhar a economia mais ampla como uma ampulheta, com uma concentração de um reduzido número de grandes empresas no topo e, na base, as pequenas e médias empresas e os microempresários, com um funcionamento mais frágil e múltiplas barreiras para a criação de novos projetos (Flew, 2012, p. 98). Há também evidências crescentes de que o acesso ao trabalho nas indústrias criativas não é igual para todos, com mulheres, minorias étnicas e classes socioeconômicas mais baixas sistematicamente sub-representadas na força de trabalho (Brook, O'Brien e Taylor, 2020). Além disso, o trabalho artístico e cultural é precário e desprotegido, pois os trabalhadores costumam ser autônomos ou subsidiar seu trabalho por meio de outras receitas. O investimento público no desenvolvimento e promoção das ICCs não conseguiu resolver essas questões. A política não apenas falha em mitigar as más condições existentes para os trabalhadores culturais, mas também as obscurece e as reproduz sob uma forma de "capitalismo frio" globalizado que, em última análise, depende de baixos salários e barreiras à entrada e à progressão na carreira para certos grupos sociais e em algumas regiões (McGuigan, 2009; Faggian e Comunian, 2014). Os impactos econômicos da pandemia, portanto, foram sentidos de forma particularmente grave pelo setor criativo e cultural, cuja força de trabalho autônoma e muitas vezes precarizada não recebe o mesmo apoio financeiro que outros trabalhadores, com potencial de perder importantes habilidades à medida que as pessoas deixam a área e buscam voltar a estudar para conseguir empregos mais estáveis – o que se rotula de "geração perdida" (Feder *et al.*, 2021).

Duas outras críticas são feitas à abordagem econômica da regeneração cultural baseada no local. Em primeiro lugar, tende a afastar a produção cultural do consumo. Ela separa os locais de trabalho criativo e produtividade (e seus requisitos, como áreas de estúdio, acesso a cadeias de suprimentos e habilidades, *clusters* e redes) daqueles de públicos, visitantes e seus gastos (e seus requisitos, como ambientes de qualidade, marketing, transporte, lojas de museus, cafés e oportunidades de consumo). Esses espaços de consumo são privilegiados e higienizados, sendo removidas outras formas e vestígios locais de produção cultural, como grafite, skate e o *fly-posting* [lambe-lambe] do marketing de guerrilha (Gilmore, 2004). Em segundo lugar, como as áreas são alteradas por meio da regeneração, há problemas com sustentabilidade, gentrificação e deslocamentos. O valor dos aluguéis aumenta à medida que as áreas se tornam mais conceituadas e desejáveis, eliminando não apenas artistas e profissionais criativos que podem ter ajudado a iniciar a regeneração, mas também a classe trabalhadora estabelecida e novas populações de imigrantes, cujas habilidades podem não corresponder às exigidas pelas economias de serviços que chegam (Zukin, 1987; Evans, 2009). Os efeitos da regeneração são sentidos de forma desigual pelos residentes locais, cujas diferentes capacidades de se mudar, assim como seus gastos, são divididas por classe social:

> As classes médias criativas podem se mudar para onde quiserem; as classes desfavorecidas são deslocadas ou forçadas a se mudar para onde os mercados as enviam. O capital móvel flui, mas de maneiras decididamente desiguais, instáveis e não regulamentadas, reforçando a estabilidade em vez da mobilidade de classe. As estratégias culturais concebidas ostensivamente para o crescimento e o desenvolvimento habitacional da cidade podem afetar negativamente a sua habitabilidade, especialmente para os cidadãos mais desfavorecidos (Harvie, 2011, p. 17).

Assim, enquanto as classes médias podem decidir morar em ou "escolher pertencer" (Savage, 2010) a áreas em processo de gentrificação com acesso a segurança, serviços, escolas e oferta cultural de alta qualidade, as classes desfavorecidas dependem de escolhas fora do seu controle – por exemplo, nas opções fornecidas pelas associações de habitação ou ditadas pelos sistemas de transporte público[4].

CONCLUSÃO

Esta dissertação explorou alguns dos principais debates surgidos de pesquisas sobre arte, cultura e indústrias criativas e sua relação com a política e o lugar por meio de uma revisão bibliográfica com foco no Reino Unido, analisando a história recente de políticas que visam gerar valores extrínsecos que alavancam o desenvolvimento econômico e a regeneração cultural, através das lentes de seus defensores e críticos. Conclui-se que, apesar da insistência prolongada de que a cultura e a criatividade podem ser aproveitadas obtendo efeitos instrumentais para o desenvolvimento econômico local, o caso é muitas vezes questionável; a evidência parcial e os resultados são dependentes dos modelos e abordagens adotados e contingentes às propriedades e recursos nos locais onde são aplicados.

Muitos desses debates e suas críticas são agora bem conhecidos; entretanto, os formuladores de políticas parecem estar presos em uma porta giratória quando se trata de tomar decisões sobre o apoio à arte local e aos ambientes culturais e criativos. Os defensores do financiamento artístico e cultural situam em primeiro plano métricas econômicas e discursos instrumentais na esperança de que a defesa do investimento governamental seja fortalecida pela conexão do desenvolvimento econômico com a relação entre cultura e lugar. Embora a responsabilidade pelos recursos públicos deva incluir uma avaliação do valor do dinheiro e considerar como os efeitos extrínsecos podem ser aproveitados ao se apoiar a arte e a cultura, isso não deve ocorrer em detrimento de outros valores e deve priorizar uma política cultural adequada, e não para exibição. As ICCs oferecem o potencial para construir e moldar lugares, trazendo vitalidade e expressando identidade e senso de comunidade onde estão presentes. No entanto, como Brook *et al.* (2020) demonstram, elas também representam um meio para reproduzir desigualdades e prolongar as condições precárias de trabalho cultural, excluindo aqueles que ainda não são favorecidos por classe socioeconômica, etnia, gênero e localização.

Os efeitos provocados pela pandemia de covid-19 na economia global e nos setores criativos e culturais revelaram essas fragilidades, mas também ofereceram a oportunidade de reavaliar as relações entre cultura, política e lugar (Dunn e Gilmore, 2021). As políticas que envolvem as ICCs como instrumentos de desenvolvimento e regeneração econômicos me parecem, portanto, profundamente culturais em seus efeitos sobre as estruturas sociais, mesmo quando se concentram nos resultados econômicos. Argumentar a favor do apoio à produção cultural com base apenas em retornos econômicos instrumentais é exaustivo e um ato meramente discursivo. O investimento na arte e na cultura deve envolver mais – e não menos – deliberação sobre como defender os valores intrínsecos da produção e do consumo culturais na qualidade de componentes essenciais do lugar por direito próprio. Há sinais de que um recurso em potencial para quebrar esse ciclo na política cultural pode ser encontrado aderindo-se às abordagens baseadas no local, que defendem a inclusão de dimensões, conhecimentos e valores de várias perspectivas de qualquer lugar na formulação de políticas com foco nas pessoas "de baixo pra cima", e às abordagens baseadas em ativos (Munro, 2015). Como as restrições impostas pelo *lockdown* e o trauma da pandemia trouxeram à tona a importância dos bairros locais e espaços públicos e a possibilidade de envolvimento com arte, cultura e criatividade para o bem-estar pessoal e comunitário, uma ênfase em abordagens de políticas culturais orientadas por valores que conectam interesse e prática no local deve ter prioridade sobre aquelas que reduzem a cultura apenas à economia.

Notas

1 Dissertação baseada em pesquisa contratada pelo Centre for Labour and Social Studies, publicada por Gilmore (2014), e em pesquisa para o projeto Impacts of Covid-19 on the Arts and Cultural Industries, do UKRI. Ver www.culturalvalue.org.uk/the-team/covid-19-research-project.

2 Seguido de outra revisão da literatura por Evans e Shaw (2006) incluindo respostas ao relatório, bem como de uma literatura mais crítica da pesquisa acadêmica que identificou questões sobre a sustentabilidade dos projetos de capital e o relacionamento da comunidade local e da identidade cultural com processos de globalização cultural e problematizou a agenda de regeneração.

3 O programa de pesquisa Impacts 08 foi conduzido pela University of Liverpool e pela Liverpool John Moores University e contratado pela Culture Company.

4 Para uma discussão mais extensa, consultar o artigo de Mike Savage "The Politics of Elective Belonging" (2010), que discute a mobilidade residencial e o apego ao lugar tendo em consideração as maneiras como podemos compreender os aspectos simbólicos e culturais das relações das pessoas com casas e lugares, bem como os aspectos estruturais das desigualdades da "espacialização da classe" (Savage, 2010, p. 115). As narrativas de escolha e estilo de vida que Savage discute com base nas respostas dos entrevistados de classe média revelando suas decisões sobre moradia contrastam fortemente com as dadas em Cheetham e Broughton, como parte da pesquisa Understanding Everyday Participation, que descreve sua escolha de habitação em termos de onde eles não queriam viver (em: www.everydayparticipation.org).

Referências bibliográficas

Arts Council England. *The Value of Arts and Culture to People and Society an Evidence Review*, Manchester: Arts Council England, 2014a.

Bakhshi, H.; Cunningham, S. *Cultural Policy in the Time of the Creative Industries*, Londres: Nesta, 2016. Disponível em: www.nesta.org.uk/report/cultural-policy-in-the-time-of-the-creative-industries.

Banks, M.; O'Connor J. "Inside the Whale (and how to Get out of there): Moving on from Two Decades of Creative Industries Research", em: *European Journal of Cultural Studies*, n. 20:6, 2017, pp. 637–54.

Bell, D.; Jayne, M. (eds.) *City of Quarters: Urban Villages in the Contemporary City*, Ashgate, 2004.

Brook, O.; O'Brien, D.; Taylor, M. *Culture is Bad for you*, Manchester: Manchester University Press, 2020.

Chapain C.; Comunian R. "Enabling and Inhibiting the Creative Economy: the Role of the Local and Regional Dimensions in England", em: *Regional Studies*, n. 44:6, 2010, pp. 717–34. DOI: 10.1080/00343400903107728.

Cooper, B. *Cultured Communities: the Crisis in Local Funding for Arts and Culture*, Londres: Fabian Society, 2020.

Cultural Policy Center at the University of Chicago. *Set in Stone: Building America's New Generation of Arts Facilities, 1994–2008*, Chicago: CPC, 2012. Disponível em: culturalpolicy.uchicago.edu/sites/culturalpolicy.uchicago.edu/files/setinstone/finalreport/index.shtml.

DCMS. *Creative Industries Economic Estimates Methodology*, Londres: HMSO, 2016.

DCMS. *Creative Industries Mapping Documents 1998*, HMSO, 1998. Disponível em: www.gov.uk/government/publications/creative-industries-mapping-documents-1998.

DCMS. *Culture at the Heart of Generation*, Londres: Department for Culture, Media and Sport, 2005.

DCMS. *The Contribution of Sport and the Arts* (Policy Action Team 10), Londres: HMSO, 1999.

Dunn, B.; Gilmore, A. *Place Matters: Greater Manchester, Culture and "Levelling up"*, Centre for Cultural Value, 2021. Disponível em: www.culturehive.co.uk/CVIresources/place-matters-greater-manchester-culture-and-levelling-up.

Evans, G. "From Cultural Quarters to Creative Clusters: Creative Spaces in the New City Economy", em: *The Sustainability and Development of Cultural Quarters: International Perspectives*, Legner, M. (ed.), Estocolmo: Institute of Urban History, 2009, pp. 32–59.

Evans, G.; Shaw, P. "Literature Review: Culture and Regeneration", em: *Arts Research Digest*, n. 37, 2006, pp. 1–11.

Feder, T. *et al. Fatima's Next Job Won't Be in Cyber: Creative Workers and Education during the Pandemic*, 2021. Disponível em: www.culturehive.co.uk/CVIresources/fatimas-next-job-wont-be-in-cyber-creative-workers-and-education-during-the-pandemic.

Flew, T. *The Creative Industries*, Londres: Sage, 2012.

Florida, R. *The Rise of the Creative Class*. Nova York: Basic Books, 2002.

Garnham, N. "From Cultural to Creative Industries: an Analysis of the Implications of the 'Creative Industries' Approach to Arts and Media Policy Making in the United Kingdom", em: *International Journal of Cultural Policy*, n. 11, 2005, pp. 15–29.

Gilmore, A. "Popular Music, Urban Regeneration and Cultural Quarters: the Case of the Rope Walks, Liverpool", em: Bell, D.; Jayne, M. (eds.), *City of Quarters: Urban Villages in the Contemporary City*, Ashgate, 2004.

Gilmore, A. *Raising our Quality of Life: the Importance of Investment in Arts and Culture*, Centre for Labour and Social Studies, 2014. Disponível em: classonline.org.uk/docs/2014_Policy_Paper_-_investment_in_the_arts_Abi_Gilmore.pdf.

Gray, C. "Local Government and the Arts Revisited", em: *Local Government Studies*, n. 43:3, 2017, pp. 315–22. DOI: 10.1080/03003930.2016.1269758.

Gross, J. *The Birth of the Creative Industries Revisited: an Oral History of the 1998 DCMS Mapping Document*, Londres: King's College London, 2020.

Gutiérrez-Posada, D.; Kitsos, T.; Nathan, M.; Nuccio, M. *Do Creative Industries Generate*

Multiplier Effects? Evidence from UK Cities, 1997–2018, City-REDI, University of Birmingham, University College London, 2021.

Harvie, J. *'Social Mobility': Cultural Policy, Art Practices, Gentrification and Social Housing*, Performance Research Group, Public Investments, Londres: King's College London. Trabalho apresentado em 24 de outubro de 2011.

Hesmondhalgh, D. *et al. Culture, Economy and Politics: the Case of New Labour*, Londres: Palgrave Macmillan, 2015.

Hesmondhalgh, D.; Pratt A. "Cultural Industries and Cultural Policy", em: *International Journal of Cultural Policy*, n. 11 (1), 2005, pp. 1–14.

HM Treasury. *The Levelling up Fund Prospectus*, 2020. Disponível em: www.gov.uk/government/publications/levelling-up-fund-prospectus.

Jayne, M. "Creative Industries: the Regional Dimension?", em: *Environment and Planning C: Government and Policy*, n. 23, 2005, pp. 537–56.

Landry, C.; Bianchini, F. *The Creative City*, Londres: Demos/Comedia, 1995.

Mateos-Garcia, J.; Bakhshi, H. *The Geography of Creativity in the UK: Creative Clusters, Creative People and Creative Networks*, Londres: Nesta, 2016.

McGuigan, J. "Doing a Florida Thing: the Creative Class Thesis and Cultural Policy", em: *International Journal of Cultural Policy*, n. 15 (3), 2009, pp. 291–300.

McGuigan, J. "Neoliberalism, Culture and Policy', em: *International Journal of Cultural Policy*, 2005.

McGuigan, J. *Rethinking Cultural Policy*, Maidenhead, Berkshire: Open University Press, 2004.

Nermond, O.; Lee, N.; O'Brien, D. "The European Capital of Culture: a Review of the Academic Evidence", em: *AHRC Creative Industries Policy & Evidence Centre Discussion Paper 2021/08*, jul. 2021. Disponível em: www.pec.ac.uk/discussion-papers-the-european-capital-of-culture-a-review-of-the-academic-evidence.

Nesta. *A Dynamic Mapping of the UK's Creative Industries*, 2012. Disponível em: www.nesta.org.uk/report/a-dynamic-mapping-of-the-uks-creative-industries.

OECD. *Summer Academy on Cultural and Creative Industries and Local Development*, Handbook, Trento: OECD Trento Centre for Local Development, 2019.

Peck, J. "Struggling with the Creative Class", em: *International Journal of Urban and Regional Research*, v. 29.4, dez. 2005, pp. 740–70.

Porter, M. "Clusters and the New Economics of Competition", em: *Harvard Business Review Magazine*, nov.-dez. 1998. Disponível em: hbr.org/1998/11/clusters-and-the-new-economics-of-competition.

Pratt, A. "Creative Cities: the Cultural Industries and the Creative Class", em: *Geografiska Annaler: Series B, Human Geography*, n. 90:2, 2008, pp. 107–17. DOI: 10.1111/j.1468–0467.2008.00281.x.

Rex, B.; Campbell, P. "The Impact of Austerity Measures on Local Government Funding for Culture in England", em: *Cultural Trends*, 2021. DOI: 10.1080/09548963.2021.1915096.

Savage, M. "The Politics of Elective Belonging", em: *Housing, Theory and Society*, v. 27, n. 2, 2010, pp. 115–61.

Siepel, J. *et al. Creative Industries Radar: Mapping the UK's Creative Clusters and Microclusters*, Londres: PEC, 2020. Disponível em: www.pec.ac.uk/assets/publications/PEC-Creative-Radar-report-November-2020.pdf.

Soja, D. *Thirdspace: Journeys to Los Angeles and Other Real-and-Imagined Places*, Wiley-Blackwell, 1996.

Tether, B. "Mind the Gap Regional Inequalities in the UK's Creative Industries", em: *Creative Industries Policy and Evidence Centre*, Discussion Paper, 2019/01. Disponível em: www.pec.ac.uk/assets/publications/PEC-Discussion-Paper-1-Regional-Inequalities-October-2019-FINAL.pdf.

What Works Centre for Local Economic Growth. "Sport and Culture", em: *Evidence Review*, 2016. Disponível em: whatworksgrowth.org/policy-reviews/sports-and-culture/evidence-review.

Zukin, S. "Gentrification: Culture and Capital in the Urban Core", em: *Annual Review of Sociology*, v. 13, 1987, pp. 129–47.

FRANÇOISE BENHAMOU é professora emérita da Université Sorbonne Paris Nord, presidente do Cercle des Économistes e do Comitê de Independência e Pluralismo de Informações e Programas da Rádio France, vice-presidente do Comitê Consultivo para os programas do canal Arte, membro do Conselho de Vendas Voluntárias, do conselho da Agência do Livro, Cinema e Audiovisual (Alca), na Nova Aquitânia, do Comitê Científico da CSA (agência reguladora independente do setor audiovisual), do Centro Nacional da Música, da Biblioteca Nacional da França, do programa Démos (Philharmonie de Paris) e do France Muséums Développement. Anteriormente, presidiu a Association for Cultural Economics International (Acei) e foi membro da Arcep (agência independente responsável pela regulamentação dos serviços de telecomunicações e internet) e do Conselho do Museu do Louvre, em Paris. É autora de vários livros e artigos sobre economia da cultura, mídia e tecnologia digital.

A economia do patrimônio cultural[1]

FRANÇOISE BENHAMOU

A economia do patrimônio cultural edificado tem um status particular na área da economia da cultura. Os bens de patrimônio compartilham algumas características com outros bens culturais, principalmente a singularidade e sua percepção como bens de mérito. Eles também diferem de outros bens culturais devido à durabilidade e à irreversibilidade; se um edifício histórico for transformado ou destruído, não pode ser refeito nem restaurado à sua forma original. Com base nessa visão, a economia do patrimônio se aproxima da economia do meio ambiente. Elas compartilham a preocupação com a sustentabilidade e a existência de uma demanda internacional ligada ao turismo (ver a edição especial do *Journal of Cultural Economics* sobre turismo e cultura) e à ideia de que o *corpus* patrimonial existente pertence a todas as pessoas. Elas também compartilham os riscos associados a degradação e poluição ambiental, por um lado, e turbulências geopolíticas, por outro.

Bens patrimoniais geram sentimentos contraditórios entre os pesquisadores. As publicações não são tão numerosas, provavelmente devido às grandes dificuldades metodológicas: as questões empíricas carecem de dados e os estudos comparativos são limitados pela própria especificidade das situações nacionais. Além disso, há um consenso moderado a favor da regulamentação pública, ao passo que o subsídio é criticado por sua ineficiência.

DEFINIÇÃO

O patrimônio inclui diferentes formas de capital cultural "que incorporam o valor da comunidade em sua dimensão social, histórica ou cultural" (Throsby, 1997, p. 15). Neste texto, enfatizamos apenas a questão do patrimônio edificado, no sentido restritivo de patrimônio imóvel, incluindo sítios arqueológicos e edifícios e centros urbanos históricos (ou parte deles). Uma definição mínima identificaria o patrimônio edificado como as construções e os monumentos herdados do passado com uma dimensão cultural ou histórica que justifique a sua preservação para as próximas gerações, mas também monumentos contemporâneos cujo valor simbólico ou cultural é elevado, como casas ou edifícios concebidos por arquitetos internacionais de elite. Mesmo nesse sentido, o patrimônio inclui uma grande diversidade de bens, cuja definição muda no tempo e no espaço, e depende da variedade de dimensões (simbólica, cultural, orientada para a identidade nacional, social etc.) incluídas no conceito (Chastel, 1986). Portanto, o patrimônio é uma construção social cujas fronteiras são instáveis e indefinidas, com uma fonte tripla de extensões: os acréscimos históricos, os itens adicionais (parques, edifícios industriais e outros) e o valor intangível de ativos tangíveis. Este último aspecto pode ser considerado um valor de capital (Rizzo e Throsby, 2006). Ele também diz respeito a marcas e direitos de propriedade que derivam do patrimônio. Por fim, o patrimônio tangível tem uma dimensão intangível que pode justificar o uso de marcas como forma de criação de valor. Por exemplo, o Castelo de Chambord, no Vale do Loire, na França, criou uma marca protegida por direitos de propriedade e vende vinho e outros produtos denominados "Château de Chambord".

Peacock (1995 [1997], p. 195) argumenta a favor de uma definição beckeriana de patrimônio como "um serviço intangível que beneficia seus consumidores e para o qual edifícios históricos e artefatos são insumos". A definição reconhece a existência de substitutos para bens que compartilham algumas características. Essa concepção apresenta a vantagem de incluir serviços oferecidos por meio de novas tecnologias, desde que o consumidor considere o acesso on-line um substituto satisfatório para o uso real. Evrard e Krebs (2018) insistem no baixo nível de substituibilidade devido ao alto valor de autenticidade para os visitantes (ver também Borowiecki *et al.*, 2016).

Uma definição institucional (a lista oficial de edifícios históricos) é o oposto de uma definição informal (o que historiadores da arte ou cidadãos acham que deve ser mantido e preservado). Diferentes definições institucionais de patrimônio também podem ser distinguidas, dependendo do nível da administração pública responsável pelo patrimônio: desde o prefeito de uma cidadezinha decidindo restaurar uma pequena igreja rural até uma organização internacional como a Unesco fornecendo listas de atributos que considera serem a base de um patrimônio humano internacional (Frey *et al.*, 2011; Bertacchini e Saccone, 2012; Wuepper e Patry, 2017). Em 2010, a lista do Patrimônio Mundial incluía 890 bens considerados pela Unesco de valor universal excepcional. Esses bens compartilham algumas características de bens públicos globais: a tomada de decisões envolve muitos países no processo de preservação. Seu valor simbólico ultrapassa as fronteiras entre países ou gerações (Frey e Pamini, 2009).

As autoridades locais ou nacionais podem opor-se à demanda internacional. Ao contrário do que alegam Klamer e Throsby (2000), a preservação nunca é inequívoca, como vimos na destruição de esculturas gigantes do Afeganistão pelo Talibã em 2011, mas também como vemos no debate recorrente sobre a espoliação e restituição de partes de monumentos (por exemplo, o friso do Partenon e sua exposição no British Museum) ou na polêmica questão da destruição ou preservação dos centros urbanos construídos na década de 1950 (Hoffman, 2006). No final de 2017, o presidente da França, Emmanuel Macron, declarou em Uagadugu que "dentro de cinco anos estarão reunidas as condições para a restituição temporária ou definitiva do patrimônio africano". Um relatório altamente polêmico de Savoy e Sarr (2018) observa que pelo menos 90 mil obras de arte da África Subsaariana são encontradas nas principais coleções públicas europeias e propõe fazer um inventário e uma transferência da maioria das obras reivindicadas.

CARACTERÍSTICAS DO PATRIMÔNIO CULTURAL

Os monumentos e edifícios culturais podem ser de propriedade privada ou pública. Seja qual for o seu status, eles têm características de bem público. Em primeiro lugar, a indivisibilidade em geral prevalece: o consumo de bens de propriedade pública é potencialmente idêntico para todos os consumidores, desde que os monumentos – sobretudo suas fachadas – representem bens conjuntos e não rivais. No entanto, pode ocorrer um congestionamento em monumentos superlotados, pondo-os em risco: a degradação, especialmente em locais ou monumentos célebres (por exemplo, Veneza, o Monte Saint-Michel, a Estátua da Liberdade, a Torre de Pisa e o templo de Angkor Wat), ameaça edifícios que atraem muitos visitantes. Para esses monumentos, a reputação aumenta com o número de usuários, criando externalidades de rede. Benhamou e Thesmar (2011) sugerem um ligeiro aumento da taxa de turismo cobrada sobre quartos de hotel e a atribuição dessa receita ao patrimônio, de forma que internalize as externalidades positivas do patrimônio para a indústria turística e compense a deterioração do patrimônio resultante do turismo em massa. Em segundo lugar, as externalidades são uma fonte de falha de mercado: o patrimônio constitui um legado a ser transmitido às gerações futuras (valor do legado); o patrimônio também confere benefícios individuais aos cidadãos que não contribuíram para a sua produção ou preservação; e muitos economistas enfatizam os efeitos positivos dos monumentos históricos para as atividades locais e o turismo.

Além disso, a exclusão nem sempre é possível ou desejável. Greffe (2003) aborda a questão da precificação (quando possível). Ele analisa a gestão de locais e edifícios e as políticas de discriminação de preços, ressaltando a falta de clareza resultante da grande variedade de políticas.

Essas características constituem um forte argumento para o financiamento público, a fim de corrigir a falha de mercado, e para a impossibilidade de basear a escolha da preservação apenas nas forças mercantis (Mossetto, 1994; Koboldt, 1997).

O VALOR DE MERCADO DE EDIFÍCIOS HISTÓRICOS: ALGUMAS QUESTÕES METODOLÓGICAS

Uma das maiores dificuldades metodológicas é a avaliação da oferta e da demanda. Há ferramentas disponíveis para avaliar a demanda por patrimônio e a disposição a pagar. Os métodos de avaliação contingente valorizam as preferências que os consumidores atribuem ao patrimônio. Diferentes vieses são inerentes a essa metodologia baseada em pesquisa, como o *free-riding*, que pode ser explicado pela natureza da propriedade coletiva de certos bens, conforme descrito anteriormente. Os referendos têm a vantagem de unir a avaliação das alternativas concorrentes com as decisões democráticas. Eles são realizados rotineiramente na Suíça (Frey, 1997). O método do custo da viagem é baseado na hipótese de que o valor gasto (incluindo o custo de oportunidade de tempo) para chegar aos locais dos patrimônios é um indicador satisfatório da disposição dos visitantes a pagar. No entanto, esse método subestima a demanda ao excluir não usuários.

O valor de mercado de edifícios históricos é a locação do imóvel. Pode ser muito diferente de seu valor científico (como objeto de estudo) e de seu valor de comunicação (a importância social do patrimônio, seu valor estético e comercial); um imóvel com valor de mercado zero, exceto o terreno (por exemplo, uma igreja rural), pode ter um valor patrimonial muito grande. Os bens de patrimônio têm tanto o valor da opção como o da existência. O primeiro é definido por aquilo que o não usuário está disposto a pagar para preservar a possibilidade de se beneficiar de um bem no futuro. O valor da existência fica evidente quando os indivíduos são beneficiados com a mera existência de bens culturais que não consomem diretamente.

O método de preços hedônicos é teoricamente muito mais convincente. De acordo com ele, um edifício é considerado um conjunto de características. Esse método estima as diferenças de valor de edifícios com atributos idênticos, mas localizados em duas áreas distintas (tombada e não tombada), considerando que o valor de um imóvel pode ser visto como a soma dos preços-sombra das suas características. Infelizmente, muitas dificuldades surgem para a estimativa de preços hedônicos (Stabler, 1995).

Foi sugerido que a percepção da importância de preservar o passado aumenta com a idade dos consumidores, especialmente durante rápidas alterações sociais e econômicas, quando as identidades nacionais parecem ameaçadas. Portanto, a intensidade da demanda varia de acordo com uma série de fatores: acesso, receitas, preço e idade.

Os custos de restauração e manutenção são altos, uma vez que elas implicam a contratação de mão de obra qualificada e o uso de materiais de construção raros e, portanto, caros (Benhamou, 1996). Além disso, o estoque dos patrimônios contribui para o aumento desses custos. Indiscutivelmente, ninguém pode antecipar se as edificações poderão sobreviver ao tempo. Essa incerteza requer a mais ampla política de preservação possível, levando em consideração o fato de que as preferências atuais dos consumidores podem diferir fortemente das futuras. Contudo, o vasto ônus financeiro da preservação impõe a necessidade de selecionar um conjunto de edifícios entre a grande variedade de possibilidades e reivindicações. Dois tipos de critério coexistem: critérios objetivos, como a idade do edifício, o seu estado de conservação e a urgência da situação; e critérios subjetivos, como a definição de especialistas que dão o aval aos bens patrimoniais. Com os critérios subjetivos, existe o risco de um processo trivial e autorreferencial (Throsby, 2001), visto que eles não são bem estabelecidos e podem ser determinados por especialistas em benefício próprio. Os reguladores têm suas próprias preferências, que são impostas ao público; nesse caso, a captura regulatória leva, como ocorre com outros serviços públicos, a um excesso de oferta de patrimônio.

REGULAMENTAÇÕES

Quando o estoque de itens culturais é grande, o valor marginal de um item específico é baixo (Hutter, 1997; Netzer, 1998); essa é uma explicação para o baixo nível de preservação na Itália. O problema provavelmente é causado apenas pelos enormes custos de preservação naquele país. Throsby (2001) confronta as regulamentações brandas com as rígidas. As primeiras abrem a possibilidade de incentivos fiscais e subsídios relativamente grandes ou de acordos simples; as segundas incluem restrições legais aplicáveis ao uso, à troca e à transformação.

Exige-se que os proprietários estejam em conformidade com uma série de condicionantes que vão desde restrições a alteração, demolição e supervisão das obras por especialistas públicos até a exigência de que elas sejam realizadas por empreiteiros licenciados. Além disso, em muitos países, as deduções de impostos sobre heranças são aplicadas na abertura ao público do imóvel por um período definido. Dessa forma, a regulamentação cria um incentivo para divulgar os bens patrimoniais e fornecer serviços ao público. No entanto, a regulamentação também fomenta a solicitação de subsídios, ocasionando um risco moral ao criar uma propensão coletiva para produzir mais patrimônio do que seria preservado em uma situação de livre-mercado (Benhamou, 1996). Indivíduos pesam os lucros e prejuízos do patrimônio de forma assimétrica, tendo uma propensão natural para solicitar a preservação. Os custos sociais da preservação podem ser muito mais altos do que o socialmente desejável.

Teoricamente, conferir a um monumento uma marca de qualidade arquitetônica tem um efeito relevante sobre o seu valor de mercado. Entretanto, um estudo realizado no Reino Unido em 1993 não encontrou nenhuma importante mudança no valor comercial. Creigh-Tyte (2000) compara devoluções de imóveis de escritórios tombados e não tombado no período de 1980–95. Ele conclui que o valor dos imóveis tombados construídos antes de 1974 corresponde de forma aproximada ao de seus equivalentes não tombados. Além disso, o valor dos imóveis tombados mais antigos (anteriores a 1945) excede ligeiramente o do restante dos imóveis. Infelizmente, os dados coletados por essa pesquisa dizem respeito apenas a escritórios e não a edifícios residenciais.

O tombamento dá origem a um efeito duplo de contraste sobre o valor: um valor mais alto por causa do significado simbólico contra um valor mais baixo por causa de uma perda resultante dos custos oriundos de restrições e atrasos. Os subsídios podem compensar isso.

Uma forma alternativa de analisar a questão dos efeitos do tombamento no valor de mercado consiste em levar em consideração a alocação de direitos de propriedade. Diferentes indivíduos podem usufruir de atributos distintos da mesma mercadoria (Barzel, 1997). Assim, entre os múltiplos atributos de um edifício histórico, alguns pertencem ao proprietário privado e outros devem ser partilhados com o público, uma vez que fazem parte do patrimônio coletivo nacional. Por isso, restrições ao comportamento do proprietário são impostas a fim de proteger os direitos dos outros cidadãos, e as autoridades públicas captam uma parte dos direitos de propriedade devido à qualidade patrimonial inerente ao imóvel. O Estado e os proprietários compartilham a responsabilidade pela restauração dos monumentos registrados, como é observado na maioria dos países.

Sable e King (2001) identificam uma dupla característica do bem público: os bens históricos têm uma função doméstica e contribuem para a externalidade da "experiência compartilhada". Essa experiência leva a uma preocupação pública e pode legitimar regulamentações. O argumento da dupla natureza se aplica melhor a fachadas do que a interiores; a ideia de preservar apenas aquelas deu origem a uma opção de preservação muito questionável denominada *fachadismo*, que consiste em manter a integridade das fachadas e reorganizar livremente os interiores, com os proprietários tendo liberdade para adaptar seus imóveis à vida moderna. Os historiadores da arte geralmente criticam tal prática, considerando implicar uma perda de valor cultural. A questão da qualidade é enfatizada por Mossetto e Vecco (2001) ao demonstrarem que as pessoas desejam manter o patrimônio quase inalterado por séculos, como no caso de Veneza, de forma que os custos de conservação aumentam quase continuamente. A reutilização responde a questões de custo, mas é sempre suscetível a ameaçar a qualidade histórica de um local. Como no caso da doença de custos de Baumol aplicada às artes cênicas, economizar nos gastos pode levar a uma diminuição na qualidade.

Um debate interessante diz respeito ao grau de restauração. As reproduções idênticas devem buscar soluções da obra original ou manter as transformações arquitetônicas feitas em diferentes períodos? A conhecida teoria arquitetônica de Viollet-le-Duc baseia-se na ideia de misturar história com modernidade (Leniaud, 1994). Essa questão está próxima da inalienabilidade. Quando os edifícios históricos são de posse pública, há alguma possibilidade de aplicar as forças do mercado a fim de diminuir o ônus da preservação para os contribuintes? O mesmo problema concerne a algumas obras de arte guardadas em museus públicos (desincorporação). Desse ponto de vista, a problemática da preservação do patrimônio imóvel (prestação de serviços de localização fixa) partilha muitos aspectos com os artefatos móveis.

Peacock nega a existência de direitos inalienáveis de preservação de edificações que levariam cada geração a preservar um patrimônio equivalente ao que herdou. Essa questão de redistribuição intertemporal se baseia em supor que os futuros consumidores cobrirão os custos de tal acumulação. Ele acrescenta que não há fundamentos que justifiquem

> [forçar] as atuais gerações, especialmente nos países pobres, a fazer os sacrifícios implícitos em termos do uso alternativo de recursos na expectativa – que pode ser falsa – de que as gerações futuras perceberão benefícios agregados de uma herança de artefatos históricos à custa de outras formas de capital físico (Peacock, 1995 [1997], p. 229).

A questão fica mais complicada quando se leva em conta a preocupação internacional com a preservação do patrimônio. Segundo Netzer (1998), há casos em que estrangeiros estão dispostos a contribuir, por opção, com a preservação, existência ou herança de valores. A demanda internacional por serviços de patrimônio em muitos países pobres é insuficiente quando o financiamento da preservação depende apenas do processo de tomada de decisão nacional.

PRIVADO *VERSUS* PÚBLICO, LOCAL *VERSUS* CENTRAL

Grande parte do patrimônio cultural permanece em mãos privadas. Mossetto (1994) observa a existência de três níveis diferentes para o grau de preservação: reutilização, restauração (parcial) e preservação.

Nos dois primeiros, o mercado funciona de maneira adequada; no terceiro, a regulação pública é inevitável. Um dos problemas específicos é o risco associado aos dois primeiros casos: sem nenhuma intervenção, o patrimônio pode ser radicalmente transformado e o seu valor a longo prazo reduzido pela perda das suas características históricas.

A privatização é frequentemente apresentada como uma solução para limitar os gastos públicos. Seja qual for o caso, ao financiamento privado pode se somar o financiamento público, que ajuda os proprietários de edifícios tombados a realizar obras e preservar o imóvel. Portanto, o financiamento privado e o público não conflitam. Existem soluções altruístas privadas, como é o caso de instituições sem fins lucrativos responsáveis pelo patrimônio (por exemplo, o National Trust na Inglaterra e na Escócia) e organizações de auxílio. Outras formas de altruísmo privado dependem da quantidade de trabalho voluntário nessa área. No Reino Unido, foi desenvolvida a National Lottery, que colabora para o financiamento do patrimônio, limitando o ônus da contribuição a adeptos de jogos de azar, o que causa um efeito regressivo (Peacock, 1995 [1997]). Esse modelo existe na Itália (desde 1997) e na França (desde 2018) com arranjos diferentes. A estrutura final de financiamento depende do contexto, da natureza e da extensão das externalidades.

Alguns debates enfatizam uma segunda oposição: entre apoio local e central. De acordo com Peacock, a repartição do financiamento entre autoridades regionais e locais aumentaria o envolvimento individual no processo de tomada de decisão. No entanto, a legitimidade dessa repartição depende do tipo de monumento em questão. Um estudo de caso na Sicília mostra que a descentralização não diminui a diferença entre as preferências dos eleitores locais e as dos formuladores de políticas: embora a responsabilidade administrativa dependa das autoridades locais, os recursos ainda vêm das autoridades centrais (Rizzo, 2002).

CONSIDERAÇÕES FINAIS

A economia do patrimônio edificado não habita um gueto preocupado apenas com a preservação do passado. Os economistas ajudam os formuladores de políticas a encontrar soluções adequadas quando os direitos de propriedade intelectual intervêm no processo de decisão. Eles argumentam, por exemplo, que cada imagem da Pirâmide do Louvre, projetada por Pei, gera *royalties* para seu arquiteto. E valorizam a maneira como a digitalização aumenta o valor de mercado dos monumentos, ampliando o círculo de seus usuários potenciais (como na relação da indústria fonográfica com as artes cênicas).

É preciso, além disso, que os economistas realizem mais estudos sobre o impacto da regulamentação nos comportamentos de oferta e demanda em relação ao patrimônio em um contexto de globalização e digitalização. Esta permite aprimorar o acesso a informações ao criar um comportamento em cascata (Bikhchandani *et al.*, 1992), como ocorreu com o videoclipe "Apes**t", lançado em 2018 no Louvre por Beyoncé e Jay-Z, que atingiu a marca de 150 milhões de visualizações em um ano. O museu até mesmo criou um *tour* de noventa minutos chamado "Jay-Z e Beyoncé no Louvre". A tecnologia torna a visita aos patrimônios menos intimidante e permite reunir obras praticamente dispersas (Benhamou, 2019). É também uma ferramenta para preservar a memória de lugares destruídos (Martinez, 2015). Muitos caminhos estimulantes para novas pesquisas ainda estão abertos nessa área.

Notas

1 Artigo originalmente publicado em *A Handbook of Cultural Economics*, 2ª ed., 2011. [N. do org.]

Referências bibliográficas

Barzel, Y. *Economic Analysis of Property Rights*, Cambridge: Cambridge University Press, 1997.

Benhamou, F. *Economie du patrimoine culturel*, 2ª ed., Paris: La Découverte, 2019.

Benhamou, F. "Is Increased Public Spending for the Preservation of Historic Monuments Inevitable? The French Case", em: *Journal of Cultural Economics*, n. 20 (2), 1996, pp. 115–31.

Benhamou, F.; Thesmar, D. *Valoriser le patrimoine culturel de la France*, Paris: La Documentation Française, 2011.

Bertacchini, E. E.; Saccone, D. "Toward a Political Economy of World Heritage", em: *Journal of Cultural Economics*, n. 36 (4), 2012, pp. 327–52.

Bikhchandani, S.; Hirshleifer, D.; Welch, I. "A Theory of Fads, Fashion, Custom, and Cultural Change as Informational Cascades", em: *Journal of Political Economy*, n. 100 (5), 1992, pp. 992–1026.

Borowiecki, K. J.; Forbes, N.; Fresa, A. (eds.) *Cultural Heritage in a Changing World*, Springer, 2016.

Chastel, A. "La notion de patrimoine", em: Nora, P. (ed.), *Les lieux de mémoire*, 2 v., Paris: Gallimard, 1986, pp. 405–50.

Creigh-Tyte, S. W. "The Built Heritage: Some British Experience", em: *Recherches Economiques de Louvain*, n. 66 (2), 2000, pp. 213–30.

Evrard, L.; Krebs, A. "The Authenticity of the Museum Experience in the Digital Age: the Case of the Louvre", em: *Journal of Cultural Economics*, n. 42 (3), 2018, pp. 333–35.

Frey, B. S. "The Evaluation of Cultural Heritage: Some Critical Issues", em: Hutter, M.; Rizzo, I. (eds.), *Economic Perspectives on Cultural Heritage*, Londres: Macmillan, 1997, pp. 31–49.

Frey, B. S.; Pamini, P. "Making World Heritage truly Global: the Culture Certificate Scheme", Working Paper n. 419, Institute for Empirical Research in Economics, Zurique, 2009.

Frey, B. S.; Pamini, P.; Steiner, L. "What Determines the World Heritage List? An Econometric Analysis", Working Paper, University of Zurich, 2011.

Greffe, X. *La valorisation économique du patrimoine*, Paris: La Documentation Française, 2003.

Hoffman, B. T. (ed.) *Art and Cultural Heritage: Law, Policy, and Practice*, Cambridge: Cambridge University Press, 2006.

Hutter, M. "'Economic Perspectives on Cultural Heritage: an Introduction", em: Hutter, M.; Rizzo, I. (eds.), *Economic Perspectives on Cultural Heritage*, Londres: Macmillan, 1997, pp. 3–10.

Klamer, A.; Throsby, D. "Paying for the Past: the Economics of Cultural Heritage", em: *World Culture Report*, Paris: Unesco, 2000, pp. 130–45.

Koboldt, C. "Optimizing the Use of Cultural Heritage", em: Hutter, M.; Rizzo, I. (eds.), *Economic Perspectives on Cultural Heritage*, Nova York: St. Martin's Press, 1997, pp. 50–73.

Leniaud, J.-M. *Viollet-le-Duc ou les délires du système*, Paris: Mengès, 1994.

Martinez, J. L. "Cinquante propositions françaises pour protéger le patrimoine de l'humanité", Relatório ao Presidente da República, Paris, 2015.

Mossetto, G. "The Economic Dilemma of Heritage Preservation", em: Peacock, A.; Rizzo, I. (eds.), *Cultural Economics and Cultural Policies*, Dordrecht: Kluwer Academic, 1994, pp. 81–96.

Mossetto, G.; Vecco, M. *Economia del Patrimonio Monumentale*, Veneza: ICARE, Università Ca' Foscari, 2001.

Netzer, D. "International Aspects of Heritage Policies", em: Peacock, A. (ed.), *Does the Past Have a Future? The Political Economy of Heritage*, Londres: Institute of Economic Affairs, 1998, pp. 135–54.

Noonan, D. S. "Contingent Valuation and Cultural Resources: a Meta-analytic Review of the Literature", em: *Journal of Cultural Economics*, n. 27 (3–4), 2003, pp. 159–76.

Peacock, A. "A Future to the Past: the Political Economy of Heritage" em: *Proceedings of the British Academy*, n. 87, 1995 [1997], repr. em:

Towse, R. (ed.), *Cultural Economics: the Arts, the Heritage and the Media Industries*, v. 1, Cheltenham, Northampton: Edward Elgar, 1997, pp. 189–243.

Peacock, A. (ed.) *Does the Past Have a Future? The Political Economy of Heritage*, Londres: Institute of Economic Affairs, 1998.

Rizzo, I. "Heritage Conservation: The Role of Heritage Authorities", em: Rizzo, I.; Towse, R. (eds.), *The Economics of the Heritage: A Study in the Political Economy of Culture in Sicily*, Cheltenham, Northampton: Edward Elgar, 2002, pp. 31–47.

Rizzo, I.; Throsby, D. "Cultural Heritage: Economic Analysis and Public Policy", em: Ginsburgh, V.; Throsby, D. (eds.), *Handbook of the Economics of Art and Culture*, Amsterdã: North-Holland, 2006, pp. 983–1016.

Rizzo, I.; Towse, R. (eds.) *The Economics of Heritage: A Study in the Political Economy of Culture in Sicily*, Cheltenham, Northampton: Edward Elgar, 2002.

Sable, K. A.; King, R. W. "The Double Public Good: a Conceptual Framework for 'Shared Experience' Values Associated with Heritage Conservation", em: *Journal of Cultural Economics*, n. 25 (2), 2001, pp. 75–89.

Savoy, B.; Sarr, F. *The Restitution of African Cultural Heritage: Toward a New Relational Ethics*, 2018. Disponível em: restitutionreport2018.com/sarr_savoy_fr.pdf.

Stabler, M. "Research in Progress on the Economic and Social Value of Conservation", em: Burman, P. (ed.), *The Economics of Architectural Conservation*, Nova York: Institute of Advanced Architectural Studies, 1995, pp. 33–50.

Throsby, D. *Economics and Culture*, Cambridge: Cambridge University Press, 2001.

Throsby, D. "Seven Questions in the Economics of Cultural Heritage", em: Hutter, M.; Rizzo, I. (eds.), *Economic Perspectives on Cultural Heritage*, Londres: Macmillan, 1997, pp. 13–30.

Wuepper, D.; Patry, M. "The World Heritage List: Which Sites Promote the Brand? A Big Data Spatial Econometrics Approach", em: *Journal of Cultural Economics*, n. 41, 2017, pp. 1–21.

KATE OAKLEY é professora de política cultural na University of Glasgow. Sua pesquisa, na ampla área de economia da cultura e indústrias culturais, divide-se em três categorias: política, local e trabalho. Tem diversas publicações em política cultural, com destaque para dois livros: *Cultural Policy*, com David Bell, na série “Routledge Key Ideas in Media and Cultural Studies”; e *Culture, Economy and Politics: the Case of New Labour*, com David Hesmondhalgh, David Lee e Melissa Nisbett. Recentemente, coeditou, com Mark Banks, *Cultural Industries and the Environmental Crisis*.

JONATHAN WARD doutorou-se em sociologia pela University of Kent em 2015. Sua pesquisa se concentrou nas intersecções entre trabalho criativo e política urbana orientada pela cultura e sustentabilidade, com um interesse específico nas carreiras de artistas visuais. Atualmente, lidera o programa Global Creative Industries da University of Leeds.

A arte de uma vida melhor: cultura e prosperidade sustentável[1]

KATE OAKLEY E JONATHAN WARD

INTRODUÇÃO

Os debates sobre o papel da cultura na sociedade foram, por duas décadas ou mais, dominados pelo paradigma da economia criativa. Retirando sua inspiração dos discursos sobre as indústrias culturais, os quais buscavam reconhecer e desenvolver uma compreensão crítica do papel dos mercados e da economia política na produção da cultura, a ideia transformou-se de um *insight* em um dogma (Garnham, 2005). O argumento de que a cultura é importante para a economia e de que esta ajuda a moldar a cultura é agora menos empírico e mais normativo – a cultura é importante porque é essencial para o crescimento econômico –, muito distante do que Garnham e outros argumentavam na década de 1990. A economia criativa viu a política cultural ser engolida por uma visão estreita do crescimento econômico, seus impactos no tecido urbano açambarcados pelas incorporadoras imobiliárias e suas promessas de atividades significativas desafiadas pela exploração e desigualdades existentes nos mercados de trabalho culturais. Portanto, ela precisa ser rejeitada e repensada, mas com base em quê? Um retorno à tradicional política para a arte – patrocinada pelo Estado, focada na nação e na arte erudita – é esperançosamente improvável, mesmo na Grã-Bretanha pós-Brexit. A cultura da vida cotidiana, da participação e dos prazeres comuns é cada vez mais celebrada (Ebrey, 2016; Gilmore, 2017), mas suas implicações na política às vezes são obscuras, e o produtor cultural profissional está à margem dessas discussões. A produção e o consumo podem estar cada vez mais relacionados, embora seja possível argumentar, contra alguns entusiastas digitais (Jenkins, 2006), que a distinção entre eles não foi completamente destruída. Ainda assistimos a televisão e filmes, ouvimos música e contemplamos pinturas e esculturas, e, ao fazer isso, conservamos a importância do papel do artista e do trabalhador cultural.

Como parte de um projeto de pesquisa de cinco anos, buscamos considerar a prosperidade sustentável – a ideia de que "pessoas em todos os lugares têm a capacidade de crescer como seres humanos [...] dentro das limitações ecológicas e de recursos de um planeta finito" (www.cusp.ac.uk; ver também Jackson, 2009) – como modo de repensar a noção de economia criativa. Qual pode ser o papel da arte e da atividade cultural em uma sociedade em que o bem-estar esteja cada vez mais desvinculado de um modelo de crescimento econômico e o desenvolvimento humano não se vincule a altos níveis de consumo material? Queremos considerar o papel da cultura e da arte de forma explícita, não apenas com relação à sustentabilidade, mas também como um componente inerente a esse tipo de sociedade.

No entanto, não partimos do pressuposto de que esse papel é automaticamente benigno ou de que uma conexão positiva entre cultura e desenvolvimento humano é axiomática. E acreditamos menos ainda no argumento de que a produção cultural é, por essência, "verde" e se opõe à produção industrial, ao uso de energia ou ao consumo conspícuo. Seu papel em todos esses elementos é fácil de demonstrar, mesmo que seja amplamente ignorado pelos defensores da cultura (Miller, 2017). Nossa abordagem sobre esse assunto é crítica e, de forma específica, questiona: como é a noção de prosperidade sustentável em diferentes ambientes? A ideia de economia criativa tem sido, com razão, criticada por sua falta de atenção às diferenças espaciais e sociais, sobretudo pela promoção de um modelo baseado no Norte Global urbano em contextos aos quais é inadequado (Waitt e Gibson, 2009; Oakley e O'Connor, 2015). Não queremos substituí-lo por uma ideia de prosperidade sustentável que seja a mesma em todos os lugares e ignore as necessidades, a história e as condições socioeconômicas locais. Antes, precisamos entender o que essas ideias podem significar para as pessoas em contextos específicos.

Para enfrentar a ocasional "ausência de lugar" ou uma eventual insensibilidade no discurso da economia criativa, nós exploramos essas ideias, de forma crítica, em três locais: um bairro londrino, uma cidade desindustrializada na região central da Inglaterra e uma cidade rural na fronteira inglesa com o País de Gales. Em todos esses cenários e contextos socioeconômicos diversos, atentamos para diferentes versões de uma vida melhor e para as possibilidades e restrições da atividade cultural como um meio de alcançar tipos de prosperidade sustentável.

POLÍTICA, CULTURA E SUSTENTABILIDADE

A política cultural, via de regra, tem dado relativamente pouca atenção às questões do meio ambiente, a despeito de uma preocupação genérica e, com frequência, muito vaga sobre o "desenvolvimento sustentável", que em geral é encontrada na literatura sobre cidades ou regiões criativas. A tentativa mais fundamentada de vincular as preocupações ambientais e culturais às políticas públicas tem sido a proposição do chamado "quarto pilar" (Hawkes, 2001), que defende a cultura como um quarto alicerce da sustentabilidade, ao lado de variáveis econômicas, sociais e ambientais. Sob essa orientação está incluída uma série de abordagens de políticas, às vezes chamadas de planejamento cultural ou desenvolvimento cultural comunitário. O que as une é a preocupação com o local, com o envolvimento dos cidadãos e com políticas que estabeleçam um diálogo entre os investimentos culturais e as questões ambientais. Com isso, elas tendem a levar a cultura para uma direção antropológica, longe de uma preocupação com os bens simbólicos.

Como Evans e Foord pontuam (2008), essas abordagens, apesar de originadas em consultorias e *think tanks*, encontraram seu caminho – embora de modo muito desigual – na política e no planejamento, particularmente no Norte Global (Baekar, 2002; Guppy, 1997), bem como por meio de agências internacionais como a Unesco e a União Europeia (Duxbury, Hosagrahar e Pascual, 2016). Não raro elas se proliferam em forma de manuais e conjuntos de ferramentas e enfatizam a importância das consultas públicas no desenvolvimento liderado pela cultura, além de uma compreensão clara (muitas vezes descrita como "mapeamento") dos bens culturais locais – como as amadas lojas de discos, casas noturnas, centros desportivos; em suma, os lugares em que as comunidades investem de significado.

Tal trabalho, sem dúvida, oferece uma alternativa à ideia dominante e economicamente centrada da economia criativa. Ele enfatiza a importância dos bens e das trocas não mercantis, do local e do fundamental, e tem uma visão clara da vida social além do crescimento econômico. Mas, para nós, é refreado por sua leitura básica apolítica do papel da cultura na mudança social. Os proponentes do quarto pilar, que muitas vezes trabalham em uma tradição de defesa, estão ansiosos para ressaltar os vínculos essenciais entre as dimensões social, econômica, ambiental e cultural da sustentabilidade, embora frequentemente menos dispostos a admitir as tensões e contradições entre elas.

Um problema óbvio é a ideia vaga de sustentabilidade que está em uso aqui. Como afirma Isar (2017, p. 149), as prescrições políticas articuladas em torno do conceito de desenvolvimento sustentável "passaram a abarcar quase todos os aspectos da condição humana". É claro que esse conceito é enormemente maleável, o que dificulta a compreensão. Kong (2009, p. 3), por exemplo, trata a sustentabilidade ambiental como "a sustentabilidade dos espaços urbanos como repositórios valiosos de significado humano (pessoal e social)". Já Koefoed (2013, p. 156) sugere uma ideia de sustentabilidade que não atravessa apenas os quatro pilares, mas também a temporalidade, "evocando a relação entre as escolhas e opções passadas, presentes e futuras". A tendência a denotar todas as mudanças sociais desejáveis como "sustentáveis" corre o risco de estender o termo para muito longe de qualquer noção relacionada a viver dentro dos limites materiais do planeta e, na verdade, além de praticamente qualquer significado plausível.

Mas nossa preocupação neste artigo tem menos a ver com a maleabilidade da ideia de sustentabilidade, por mais problemática que seja, e mais com a recusa em admitir contradições entre cultura e sustentabilidade, mesmo quando evidentes. Como Couch e Denneman (2000) apontam, a regeneração conduzida pela cultura e o desenvolvimento sustentável existiram como vertentes paralelas na política urbana britânica nas últimas décadas e, embora a reutilização de edifícios mais antigos ou tentativas de densificação populacional no centro da cidade possam ter impactos ambientais benéficos, as ligações entre elas rara as vezes são explícitas e suas compensações dificilmente são reconhecidas. Em seu estudo de caso sobre o desenvolvimento cultural no bairro de Ropewalks, em Liverpool, eles detectaram poucas evidências de um compromisso com questões como transporte, poluição, energia, redução de resíduos ou reciclagem, apesar de um compromisso declarado com um bom design urbano. Evans e Foord (2008) também observaram que mesmo as abordagens de planejamento cultural tenderam a não se envolver com os assuntos concernentes à organização do espaço ou ao uso do terreno, embora eles estejam no cerne da questão do poder e da desigualdade dentro do ambiente urbano.

Mesmo quando bem-sucedidos, processos de regeneração urbana que levaram a mudanças demográficas com efeitos ambientais positivos – como a pressão da classe média por parques públicos ou ar puro – também contribuem para a desigualdade, que mina qualquer tipo de sustentabilidade real. Por exemplo, na Cidade do México, a regeneração atraiu a classe criativa para uma parte da cidade, enquanto deixava, para a população mais pobre, outras áreas menos favorecidas em condições ambientais e habitacionais ainda piores (Dieleman, 2013). As ligações entre regeneração conduzida pela cultura e gentrificação são bem exploradas (Oakley, 2014) e não temos espaço para discorrer sobre esses argumentos aqui. A questão, simplesmente, é se pode haver uma relação benéfica assumida entre o desenvolvimento cultural, de um lado, e o aumento da sustentabilidade ambiental, do outro.

O assunto é tratado por Duxbury, Kangas e De Beukelaer (2017), que reconhecem a existência de contradições, mas argumentam que a política cultural pode contribuir para a sustentabilidade ambiental genuína de quatro maneiras: pelo apoio a práticas e ritos particulares, principalmente aqueles dos povos indígenas; pelo estímulo a atividades sustentáveis nas próprias organizações culturais; pelo uso da arte para aumentar a conscientização sobre as questões ambientais; e pela promoção da chamada "cidadania ecológica" global (p. 224). Isar (2017), tendo acertado ao criticar a incoerência de muitos discursos sobre "cultura e sustentabilidade", também propõe um enfoque mais estreito para a política cultural, particularmente em torno das questões das mudanças climáticas. Ele sugere prestar atenção ao uso da energia em edifícios e instituições culturais em conjunto com uma abordagem mais direta dessa questão por artistas e organizações culturais. Essas contribuições foram úteis ao revelar a complexidade do papel da cultura na sustentabilidade; no entanto, elas tendem a exigir intervenções que, embora difíceis de discordar, são vagas ou irrisórias.

Nossa própria pesquisa nessa área está em um estágio inicial e longe das prescrições de políticas como tais, mas acreditamos que é importante atentar para a maneira como essas tensões e contradições são de fato vivenciadas por aqueles que trabalham com arte. Em vez de mover o debate para além do "interesse meramente nacional ou regional", como argumentam Duxbury *et al.* (2017, p. 224), é crucial nos dedicarmos a compreender como esses discursos afetam diferentes condições socioeconômicas e como isso molda a possibilidade de mudanças.

CONTEXTOS LOCAIS

Para tentar entender qual pode ser o papel da cultura na prosperidade sustentável, entrevistamos produtores culturais locais em três contextos diferentes – na verdade, extremamente diferentes. Os locais são Hay-on-Wye, uma pequena cidade no País de Gales, na fronteira com o condado inglês de Herefordshire; Stoke-on-Trent, uma cidade média em West Midlands; e Islington, um bairro na zona norte de Londres. Eles foram selecionados por oferecer contextos distintos que vão desde a hipergentrificação e hiperdesigualdade do centro de Londres, passando pelo conflito entre pessimismo e oportunidades em uma cidade desindustrializada, até uma vida mais satisfatória na área rural, mas com realidades por vezes difíceis.

Quase todas as nossas pesquisas dos próximos anos serão feitas nessas localidades, mirando jovens que desejam trabalhar nos setores culturais e o papel da cultura na vida cotidiana nesses contextos. Mas primeiro queríamos entender o que o trabalho cultural nesses locais pode significar: como esses espaços podem oferecer diferentes visões e desafios para a prosperidade sustentável. Foram realizadas 27 entrevistas semiestruturadas (oito em Stoke, nove em Islington e dez em Hay) com duração entre trinta e noventa minutos. Todos os entrevistados eram trabalhadores autônomos que, em pelo menos uma de suas funções, estavam diretamente envolvidos com algum tipo de produto cultural. A amostra incluiu indivíduos que trabalham com jornalismo, artes visuais, cerâmica, fotografia, produção de filmes, dança e artes comunitárias, em diferentes fases da carreira, desde recém-formados até profissionais estabelecidos com reputação nacional ou internacional. Foram selecionados trabalhadores autônomos porque as tensões entre o que pode ser visto como aspectos desejáveis do trabalho cultural – por exemplo, autonomia, envolvimento – e suas potenciais desvantagens – por exemplo, insegurança, excesso de trabalho – seriam mais aparentes. Os potenciais participantes foram identificados por meio de visitas preliminares em campo, diretórios criativos e buscas na internet, bem como por amostragem em bola de neve. De todas as áreas em que a política da cultura se intensificou nos últimos anos, a do trabalho talvez esteja na vanguarda, já que uma série de preocupações com a exploração e a exclusão produzia um quadro muito mais complexo dessa área, o que impulsiona a defesa cultural (Banks, 2017). Essa amostra não tem a intenção de apresentar um quadro generalizável, e sim de captar dados empíricos de trabalhadores em uma variedade de situações que podem contribuir para debates sobre trabalho cultural e sustentabilidade.

Hay-on-Wye

Hay-on-Wye é uma pequena cidade mercantil (em 2011, a população era de apenas 1.598 habitantes) localizada no extremo nordeste de

Brecon Beacons, no País de Gales. Em geral, seus residentes tendem a ser mais velhos do que a média galesa. Ela tem níveis significativamente mais altos de trabalho autônomo e um grande número de recém-chegados: 58% de sua população nasceu na Inglaterra, contra 21% no País de Gales[2]. É também uma das áreas menos carentes do país.

Talvez ela seja mais conhecida como a "Cidade dos Livros". Essa fama se desenvolveu a partir do trabalho de Richard Booth, que ali abriu sua livraria em 1962, e, mais recentemente, do Hay Festival of Literature & Arts, que existe desde 1988. O *Financial Times* (Cox, 2016) observou que o festival ajudou a "transformar Hay de um avançado posto rural em dificuldades na contrapartida galesa à Notting Hill". O artigo apontou que as casas em Hay aumentaram 9% em valor, em comparação com um aumento de 1% no condado de Powys, mas que a cidade ainda ostenta "imóveis negociáveis", tornando-se atraente para proprietários de um segundo imóvel que "estão relativamente bem, mas não muito ricos".

Avaliar o tamanho do setor cultural em Hay é difícil – devido à sua reputação, é um polo de artistas, produtores e negócios culturais localizados não apenas na cidade, mas também espalhados pelos arredores. Por exemplo, o site *Welcome to Hay-on-Wye*, da Câmara Municipal, inclui detalhes da Erwood Station Gallery – a cerca de 35 quilômetros da cidade –, e a galeria cooperativa The Hay Makers agrega artistas de vilarejos vizinhos em Powys e Herefordshire.

Stoke-on-Trent

A cidade inglesa de Stoke-on-Trent, em West Midlands, tem uma população de 249.008 habitantes. A cidade é composta de seis distritos, cada um deles historicamente separados, mas foi federada em 1910 e emancipada em 1925. Os distritos eram centros de produção de cerâmica – sedes de grandes marcas, como Wedgwood, Royal Doulton e Spode. Durante o século XIX, eles produziram 70% das exportações globais de cerâmica, empregando 100 mil pessoas em seu auge, além de abrigar indústrias de mineração de carvão e produção de aço (West, 2016, p. 5). A cidade ainda é conhecida como As Olarias, embora o número de pessoas empregadas pelo setor seja atualmente inferior a 10 mil. A mineração de carvão e a produção de aço cessaram por completo.

Jayne (2004, p. 200) destaca que a produção de cerâmica "impôs à região uma paisagem distinta e uma identidade aparentemente indelével", o que, segundo ele, dificultou o desenvolvimento "da economia, da infraestrutura, das estruturas sociais, dos ambientes e espaços em comparação com cidades pós-industriais de maior sucesso". Isso é agravado pelo policentrismo da cidade: a balcanização e a competição entre os distritos mostram uma falta de foco estratégico sobre onde concentrar os esforços de regeneração (West, 2016, p. 27). A cidade tem altos níveis de emprego em trabalhos rotineiros e manuais e baixíssimos níveis de empregos na área gerencial, administrativa e profissional. Quase um terço de seus bairros está entre os 10% mais carentes da Inglaterra.

Stoke-on-Trent já realizou vários programas de regeneração cultural e se candidatou à Cidade da Cultura no Reino Unido em 2021, em parte como uma tentativa de mudar a forma como é vista. Na verdade, como um editorial do jornal diário local – *The Sentinel* – salientou, a cobertura da mídia nacional injustamente apresenta a cidade como uma "paisagem lunar pós-industrial habitada por neandertais" (Woodhouse, 2017), uma alegação que alguns meios de comunicação admitiram ter certa razão[3].

Tabela 1: Porcentagem de residentes habituais com idade entre 16 e 74 anos nas categorias da NS-SeC (obtida dos dados do censo de 2011)

	Islington	Stoke	Hay	Inglaterra	País de Gales
Superior gerencial, administrativo e profissional	61,9	23,8	35,2	41,7	35,2
Ocupações intermediárias	15,8	18,8	30,9	22,2	21,4
Trabalhos rotineiros e manuais	18,6	45,8	33,9	31,9	36,9
Nunca trabalhou ou está desempregado há muito tempo	8,6	7,2	3,1	5,6	5,4

Tabela 2: Análise mostrando a quantidade, o número de trabalhadores e o volume de negócios (em milhares de libras) de empresas baseadas em IVA e/ou PAYE em Stoke-on-Trent e Islington ligadas às indústrias criativas (dados de março de 2016, das publicações do ONS AH038+AH056)

	Quantidade	Número de trabalhadores	Volume de negócios
Stoke-on-Trent			
Propaganda e marketing	30	117	7.210
Arquitetura	5	*	*
Artesanato	5	*	*
Design de produto e design de moda	20	31	1.925
Filme, TV, vídeo, rádio e fotografia	15	282	7.514
Software de TI e serviços de informática	165	*	*
Editoras	10	49	2.596
Museus, galerias e bibliotecas	0	0	0
Música, artes cênicas e artes visuais	20	71	3.033
Total	270	1.111	237.329
Islington			
Propaganda e marketing	635	7.035	1.937.557
Arquitetura	340	4.011	361.008
Artesanato	35	109	17.729
Design de produto e design de moda	470	2.023	239.709
Filme, TV, vídeo, rádio e fotografia	975	4.026	*
Software de TI e serviços de informática	1.635	7.315	*
Editoras	260	4.409	*
Museus, galerias e bibliotecas	15	128	14.122
Música, artes cênicas e artes visuais	825	2.779	361.937
Total	5.190	31.835	5.071.720

* Dados removidos para evitar divulgação.

Islington, Londres

Segundo o censo de 2011, o bairro londrino de Islington tinha uma população de 206.125 habitantes, distribuída do extremo sul (Finsbury) ao norte (Archway e Finsbury Park).

Para setores da mídia popular, Islington é o centro de uma "elite metropolitana", um lar espiritual para o antigo governo do Novo Trabalhismo e um sinônimo de tudo o que é liberal e cosmopolita. No entanto, também é o 26º bairro mais carente da Inglaterra, marcado por fortes desigualdades e polarização social entre grupos, com grande variação nos níveis de renda, profissões, tipo de moradia e desempenho educacional (New Economics Foundation [NEF], 2013). O preço das moradias é um fator-chave; Islington é refratário a muitas pessoas de baixa e média renda que, por causa da alta demanda, não têm acesso a moradias sociais e para quem o aumento do preço dos imóveis no setor privado é muito acentuado, "esvaziando" a porção intermediária. Os dados do censo sugerem que aqueles que ocupam cargos administrativos e profissionais superiores, de um lado, e os desempregados há muito tempo, de outro, estão significativamente sobrerrepresentados. Um relatório da NEF (2013, p. 31) sugere que as pessoas em Islington levam

> vidas muito diferentes e separadas [...] amplamente moldadas pelo seu nível de prosperidade. Isso, por sua vez, leva a uma série de questões sociais ou consequências da desigualdade, incluindo: falta de compreensão entre as pessoas; medo de "outros" grupos; alienação social; sentimento de impotência; e ansiedade de status.

As desigualdades no bairro podem ser ilustradas por um pequeno trajeto da Caledonian Road, que vai para o norte de King's Cross em direção a Finsbury Park e apresenta o notório conjunto habitacional Bemerton Estate bem em frente a Barnsbury, uma área luxuosa composta de "supergentrificadores" (Butler e Lees, 2006).

MORANDO E TRABALHANDO

Como se vê, nossos três locais oferecem diferentes recursos e desafios para a prosperidade sustentável, bem como distintas visões de como pode ser a "prosperidade" – uma vida melhor. Da conversa com trabalhadores culturais nessas áreas, surge uma noção das tensões dentro dos lugares e entre estes.

Em Hay, conforme imaginávamos, a fuga para o campo – uma espécie de migração de estilo de vida (O'Reilly e Benson, 2009) – era um tema comum, atraindo trabalhadores de todo o Reino Unido para se estabelecerem e trabalharem lá. Para muitos, a atratividade não era simplesmente o idílio rural, mas o fato de a cidade, situada em uma bela paisagem, oferecer (e também ter ligações com) arte e cultura "cosmopolitas". Hay está "longe o suficiente para você começar de novo, se reinventar. Mas não tão longe assim a ponto de se estar cercado de agricultores que nunca leram", como disse um entrevistado, embora também inadvertidamente avivasse algumas das tensões entre os recém-chegados moradores orgulhosos de ser urbanos e suas contrapartes locais (ver a seguir).

O Hay Festival desempenha um papel importante no desenvolvimento do cosmopolitismo, não apenas por ser anual, mas também pelo estabelecimento da reputação da cidade como um lugar atraente para produtores culturais e consumidores de arte e cultura. Dois entrevistados se mudaram especificamente para trabalhar no festival, evento que apareceu na maioria dos outros relatos.

No entanto, a realidade de Hay nem sempre corresponde às expectativas. Uma entrevistada, nascida lá, foi persuadida a voltar para a cidade enquanto esperava seu primeiro filho. Hay pode oferecer uma paisagem idílica para criar os filhos. Para Siobhan, porém, esse é o "cenário de fantasia" que atrai as pessoas e é perpetuado por uma pequena fração da população: aquelas que não precisam ganhar dinheiro:

> [...] o que logo percebemos foi que, embora Hay parecesse bastante animada e com muitos negócios e pessoas, uma boa proporção desses negócios não era economicamente viável. Uma grande quantidade de pessoas está basicamente criando esse cenário de fantasia de um lugar próspero em termos econômicos porque não precisam de fato ganhar dinheiro.

Ela sugeriu que isso criava não apenas problemas econômicos, mas também tensões sociais (dentro de certos grupos, por exemplo, a necessidade de ganhar dinheiro era um anátema, pois quebraria uma fantasia específica da vida no campo). O *éthos* anticomercial associado ao trabalho com arte pode aqui se tornar uma barreira de classe, excluindo aqueles (a maioria) para quem o trabalho remunerado é necessário à sobrevivência.

Outra entrevistada, Jenny, observou que, embora Hay "seja um lugar fabuloso para artes e ofícios", isso não significa simplesmente que as pessoas estão ganhando muito dinheiro com tais atividades. Jenny e seu marido, Edward – que moram nos arredores da cidade –, também destacam a imagem de Hay como um bom lugar para criar filhos. Eles se mudaram para a região originalmente para trabalhar na área da educação, mas a realidade dos empregos em tempo integral mostrou que sua mudança era "uma falsa promessa" (Jenny), já que o trabalho despendia muitas horas e a maior parte do dinheiro era gasto em creches e viagens. Eles conseguiram estabelecer um pequeno negócio de venda on-line de produtos artesanais, hoje sua principal receita, com um faturamento que aumentou de algumas centenas de libras por mês para "4 ou 5 mil" em um curto espaço de tempo. Apesar do rápido crescimento do negócio, sua viabilidade como única receita tem dependido de reduções significativas em seus gastos. Mas eles também foram claros em seu objetivo e na estratégia para alcançá-lo: sua principal preocupação é assegurar creche em tempo integral a seus dois filhos pequenos e ter tempo para desfrutar de sua casa (alugada) e da paisagem circundante. Para tanto, posicionaram-se como vendedores de um produto de "luxo", de modo que seja necessário produzir apenas pequenas quantidades, permitindo também que trabalhem em casa. Diz Edward: "Fazemos isso com uma marca de luxo para não precisarmos produzir tanto. A ideia é ficar mais tempo com nossa família, estar presente, apreciar tudo ao nosso redor".

Isso segue uma tradição de empresa artesanal de pequena escala na qual o trabalho de alta qualidade está inerentemente ligado ao rural e os trabalhadores podem buscar uma "vida simples", um tanto aliviados das pressões econômicas da cidade (Luckman, 2012, pp. 76-7). No entanto, Edward observa que eles não teriam condições de comprar uma casa na área, citando ondas de moradores recém-chegados que vendem uma pequena propriedade em Londres e com o lucro compram um imóvel maior próximo de Hay, e que a cidade está se tornando uma "infestação de pessoas desse tipo". Oliver Balch (2016) – um escritor que vive em um vilarejo nas redondezas de Hay – esboça algumas dessas falhas em seu relato da vida na cidade e arredores. Uma população de "locais", com antigas ligações à cidade e muitas vezes envolvida na agricultura ou indústrias relacionadas, contrasta com as ondas de novos moradores, eles próprios divididos entre aqueles atraídos pelo "inconformismo boothiano" de Hay (p. 261) como o alicerce de um modo de vida e aqueles para quem tais peculiaridades são apenas o pano de fundo que "adorna sua história de mudança para as fronteiras galesas" (p. 262).

Mais especificamente na narrativa de Jenny e Edward, vemos como o trabalho cultural pode oferecer um modelo para uma versão de prosperidade sustentável. Eles dão ênfase a um modelo de negócio e estilo de vida de produção em pequena escala e com níveis mínimos de consumo enquanto buscam uma vida melhor. Contudo, queremos chamar a atenção para seu posicionamento altamente individualizado – ambos observando que são os "únicos responsáveis" pelo seu sucesso ou fracasso. Além disso, embora tenham adotado um estilo de vida de consumo mínimo, seus produtos são promovidos por meio desse estilo de vida – eles oferecem a oportunidade de comprar um pouco de uma vida melhor –, e, assim, amarram-se aos próprios circuitos de materialismo e consumismo dos quais aparentemente optaram por sair. Assim, como observa Luckman (2012, p. 162), o desejo da individualidade e sua capacidade de realização por meio do consumo permanecem intactos. Jenny relata que, na verdade, uma parte de seu produto é comprada não para ser usada como artesanato, mas por indivíduos que desejam apenas uma coleção maior de tipos mais diversos, coloridos e luxuosos e que "gastam muito dinheiro" só para colocá-los em prateleiras, "um pouco parecido com comprar sapatos".

Em contraste com Hay, Stoke-on-Trent tem uma reputação fortemente negativa, mesmo entre residentes antigos. Um entrevistado comentou que a cidade é percebida como um lugar onde "nada acontece". Outro foi contundente ao dizer como é mal avaliada, comentando que a considera "uma bosta de lixão mesmo [...]. É feia. É culturalmente desfavorecida". Talvez seja difícil imaginar uma vida melhor em um lugar assim. Além disso, a reputação de Stoke não diz respeito apenas à maneira como as pessoas a veem; ela afeta também a percepção de alguns locais sobre as oportunidades que uma cidade pode oferecer e o tipo de vida que elas levariam. Michelle observa que, enquanto estava na escola, aspirava trabalhar com moda, mas na época ela pensou: "Eu sou de Stoke, não posso estar nas artes criativas". Os entrevistados nos disseram que, enquanto cresciam na cidade, mesmo com a diminuição da importância das indústrias de cerâmica e mineração, persistia a ideia de que o trabalho sempre seria encontrado em "recipientes ou fossos". Além disso, Ben sentiu que mesmo onde havia atividade artística ele estava preso ao patrimônio da cidade: "qualquer show ou exposição, qualquer coisa cultural que aconteça em Stoke-on-Trent quase sempre remete às olarias. Depois de um tempo, torna-se um pouco cansativo". Aqui, então, a reputação do local, sua história e patrimônio interferem na capacidade do indivíduo de se imaginar participando de determinados tipos de trabalho.

Para outros, entretanto, esse patrimônio oferece um potencial. Helen compara o trabalho como artista em Stoke com suas experiências em grandes cidades: "Nunca tive o mesmo tipo de empolgação [em Manchester] porque sentia que já tinha sido feito. Há vinte anos, artistas estavam ocupando prédios e fazendo shows baratos [...]. Isso passou, perdeu um pouco dessa energia". Ela descreve Stoke como "maleável", dizendo que existem poucas barreiras para os artistas fazerem uso de locais pela cidade e que eles têm "espaço de manobra" para produzir coisas interessantes. Embora ela descreva o distrito de Burslam como "completamente estéril", com um "problema de bebida nas ruas", também acha que é uma "cidade adorável, com muito potencial". Marie tem a sensação de que entre os trabalhadores criativos há um otimismo cada vez maior sobre o que Stoke pode oferecer a eles. Antes ela estava "cansada" de artistas "postando fotos das casas em ruínas", mas agora sente que : "Já superamos tudo isso. Eles começaram a dizer que temos valor, a gente precisa gritar a respeito disso [...]. As pessoas estão querendo ficar por causa desse burburinho".

Outra entrevistada, que se mudou de Hay pelos altos preços das casas, agora é uma "grande defensora" de Stoke. Siobhan teve que superar suas próprias percepções sobre a cidade, amplamente alimentadas por sua "péssima reputação". No entanto, para ela, Stoke cumpre as promessas feitas por Hay: oferece acesso a espaço, financiamento e inspiração em um lugar que, apesar de sua imagem industrial, "está completamente cercado por campos e pelo clima de interior". Ela relata que colegas sediados em Londres estão perplexos com a quantidade de espaço de que dispõe e com seu acesso ao financiamento do Arts Council England, que acredita ser por estar em Stoke. Além disso, diz que "há um monte de [...] pessoas cujas vozes não foram ouvidas e cujas histórias não foram contadas [e] comunidades interessantes para trabalhar".

Vários entrevistados, como se percebe, estavam preocupados em mudar suas atitudes com relação às cidades e enfatizar o potencial delas. Isso corrobora pesquisas sobre outros lugares que identificam a capacidade de atração de lugares "brutos" vistos como locais de "potencial não realizado" (Ward, 2016). Os trabalhadores criativos em Stoke podem aproveitar os recursos materiais e simbólicos da cidade para construir sua versão de uma vida ideal na qual as pressões econômicas são menores e eles desempenham um papel ativo e proeminente na formação de uma concepção da cidade.

A visão de Stoke como um lugar "inacabado" contrapõe-se à de Islington, que, como grande parte das áreas fora do centro de Londres, está passando por ondas de (hiper)gentrificação. Nas décadas de 1970 e 1980, Islington podia ser visto como uma parte relativamente ousada e culturalmente interessante da cidade, principalmente a região ao redor de Islington Green, em Angel. Entretanto, recentemente, partes de Islington não ganharam a credibilidade cultural de, por exemplo, Shoreditch, em Hackney, e de outros lugares na zona leste de Londres. Hoje, como aponta Patrick, Islington é amplamente tipificado, pelo menos em reputação, pela Upper Street – uma rua um tanto sóbria e de classe média, com lojas e restaurantes, que vai de Angel a Highbury. Helen menciona o número crescente de trabalhadores bem remunerados na área que parecem ter medo de onde vivem e estão desconectados do dia a dia das comunidades em que residem:

> Quando você passa a pagar 300 mil por um apartamento de um dormitório, de repente começa a ficar nervoso com as pessoas ao seu redor. Não sei por quê. Talvez porque você não tenha tempo para falar com elas. Por não falar com as pessoas, por mandar seu filho para uma escola particular, por ter babás que os levam quando são pequenos, você nunca vê ninguém.

É claro que esses processos estão ocorrendo de maneira desigual. Sentado em um café distintamente antiquado e não gentrificado na Caledonian Road, David observa seu declínio como a principal rua local, marcada pela saída de redes conhecidas:

> As coisas que saíram desta rua: havia uma Woolworths [vestuário], uma Booths [farmácia], um antigo Co-op, uma Tesco [supermercados], o Barclays Bank e uma agência de correio muito boa. Tudo o que resta é um posto da agência de correio, e o Co-op voltou após a saída da Tesco.

Outros participantes sugerem que a gentrificação em Islington não ocorreu da mesma maneira, ou com a mesma velocidade, que em áreas vizinhas, como Hackney. No entanto, continua sendo um problema sério, e eles notam seus efeitos nas comunidades e na viabilidade do bairro como um lugar para viver, socializar-se e trabalhar. O aumento do custo de vida significa que os trabalhadores culturais estão sob intensa pressão para ganhar dinheiro desde o início de suas carreiras. Embora Claire agora seja uma artista relativamente bem-sucedida, demorou quinze anos desde sua formatura para chegar a esse ponto, e ela diz que seria muito mais difícil fazer isso caso se formasse hoje, principalmente por causa dos custos de moradia, observando que as pessoas "precisam de tempo para sua carreira deslanchar, mas eles já não entendem isso. Eu tive sorte". Além disso, vários entrevistados disseram se sentir excluídos das redes profissionais pelos custos relacionados à socialização informal e à adesão a associações formais. A dificuldade de acessar redes criativas é exacerbada pelo aumento dos níveis de competição entre os trabalhadores criativos: Londres continua sendo um grande centro global de produção e consumo cultural, mas Sarah sugere que, a partir de meados da década de 1990, o cenário da arte tornou-se menos aberto, menos discursivo e mais competitivo. Da mesma forma, Monica observa que, por não ter estudado em uma escola de teatro londrina, teve sérios problemas para conseguir emprego na cidade, pois competia com artistas igualmente qualificados e experientes que já eram "conhecidos lá". Como trabalhadores autônomos que dependem do estabelecimento e da manutenção de contatos profissionais, isso pode ter implicações para a sustentabilidade de suas carreiras, visto que estão excluídos de oportunidades (ver Easton e Cauldwell-French, 2017; Oakley *et al.*, 2017).

David, agora um quase sexagenário artista visual de sucesso, mora em Islington há mais de quarenta anos. Talvez ele esteja em uma posição melhor para aproveitar as vantagens do bairro por ter comprado sua casa e seu estúdio no início dos anos 1970, numa época em que Londres estava "à beira de ser selvagem". David comenta que, naquela época, ele e um grupo de outros artistas pensavam em comprar o prédio que viria a ser o Almeida Theatre para ser usado como estúdio. O imóvel estava sendo vendido por 30 mil libras; enquanto um apartamento de um quarto na mesma rua foi vendido por mais de 650 mil libras no final de 2016. Todavia, ele afirma ainda que, embora tivesse uma vantagem relativa de ter podido fazer essas compras, isso não era totalmente extravagante: "não é uma coisa do tipo 'querida, compramos um apartamento'. Nada disso. É uma espécie de 'a miséria acabou', eu acho". Também não foi uma compra estratégica, mas hoje ele reflete sobre o "desconhecimento privilegiado do ato". Isso se compara às experiências de outros moradores do bairro entrevistados que relatam vários tipos de arranjos de vida precários, incluindo apartamentos minúsculos ou a insegurança causada por serem "guardiões de propriedade"[4].

Se entendermos o trabalho cultural como uma versão da "vida melhor", então empreender essas carreiras em Islington apresenta vários problemas: sua sustentabilidade econômica e social é, para muitos, altamente questionável, já que o elevado custo de vida e a intensa concorrência os excluem. No entanto, o que atraiu vários entrevistados a Islington foi sua diversidade e seu cosmopolitismo, que ainda existem, apesar da ameaça crescente de gentrificação. Helen diz se sentir excluída das redes criativas pela crescente afluência ao bairro, mas também descreve como Islington ainda oferece uma comunidade "muito local" da qual ela pode fazer parte. Além disso, seu trabalho ganha significado, importância e propósito à medida que ela documenta o "último suspiro" de um Islington boêmio de classe média, e que por meio de seu jornalismo é capaz de registrar a diversidade de um bairro que muitas vezes é ridicularizado como o lar de uma "elite metropolitana" homogênea. Para Sarah, morar em um parque ao norte de Londres significa que ela está em uma área bem diversa, com mais de cem idiomas falados a menos de um quilômetro de sua galeria, o que também pode atrair uma ampla gama de pessoas de todo o espectro social. Ela se orgulha do fato de que, apesar de mais de 60% dos visitantes serem frequentadores de galerias, quase 20% estão pondo os pés em uma galeria ou museu pela primeira vez no ano.

DISCUSSÃO E CONCLUSÃO

Mesmo a partir desses pequenos excertos, podemos ver como as tensões e as negociações da vida cultural e do trabalho se desenvolvem nas economias locais. Também podemos começar a perceber quão difícil será a transição para uma prosperidade mais sustentável diante das desigualdades existentes e como as versões da "vida melhor" podem reproduzir (e até mesmo promover) modelos de práticas insustentáveis nos quais a cultura está incluída.

Hay-on-Wye talvez seja a confirmação mais próxima de algum consenso sobre uma vida melhor. Oferece um belo cenário rural com uma vida cultural que é ativa, mas tem um preço. Esse preço, podemos sugerir, não é apenas financeiro, em termos do alto valor das propriedades, mas também se relaciona com o cultivo de uma ideia específica de vida melhor – aquela em que a mera necessidade de ganhar a vida é desaprovada e os baixos níveis de consumo local são financiados pela venda de bens de luxo em outros lugares. Stoke-on-Trent oferece potencial em termos de acomodação barata e espaço para expansão, mas, se o seu modelo de regeneração cultural seguir o roteiro da economia criativa, ela só terá sucesso nesse sentido aumentando os preços dos imóveis e atraindo novos integrantes da classe média. A gentrificação pode estar um pouco distante; de fato, alguns podem argumentar que a gentrificação limitada é o que é necessário em Stoke – uma versão de uma vida melhor que oferece "menos coisas" aos pobres é improvável de ser adotada –, mas ela é notadamente difícil de alcançar: o roteiro atual fornece apenas divisão e polarização. O centro de Londres retém um enorme poder cultural – e por meio da mídia ainda molda a ideia britânica de si mesmo de várias maneiras –, mas não é mais um hábitat para trabalhadores da cultura. Aqueles que permanecem porque compraram um imóvel há muito tempo existem à margem da precariedade residencial ou do subsídio parental. Alguns moradores de Islington podem concordar com o apelo de Duxbury *et al.* (2017) por uma cidadania cosmopolita e ecológica, mas o fazem segundo um ambiente que é insustentável em suas próprias condições locais.

Sendo assim, como repensaremos isso? Qual pode ser o ponto de partida para uma visão de cultura associada à prosperidade sustentável? Em primeiro lugar, como observamos – mas acreditamos que nunca é demais notar –, não existe uma relação benéfica por natureza entre empreendimentos motivados pela cultura e benefícios sociais mais amplos; simplesmente receitar "mais cultura" não é uma resposta. Os mercados de trabalho culturais estão se tornando socialmente mais estreitos (O'Brien *et al.*, 2016) – modelos de ensino superior muito endividados não estão ajudando – e sem uma mudança é difícil vislumbrar o potencial libertador da cultura ser efetivado, no sentido de um dia sermos capazes de imaginar outra maneira de fazer as coisas. Portanto, parte da solução pode estar em reconhecer que os trabalhadores culturais costumam ser uma parcela do problema, e começar daí. Conforme Taylor e O'Brien (2017) observaram, os discursos meritocráticos são usados com frequência para justificar as desigualdades, sobretudo por aqueles que são mais bem pagos e mais bem-sucedidos. A lente crítica com a qual os profissionais de arte são treinados para enxergar a sociedade também precisa ser voltada para eles mesmos.

Em segundo lugar, como o exemplo de Hay em particular nos lembra, precisamos rever a ideia do que é e do que não é "econômico" e, assim, tentar redesenhar os limites entre trabalho assalariado e não assalariado, produtivo e reprodutivo. Uma economia rentista de quem não precisa ganhar nenhum dinheiro com seu trabalho não é a base de um acordo equitativo; a ligação entre trabalho e renda deve ser e está sendo repensada. E, embora não defendamos uma posição privilegiada para trabalhadores da cultura dentro de qualquer debate sobre a renda básica universal, a precariedade do trabalho remunerado na economia da cultura é mais um indicador de como o sistema atual está quebrado.

Em terceiro lugar, e talvez obviamente, as definições de vida melhor são diferentes, e precisamos levar isso em consideração – a localização é importante. Não basta dizer que tornar Stoke mais rica e Islington mais pobre iria "equilibrar" o Reino Unido, principalmente devido às desigualdades locais em Londres; desigualdade *dentro* de localidades é o que as separa. Todos os trabalhadores culturais com quem falamos se sentiam de alguma forma "separados" de suas localidades – como recém-chegados ou migrantes, como profissionais de classe média ou tipos "artísticos", como boêmios em um mundo que está dando as costas à boêmia.

Os últimos vinte anos de políticas culturais neoliberais (Hesmondlagh *et al.*, 2014) viram o setor se implicar cada vez mais em processos de exclusão e desigualdade, com muitos artistas sofrendo dos mesmos processos – não só aqueles que continuam a se identificar como progressistas (Taylor e O'Brien, 2017). O casamento harmonioso entre capitalismo de alto desempenho e cultura está rompido, da mesma forma que nosso modelo econômico, embora as políticas públicas continuem pressionando ambos (Bazalgette, 2017). O crescimento da organização cultural do trabalho (De Peuter e Cohen, 2015) e atividades antigentrificação por parte dos artistas sugerem uma redescoberta da política de oposição que precisará ser construída para que a vida se torne melhor.

Notas

1 Este trabalho foi apoiado pelo ESRC sob bolsa (número ES/M010163/1) e originalmente publicado no periódico *Cultural Trends*, v. 27, n. 1: "Culture and the Environment", 2018. [N. do org.]

2 As estatísticas das autoridades locais e dos bairros, aqui e em outros trechos, foram extraídas dos dados do censo de 2011, disponíveis no Office for National Statistics (em: www.nomisweb.co.uk).

3 A BBC e o *The Guardian* reconheceram que sua cobertura era excessivamente negativa. O programa *Today*, da Rádio 4, da BBC, veiculou desde então uma série de reportagens sobre histórias positivas sobre a cidade, e, em abril de 2017, o *The Guardian* iniciou um projeto para apresentar a opinião dos moradores a respeito da cidade.

4 Os guardiões de propriedade vivem em edifícios vazios (geralmente escritórios, antigos quartéis de bombeiros, centros comunitários etc.) para evitar vandalismo/ocupação irregular. Os inquilinos têm aluguéis altamente subsidiados, mas os imóveis têm contratos de curto prazo e não são garantidos.

Referências bibliográficas

Baekar, G. *"Beyond Garrets and Silos": Concepts, Trends and Developments in Cultural Planning*, Toronto: Municipal Cultural Planning Project, 2002.

Balch, O. *Under the Tump*, Londres: Faber & Faber, 2016.

Banks, M. *Creative Justice: Cultural Industries, Work and Inequality*, Londres: Rowman & Littlefield, 2017.

Bazalgette, P. *Independent Review of the Creative Industries*, Londres: DCMS, 2017.

Butler, T.; Lees, L. "Super-gentrification in Barnsbury, Londres: Globalization and Gentrifying Global Elites at the Neighbourhood Level", em: *Transactions of the Institute of British Geographers*, n. 31 (4), 2006, pp. 467–87. DOI: 10.1111/j.1475-5661.2006.00220.x.

Couch, C.; Dennemann, A. "Urban Regeneration and Sustainable Development in Britain: the Example of the Liverpool Ropewalks Partnership", em: *Cities*, n. 17 (2), 2000, pp. 137–47. DOI: 10.1016/S0264-2751(00)00008-1.

Cox, H. "Hay-on-Wye: how Small Town Became Wales's Answer to Notting Hill", em: *Financial Times*, 20 maio 2016. Disponível em: www.ft.com.

De Peuter, G.; Cohen, N. S. "Emerging Labour Politics in Creative Industries", em: Oakley, K.; O'Connor, J. (eds.), *The Routledge Companion to the Cultural Industries*, Londres: Routledge, 2015.

Dieleman, H. "Mexico-City, Sustainability and Culture: a Plea for Hybrid Sustainabilities for a Baroque and Labyrinthine City", em: *City, Culture and Society*, n. 4 (3), 2013, pp. 163–72. DOI: 10.1016/j.ccs.2013.05.001.

Duxbury, N.; Hosagrahar, J.; Pascual, J. *Why Must Culture Be at the Heart of Sustainable Urban Development?*, Barcelona: United Cities and Local Governments, 2016.

Duxbury, N.; Kangas, A.; De Beukelaer, C. "Cultural Policies for Sustainable Development: Four Strategic Paths", em: *International Journal of Cultural Policy*, n. 23 (2), 2017, pp. 214–30. DOI: 10.1080/10286632.2017.1280789.

Easton, E.; Cauldwell-French, E. *Creative Freelancers*, Londres: Creative Industries Federation, 2017.

Ebrey, J. "The Mundane and Insignificant, the Ordinary and the Extraordinary: Understanding Everyday Participation and Theories of Everyday Life", em: *Cultural Trends*, n. 25 (3), 2016, pp. 158–68. DOI: 10.1080/09548963.2016.1204044.

Evans, G.; Foord, J. "Cultural Mapping and Sustainable Communities: Planning for the Arts Revisited", em: *Cultural Trends*, n. 17 (2), 2008, pp. 65–96. DOI: 10.1080/09548960802090634.

Garnham, N. "From Cultural to Creative Industries", em: *International Journal of Cultural Policy*, n. 11 (1), 2005, pp. 15–29. DOI: 10.1080/10286630500067606.

Gilmore, A. "The Park and the Commons: Vernacular Spaces for Everyday Participation and Cultural Value", em: *Cultural Trends*, n. 26 (1), 2017, pp. 34–46. DOI: 10.1080/09548963.2017.1274358.

Guppy, M. (ed.) *Better Places, Richer Communities: Cultural Planning and Local Development – A Practical Guide*, Sydney: Australia Council for the Arts, 1997.

Hawkes, J. *The Fourth Pillar of Sustainability: Culture's Essential Role in Public Planning*, Melbourne: Common Ground, 2001.

Hesmondhalgh, D. *et al.* "Were New Labour's Cultural Policies Neo-liberal?", em: *International Journal of Cultural Policy*, n. 21 (1), 2014, pp. 97–114. DOI: 10.1080/10286632.2013.879126.

Isar, Y. R. "'Culture', 'Sustainable Development' and Cultural Policy: a Contrarian View", em: *International Journal of Cultural Policy*, n. 23 (2), 2017, pp. 148–58. DOI: 10.1080/10286632.2017.1280785.

Jackson, T. *Prosperity without Growth*, Londres: Earthscan, 2009.

Jayne, M. "Culture that Works? Creative Industries Development in a Working-class City", em: *Capital & Class*, n. 84, 2004, pp. 199–210. DOI: 10.1177/030981680408400119.

Jenkins, H. *Convergence Culture: where Old and New Media Collide*, Cambridge: MIT Press, 2006.

Koefoed, O. "European Capitals of Culture and Cultures of Sustainability: The Case of Guimaraes 2012", em: *City, Culture and Society*, n. 4 (3), 2013, pp. 153–62. DOI:10.1016/j.ccs.2013.05.003.

Kong, L. "Making Sustainable Creative/Cultural Space in Shanghai and Singapore", em: *Geographical Review*, n. 91 (1), 2009, pp. 1–22. DOI: 10.3112/erdkunde.1962.02.05.

Luckman, S. *Locating Cultural Work: the Politics and Poetics of Rural, Regional and Remote Creativity*, Basingstoke: Palgrave Macmillan, 2012.

Miller, T. *Greenwashing Culture*, Londres: Routledge, 2017.

New Economics Foundation. *Distant Neighbours: Poverty and Inequality in Islington*, Londres: New Economics Foundation, 2013.

Oakley, K. *Creating Space: a Re-evaluation of the Role of Culture in Regeneration*, Londres: AHRC, 2014.

Oakley, K. *et al.* "Cultural Capital: Arts Graduates, Spatial Inequality, and London's Impact on Cultural Labor Markets", em: *American Behavioral Scientist* (publicação on-line antecipada), 2017. DOI: 10.1177/0002764217734274.

Oakley, K.; O'Connor, J. "Culture and the City", em: Oakley, K.; O'Connor, J. (eds.), *Routledge Companion to the Cultural Industries*, Londres: Routledge, 2015.

O'Brien, D. *et al.* "Are the Creative Industries Meritocratic? An Analysis of the 2014 British Labour Force Survey", em: *Cultural Trends*, n. 25 (2), 2016, pp. 116–31. DOI: 10.1080/09548963.2016.1170943.

O'Reilly, K.; Benson, M. "Lifestyle Migration: Escaping to the Good Life?", em: Benson M.; O'Reilly, M. (eds.), *Lifestyle Migrations: Expectations, Aspirations and Experiences*, Farnham: Ashgate, 2009, pp. 1–13.

Taylor, M.; O'Brien, D. "'Culture is a Meritocracy': why Creative Workers' Attitudes May Reinforce Social Inequality", em: *Sociological Research Online*, 2017. DOI: 10.1177/1360780417726732.

Waitt, G.; Gibson, C. "Creative Small Cities: Rethinking the Creative Economy in Place", em: *Urban Studies*, n. 46 (5–6), 2009, pp. 1223–46.

Ward, J. "Down by the Sea: Visual Arts, Artists and Coastal Regeneration", em: *International Journal of Cultural Policy* (publicação on-line antecipada), 2016. DOI: 10.1080/10286632.2016.1153080.

West, L. *Distress in the City: Racism, Fundamentalism and a Democratic Education*, Londres: UCL Institute of Education Press, 2016.

Woodhouse, J. "Big Issue: a Post-industrial Moonscape Inhabited by Neanderthals – How the National Media Views Us, em: *The Sentinel*, 26 jan. 2017. Disponível em: www.stokesentinel.co.uk.

Arte, valor, cultura e economia

—

Diálogos entre Gustavo Franco e Leandro Valiati

Esta conversa entre Leandro Valiati e Gustavo Franco foi realizada via Zoom em novembro de 2021. Leandro estava em Manchester, no Reino Unido, e Gustavo, no Rio de Janeiro. No contrafluxo de variáveis de covid-19, os dois economistas se encontraram virtualmente para conversar sobre economia, arte, políticas públicas, presente e futuro.

Gustavo é um dos economistas mais relevantes da história brasileira, tendo participado ativamente da estabilização monetária e do fim do descontrole inflacionário do país, definitivamente um marco histórico. Além de sua experiência como formulador (e gestor) de políticas públicas no Banco Central, tem larga atuação na academia e no mercado financeiro e é autor de volumes definitivos sobre a economia em Shakesperare[1], Machado de Assis[2], Fernando Pessoa[3] e Goethe[4]. Gustavo faz parte da geração que construiu a aplicação da teoria econômica como ferramenta avançada de transformação paradigmática do sistema produtivo-monetário do país.

Leandro é de uma geração mais recente de economistas e tem desenvolvido sua trajetória acadêmica no campo da economia da cultura e desenvolvimento humano e social. A partir de uma abordagem ligada à busca do diálogo entre a teoria econômica, ciências sociais, teoria de arte e gestão cultural, tem buscado estabelecer pontes entre disciplinas e ideias, sopesando, sobretudo, o teórico com o real.

A conversa a seguir teve tudo o que se pode esperar de um diálogo transformador: generosidade e curiosidade intelectual; a inteligência de perceber a beleza de argumentos contrários a suas ideias quando eles se baseiam em honestidade, realidade e consistência; a intenção de demonstrar a complexidade dos desafios de ideias quando convertidas em ações práticas no mundo real.

1 *Shakespeare e a economia*, Rio de Janeiro: Zahar, 2009.

2 *A economia em Machado de Assis*, Rio de Janeiro: Zahar, 2007.

3 *A economia em Pessoa: verbetes contemporâneos e ensaios empresariais do poeta*, Rio de Janeiro: Zahar, 2007.

4 *Dinheiro e magia: uma crítica da economia moderna à luz de Fausto e Goethe*, Rio de Janeiro: Zahar, 2011.

Leandro Valiati Gustavo, enquanto conversamos estou em Manchester, cidade que tem uma ligação muito grande com a Revolução Industrial, algo que é fundamental a todo um campo da economia como ciência organizada para entender a riqueza, o bem-estar e mesmo os processos produtivos do sistema capitalista. Em 1857, houve duas conferências do pensador John Ruskin em Manchester. O momento era de emergência da Revolução Industrial na Inglaterra. Elas tiveram como tema "A economia política da arte", levantando questões como a diferença entre o preço e o valor econômico e a relação entre o bem-estar humano e a ampliação das próprias visões sobre desenvolvimento. Nesse sentido, Ruskin falava muito de uma ideia um pouco alegórica, mas que para nós, economistas, é basilar: o economista perfeito deveria ter na mão esquerda alimento e linho para a sobrevivência humana e, na mão direita, púrpura e bordado para a beleza, para o *enjoyment* da vida, para essas questões ligadas ao prazer e à felicidade. Identificamos muito isso nas dimensões ligadas à relação entre cultura e desenvolvimento econômico, então eu gostaria de ouvir você falar sobre como as atividades culturais, num processo mais amplo de produção econômica global, podem estar ligadas ao desenvolvimento econômico.

Gustavo Franco Há muito assunto aí. Deixe-me fazer uma menção, que é talvez uma sugestão, já que você está procurando textos: você falou de Revolução Industrial e me vieram à mente dois autores que trataram de cultura e Revolução Industrial – na verdade, debruçaram-se sobre um período um pouco anterior ao da Revolução Industrial com o intuito de buscar suas origens e analisá-la não como apenas um fenômeno industrial, mas um fenômeno mais amplo, que atingiu outras esferas da atividade além da indústria. São um economista de origem holandesa chamado Joel Mokyr e Deirdre McCloskey. Os dois escreveram grandes livros e têm teses importantes sobre como a cultura, inclusive trazida para o ambiente da atividade econômica, transformou os incentivos econômicos para o progresso. Talvez eles tenham sido os pioneiros da tese (ou pelo menos os que mais tiveram impacto ao avançar com ela) de que a cultura provocou uma transformação econômica extraordinária, resultando, anos depois, na Revolução Industrial e na alteração do modo como as sociedades percebiam os valores burgueses, incluindo esses dentro da mão direita: as coisas pertinentes ao *enjoyment*, à arte,

“Talvez eles tenham sido os pioneiros da tese (ou pelo menos os que mais tiveram impacto ao avançar com ela) de que a cultura provocou uma transformação econômica extraordinária, resultando, anos depois, na Revolução Industrial.”

às coisas efêmeras – que não são efêmeras, longe disso –, as coisas da estética, e como a sociedade festejava ou não o esforço dedicado a essas atividades que não eram alimentícias ou mais caracteristicamente de sobrevivência. Eu acho que essa referência histórica é importante porque é uma mudança grande na historiografia da Revolução Industrial. Os dois começaram jovens, estudando – como eu, aliás; coincide com o meu período no doutorado – e buscando as raízes da Revolução Industrial na inovação, na engenharia, na técnica. E o argumento é: a mudança na tecnologia não seria nada se não houvesse uma mudança na cultura, no modo de a sociedade realocar suas prioridades, suas recompensas culturais e humanas para as pessoas. Foi aí que se passou a valorizar o esforço, o progresso pessoal, a estética e tantas outras coisas, veio tudo junto. Faço esta reflexão como referência histórica para começar. Está um pouco distante da discussão contemporânea sobre como mensurar o PIB da cultura, que é outro assunto.

LV Isso me lembra que a dimensão simbólica do dinheiro também é cultural.

GF A história do dinheiro como representação destituída de substância é um assunto muito comum aos economistas. É curioso porque, quando artistas propõem criar dinheiro, por assim dizer, ou seja, utilizar do seu poder de rabiscar um pedaço de papel, isso passa a ter um valor desproporcional ao papel e à tinta, mesmo quando não é feito numa tiragem limitada. Aconteceu diversas vezes: o *Zero cruzeiro*, de Cildo Meireles, por exemplo. Não foi a primeira vez que um artista fez essa brincadeira de criar uma cédula de zero. Houve um caso famoso no Japão em que o cara foi até condenado, foi para a cadeia por falsificação de dinheiro ao fazer uma cédula de zero iene. Damien

Hirst foi procurar o presidente do Banco da Inglaterra dizendo que iria fazer alguma coisa desse tipo, uma série, reproduzir em grandes quantidades, e não queria ser preso por falsificação de dinheiro, mas entendia que estava fazendo algo que era parecido com fazer dinheiro. Ele não queria que o Banco da Inglaterra ficasse enciumado nem irritado com ele. Veja você: a arte e o dinheiro, nesse aspecto de representação, criam esses paradoxos interessantes. Ainda mais agora com essa coisa toda de criptos e *non-fungible tokens*, isso vai ficando mais confuso ainda.

LV Essa reflexão é superimportante e eu gostaria de destacar a ideia da criação de valor. Claramente existem dois lados do valor econômico da cultura. Há um valor que é adjetivo, ou seja, a economia da cultura, o produto econômico gerado pelas atividades culturais, emprego, renda e esse tipo de ativo a ser mensurado. Mas há também a dimensão simbólica da geração de valor, um pouco descolada dos mercados, dos ativos reais. Como você enxerga isso, em analogia com outros mercados econômicos, falando especificamente desse eixo do mercado cultural que tem a ver com produção de valor econômico de alta potência, como é o caso do valor da arte contemporânea?

GF Acho que o mundo da cultura poderia, talvez, se despir da preocupação quanto ao lastro econômico da sua produção. Nós estamos vivendo no mundo do bitcoin. Qual é o lastro do bitcoin? Qual é o lastro do papel-moeda fiduciário que nós todos carregamos no bolso? É simbólico. No entanto, a arte, por estar mais enraizada no terreno do simbólico do que qualquer outra atividade, não precisa de lastro nem de justificativa para o que faz; ela é puramente um valor que está nos olhos de quem a consome e não precisa se justificar – não é emprego, nem renda, nem PIB, nem valor adicionado. Ela é outra coisa, e qual coisa? A mesma coisa do bitcoin. Por que o bitcoin tem valor? Por que pedaços de papel pintados são aceitos? É uma

"Não precisa de lastro nem de justificativa para o que faz; ela é puramente um valor que está nos olhos de quem a consome e não precisa se justificar – não é emprego, nem renda, nem PIB, nem valor adicionado."

convenção, seja o que for… É a mesma coisa. A arte também é isso, dispensa explicação, é representação. E, sendo representação, boa ou má, nós a acolhemos e aceitamos nos termos que entendemos – que o usuário entende – como apropriado.

LV Isso é fantástico. Eu percebo que no Brasil, no campo cultural, existe uma discussão muito intensa a respeito de números sobre o PIB da cultura, números sobre o impacto econômico da arte e da cultura, mas em outros países, por outro lado, eu vejo que a necessidade de entender os valores muito produtivos, do ponto de vista real, está cada vez menos relevante no discurso, e isso nos leva a uma possibilidade de tentar compreender o impacto da cultura com mecanismos que vão além do PIB.

GF Eu posso entender o que se passa no Brasil. É parecido com o que acontece na França. São países de muita intervenção governamental no mundo da cultura, que, por essa razão, independentemente do mérito de isso ser bom ou ruim, é conduzido por burocratas que estão subordinados a metas de desempenho. O burocrata precisa dizer ao contribuinte e aos parlamentares, a quem ele presta contas, que aquele dinheiro foi usado para determinadas coisas, medidas de tal jeito, fazendo essa métrica de desempenho. É uma exigência da burocracia da intervenção estatal. O nosso burocrata do Ministério da Cultura quer saber algum número sobre a produção cultural para ele poder dizer se foi bom ou ruim, se o dinheiro foi bem gasto ou não. E nós temos tribunais de contas e outros órgãos de controle no setor público que vão ser muito exigentes quanto a esses critérios. Esse tipo de exigência é um aborrecimento para quem trabalha na produção cultural, mas tem suas compensações. A reciprocidade do dinheiro público é uma fórmula. Vamos então convencionar indicadores de produção cultural, qualidade, o que for, para que o dinheiro público possa ser mais bem alocado entre os produtores culturais de melhor qualidade, qualquer que seja o critério. Vamos então conversar sobre como organizar comissões, avaliações, painéis de artistas e outros personagens para saber onde investir o dinheiro público. Essa seria uma das formas de olhar. A outra é a do mercado, ou seja, não vamos perguntar como é feito ou qual é o conceito, mas ver os preços das obras de arte conforme negociadas. O mercado tem produtos que geram muito dinheiro e outros que não geram nenhum dinheiro. O dinheiro aparece talvez como uma métrica de mercado, representando o valor da produção. Muitos agentes que vivem da cultura rechaçam esse tipo de métrica como sendo capitalista, flibusteira, bucaneira, mas é uma métrica que pode inclusive ser adotada pelas políticas públicas. É o caso, por exemplo, da bilheteria do teatro. É claro que é relevante saber quantas pessoas acessaram determinado objeto. São fórmulas de aferição da popularidade da coisa. Eu posso, portanto, compreender a exigência e a necessidade da demanda por números da cultura, alguma métrica da cultura, para orientar esses dois mundos, o do mercado e o da burocracia pública.

LV Esse é um debate muito presente em todos os fóruns acadêmicos e práticos da economia da cultura no Brasil e no mundo. Essa dimensão da mensuração é algo que todos os países no mundo estão debatendo nos seus campos ligados a isso. Alguns países têm adotado métricas de análise de custo-benefício mais avançadas do ponto de vista técnico, como a análise de *spillover effects*, análises de valoração contingencial – que também são muito usadas em meio ambiente – e até mesmo medidas mais avançadas de impacto setorial. Você acha, para aproveitar da sua larguíssima experiência com política pública no Brasil, que, com o grau de avanço de mensuração de efetividade e impacto dessas políticas enraizadas no setor público brasileiro, faria sentido hoje o setor pensar nesse tipo de métrica no país?

GF Não acho que eu conheça essas métricas o suficiente para dizer, para acreditar. Suponho que serão sempre úteis porque são sempre melhores do que nenhuma métrica, que é, às vezes, como a coisa funciona. Alguma métrica é sempre melhor que nenhuma, mas as métricas podem virar outra ditadura. Sendo assim, não é simples, não há, infelizmente, uma resposta única para isso.

"Eu posso, portanto, compreender a exigência e a necessidade da demanda por números da cultura, alguma métrica da cultura, para orientar esses dois mundos, o do mercado e o da burocracia pública."

LV "Ditadura das métricas": essa é uma expressão muito apropriada. Há o risco de que as políticas se percam, se definam pelas próprias métricas para avaliar sua validade. Mas eu queria voltar a uma questão para a qual você apontou: a ideia dessa visão sobre o Estado indutor, facilitador ou patrono da arte. Historicamente, dois economistas basilares – John Maynard Keynes, que criou o Arts Council da Inglaterra em 1946; e, analogamente, Celso Furtado, ministro da Cultura em 1985 – são importantes pensadores da relação entre mercado e Estado. Contudo, nos campos de política de cultura, Furtado parece estar mais associado ao modelo francês de Estado patrono, ao passo que, na Inglaterra, Keynes lançou o princípio do Arm's Lenght, fazendo com que os processos decisórios não ficassem tão restritos ao Estado. Eu queria saber sua visão, como consumidor de arte e cultura, sobre essas diferenças entre os modelos de política para a arte baseados em um Estado patrono ou facilitador.

GF Não sei dar uma resposta genérica sobre isso. Os dois modelos podem funcionar. Há mecanismos de mercado que são muito úteis para a produção cultural e artística, assim como há mecanismos indutores do Estado que são tremendamente negativos para ela, então não há muita regra. É caso a caso. Não sou especialista para opinar de forma muito profunda, mas, no Brasil, nós temos orçamentos de marketing cultural de empresas estatais maiores do que o orçamento do Ministério da Cultura. Eu não consigo entender isso. Um dia alguém vai me explicar o lado racional disso. Mas também já aprendi, com a minha experiência de políticas públicas, que há jabuticaba em tudo quanto é lugar porque os rios cavam leitos mais fundos. Às vezes, o que a gente acha que é o modelo mais certinho não existe, é um ideal – em toda parte as coisas acontecem obedecendo a circunstâncias locais, históricas, por vezes efêmeras. Acho que o critério deve ser o do resultado. Nós temos resultados mistos com as políticas brasileiras. Eles vão produzindo correções e eventualmente causam a sensação de que aprofundam as distorções. Sem entrar nesse terreno específico, mas em todos os outros dos quais eu conheço o trabalho, aprendi a respeitar soluções espontâneas que aparecem sem ter referência prévia; uma produção inteligente pensada por alguém e que vamos aprimorando. Enfim, a jabuticaba é uma fruta nativa, é ótima, nada contra a jabuticaba.

"Alguma métrica é sempre melhor que nenhuma, mas as métricas podem virar outra ditadura."

LV Adorei a história da jabuticaba porque um tema que me atrai muito é justamente essa relação entre modelos de política para a economia da cultura e instituições locais. O Brasil é um caso muito particular. Nós temos um modelo de racionais para a política cultural e suas instituições bastante influenciado pela França, por razões históricas de composição do Estado, mas os instrumentos básicos para implementar o modelo de *policy*, que é o financiamento, aproximam-se muito mais de um modelo americano de renúncia fiscal (*endowment*). O grosso do financiamento não vem diretamente via decisão do formulador de política pública. Vejo aí uma suculenta jabuticaba que não parece ser eficiente do ponto de vista da diversidade.

GF Há sempre uma explicação. Já ouvi muito sobre esse assunto de Lei Rouanet, de marketing. No fundo, é uma forma de evitar fazer um concurso público que vai encher o Ministério da Cultura de burocratas para ficar analisando projetos. Usa as estruturas das empresas que têm isenção fiscal mas em troca fazem a burocracia da escolha dos projetos. Há uma economia de recursos brutal e isso é o que acontece com as soluções simultâneas. É difícil de entender à primeira vista por que deu tão certo ou cresceu tanto; há alguma inteligência que não somos capazes de perceber no primeiro olhar.

LV O que você está falando sobre as soluções simultâneas é precioso. Hoje, no Brasil, a impressão que tenho é de que perdemos a capacidade de discutir política pública porque há um engessamento mental movido pelo antagonismo irrefletido. O modelo brasileiro de financiamento público para a cultura tem sido ineficiente há décadas. Ele não atua como *seed money*; ao mesmo tempo, não consegue criar novas zonas de sustentabilidades nos mercados, e as empresas, no momento de crise, cada vez mais estão saindo do sistema porque não têm lucro real para usar como aporte no modelo de financiamento. É um modelo que tende à crise, mesmo antes do problema institucional que o país vive, de um bloqueio da política cultural por causa da orientação do governo que termina neste ano. Imagino que para qualquer área, ainda mais a da cultura, seja preciso pensar em soluções inovadoras e talvez mais híbridas, em eficiência nos mais diversos níveis, em estabilidade. Isso é fundamental.

GV Sim, é muito difícil. Independentemente do assunto conjuntural, estamos passando por uma turbulência. Os problemas de que falamos aqui são anteriores a este governo. Em especial ao mirar na Lei Rouanet. A sensação sempre foi de que o dinheiro injetado nesse sistema não rendia tudo o que poderia render, havia muitas distorções. No entanto, nunca aparecia outro modelo melhor, exceto um sobre o qual nós, os chatos da área econômica, falávamos: "Não, espera, se formos ter que multiplicar por duzentos as dotações do Ministério da Cultura, teremos que fazer muitos concursos públicos, botar 100 mil funcionários". Isso custa muito mais dinheiro e, dependendo da quantia, até tijolo voa. Não é assim que resolveremos a situação. Queremos resolver a política cultural com uma fórmula econômica, inclusive porque esses recursos não são decididos por burocratas da economia, como eu fui certa vez. Eles são decididos por parlamentos, onde a cultura compete com o Bolsa Família, com as políticas sociais, com o dinheiro da infraestrutura. Ela pode, sim, competir com essas outras prioridades, mas não com vantagem porque todas essas outras coisas têm méritos indiscutíveis. É isso que torna a discussão orçamentária tão difícil. Se fosse fácil cortar as despesas ociosas, os desperdícios, até poderia ser, mas eles já foram cortados no século passado, retrasado. Só há coisa meritória para destinar recursos. No entanto, como a sociedade escolhe, por seus representantes, se vai aplicar mais dinheiro na cultura, na infraestrutura ou nas transferências diretas para os vulneráveis? Ninguém gosta dessa competição. O parlamentar não gosta quando nós, economistas, dizemos a ele: "O senhor tem que fazer uma escolha, senador, entre uma coisa e outra". Ele diz: "Não, não tenho que fazer escolha nenhuma. São vocês que estão escondendo o dinheiro". E todo o mundo que vai falar com o senador está fazendo a coisa mais importante do mundo. Chega lá a pessoa da ONG ambiental e diz: "Aqui, senador, precisamos do meio ambiente, salvar o planeta e tal, dane-se a cultura, a transferência de Auxílio Brasil, deixa pra lá, senão não tem planeta, e aí acabou". Todo o mundo acha que está fazendo a coisa mais importante do mundo, e é uma lição de humildade para qualquer setor se sentar nessa cadeirinha ao lado das outras prioridades nacionais e perceber que não vai levar os 30% do orçamento público que acha que deve, mas vai levar 5%, que já é muito dinheiro, e tem que fazer o melhor com aquilo porque os recursos são escassos e o pessoal da área econômica não está escondendo dinheiro.

LV Isso é algo importantíssimo para reflexão do sistema cultural brasileiro. Sobretudo porque é pragmático e, portanto, no fim do dia, é como o processo funciona, independentemente das narrativas. Obrigado por compartilhar. E, falando em compartilhar, também lhe agradeço por juntar Shakespeare, Machado de Assis e Fernando Pessoa com a economia. De onde veio essa ideia?

GF Há muitas coisas escritas sobre a economia do teatro elisabetano. Se não me engano, o primeiro grande foi Chambers, o famoso shakespeariano, que escreveu três volumes. É o mais recente entre os entes de peso historicista a tratar dessa questão quantitativa de fazer a conta, de saber quanto se pagava em um ingresso, qual era a receita e tudo o mais – há muita coisa escrita sobre isso. É pouco conhecido porque talvez seja uma de tantas instâncias em que a produção cultural se encontra com a vida real e a vida econômica. E justamente nesse personagem que navegou tão bem nas duas áreas, como acionista de teatro e de uma companhia de atores, bem como funcionam hoje os escritórios de advocacia e os sócios, que são bancos de investimento com o mesmo tipo de organização interna da Chambers Men, a trupe dos atores. Outra coisa era a operação de capital intensivo que havia no teatro. Era outro tipo de estrutura; parecia mais o de uma empresa. E Shakespeare ensinou como funcionam essas coisas. É realmente bacana.

Eu não sei explicar como é que começou o interesse em buscar essas interseções entre literatura e economia. Seria difícil imaginar que, no mundo da literatura, alguma coisa que nos aflige tanto – o nosso bem-estar material – não tivesse sido tratado por tantos escritores e poetas. Tanto Pessoa como Machado trataram disso profundamente, entre outros, e foi uma

"O grosso do financiamento não vem diretamente via decisão do formulador de política pública."

felicidade que alguns tenham publicado – outros ficaram com vergonha. O livro *Shakespeare e a economia*, por exemplo, é, na verdade, composto de dois livros, um escrito por mim e outro escrito por um professor americano cujo texto pudemos usar porque já tinha caído em domínio público. Funciona como uma coletânea, o meu é original e o dele tinha sido publicado pela primeira vez acho que em 1929, por isso já estava livre. Há muitos outros livros que desejamos traduzir, trazer para o público brasileiro. Essa produção sobre economia, dinheiro, vida espiritual e literatura é caudalosa em muitas línguas. Não fizemos nenhum texto francês, mas há coisas maravilhosas – Balzac, Stendhal – sobre a vida econômica e a outra vida. Como você falou na sua imagem? Purpurina e bordado...

LV Bordado e púrpura, alimento e linho.

GF Essas combinações são maravilhosas. E com algumas loucuras. O projeto que a gente estava cogitando fazer e foi interrompido pela pandemia era traduzir Ezra Pound, esse personagem superpolêmico. Ele escreveu um livro de economia que pouca gente conhece. Ele tem um livro famoso, *ABC of Reading*, que até hoje é utilizado. E então escreveu *ABC of Economics*, que é uma loucura. Maria da Conceição Tavares se perde no meio dessa confusão e, como o cara é doido varrido, claro que não tem pé nem cabeça, mas é divertido ver um grande autor tratar do tema. Há autores que escrevem sobre economia como economistas, não falam nenhuma bobagem, é maravilhoso, mas são exceções. O normal é um grande poeta, ao escrever sobre economia, falar um monte de besteira, e é o que faz Pound. Mas o interessante é que é um monte de besteira que eu vejo muita gente séria repetir porque é intuitivo, é o senso comum levando ao erro, entre outras razões. O contexto em que ele escrevia seus pensamentos pode ter alguma parte nisso – foi quando ele estava na Itália fazendo aquelas transmissões malucas que o levaram à cadeia e ao asilo. Mas é um livro que está escrito. A prosa dele foi pouco traduzida para o português. Quanto à poesia dele, sim, temos belíssimas traduções dos cantos. E alguns dos cantos, poemas longos de quatro, cinco páginas, tratam de assuntos de economia. Um dos mais famosos é sobre a usura, ou seja, não falta assunto nessa interseção.

Breve história das ideias econômicas: da economia política clássica a economia da cultura

LEANDRO VALIATI

Para conhecer os principais marcos históricos desde o surgimento da economia política clássica, do final do século 18, passando pelos principais movimentos e por nomes como Adam Smith, Karl Marx entre outros; às discussões como a globalização, desigualdades, ecologia; chegando ao debate sobre investigação, elaboração e proposição de fundamentos teóricos mais abrangentes para compreender o comportamento humano e que precedem a esfera do mercado. A linha do tempo apresenta um importante contexto e histórico no qual a economia da cultura encontra influências e temas atemporais para reflexão.

Saiba mais acessando o código abaixo:

Preparamos também dois vídeos com os principais pontos discutidos nesse primeiro tomo: valor da cultura e desenvolvimento. Acesse abaixo:

1ª edição 2022

Memória e Pesquisa | Itaú Cultural

Economia da Cultura e Indústrias Criativas: Fundamentos e evidências – referenciais teóricos / vários autores; organizado por Leandro Valiati.
São Paulo: Itaú Cultural;
Editora WMF Martins Fontes, 2022.
232 pp., 16 × 23 cm; vol. 1.

Inclui bibliografia e índice.
ISBN: 978-65-88878-36-1 / ISBN: 978-85-469-0386-3

1. Economia da Cultura. 2. Indústrias Criativas. 3. Valor Cultural. 4. Desenvolvimento. 5. Fundamentos e evidências. I. Instituto Itaú Cultural. II. Valiati, Leandro. III. Título.

CDD 306.3

Bibliotecária Ana Luisa Constantino dos Santos
CRB-8/10076

EQUIPE ITAÚ CULTURAL
Presidente **Alfredo Setúbal**
Diretor **Eduardo Saron**

NÚCLEO OBSERVATÓRIO
Gerente **Jader Rosa**
Coordenação **Luciana Modé**
Produção **Andréia Briene e Rafael Figueiredo**

Tradução **Carmen Carballal e Tatiana Diniz** (terceirizadas)

Ilustração **Felipe Stefani**

Organizador e editor **Leandro Valiati**

EQUIPE WMF MARTINS FONTES
Acompanhamento editorial **Fabiana Werneck**
Preparação **Rogerio Trentini**
Revisões **Marisa Rosa Teixeira e Leonardo Ortiz Matos**
Projeto Gráfico **Bloco Gráfico**
Assistente de design **Stephanie Y. Shu**
Produção Gráfica **Geraldo Alves**

O Itaú Cultural (IC), em 2019, passou a integrar a Fundação Itaú para Educação e Cultura com o objetivo de garantir ainda mais perenidade e o legado de suas ações no mundo da cultura, ampliando e fortalecendo seu propósito de inspirar o poder criativo para a transformação das pessoas.

Rua Prof. Laerte Ramos de Carvalho, 133
01325-030 São Paulo SP Brasil
Tel. (11) 3293-8150
e-mail: info@wmfmartinsfontes.com.br
http://www.wmfmartinsfontes.com.br

Fontes **GT Flexa, Signifier**
Papel **Pólen Soft 80 g/m²**
Impressão **Paym**